CB080344

COMO DANÇAR COM OS MORTOS

Copyright © 2025
por Kaíke Nanne

Todos os direitos desta publicação reservados à Maquinaria Sankto Editora e Distribuidora LTDA. Este livro segue o Novo Acordo Ortográfico de 1990.

É vedada a reprodução total ou parcial desta obra sem a prévia autorização, salvo como referência de pesquisa ou citação acompanhada da respectiva indicação. A violação dos direitos autorais é crime estabelecido na Lei n.9.610/98 e punido pelo artigo 194 do Código Penal.

Este texto é de responsabilidade do autor e não reflete necessariamente a opinião da Maquinaria Sankto Editora e Distribuidora LTDA.

Diretora-executiva
Renata Sturm

Diretor Financeiro
Guther Faggion

Administração
Alberto Balbino

Editor
Pedro Aranha

Revisão
Amanda Moura

Direção de Arte
Rafael Bersi

Marketing e Comunicação
Bianca Oliveira, Matheus da Costa

DADOS INTERNACIONAIS DE CATALOGAÇÃO NA PUBLICAÇÃO (CIP)
ANGÉLICA ILACQUA – CRB-8/7057

Nanne, Kaíke
Como dançar com os mortos : uma jornada por cinco continentes em busca da sabedoria ancestral / Kaíke Nanne. -- São Paulo : Maquinaria Sankto Editora e Distribuidora Ltda, 2025.
320 p.

Bibliografia
ISBN 978-85-94484-97-0

1. Antropologia 2. Ancestralidade 3. Espiritualidade 4. Ritos e cerimônias I. Título

25-3707 CDD 306

Índice Para Catálogo Sistemático:

1. Antropologia

maquinaria EDITORIAL

Rua Pedro de Toledo, 129 – Sala 104
Vila Clementino – São Paulo – SP, CEP: 04039-030
www.mqnr.com.br

KAÍKE NANNE

COMO DANÇAR COM OS MORTOS

UMA JORNADA POR CINCO CONTINENTES EM BUSCA DA SABEDORIA ANCESTRAL

mqnr

SUMÁRIO

Aos meus avós

Antonia e Severo.

Aos meus pais,

Débora e Alcindo.

À minha tia Rita.

O espírito que veio antes de ti
ainda caminha à tua frente.
Provérbio do povo Dani,
da ilha da Nova Guiné.

INTRODUÇÃO

Ao longo do tempo, fomos nos afastando de quase tudo o que deu sentido às gerações que vieram antes de nós. Abandonamos os ritos, as histórias contadas ao redor do fogo, os ciclos marcados pelas estrelas e pelas chuvas. Em nome do que chamamos de progresso, criamos uma nova forma de viver que se proclama moderna, racional, eficiente — e talvez nunca tenhamos sido tão frágeis diante dos grandes mistérios da existência. Esquecemos que, até muito recentemente, a vida humana acontecia em outro ritmo, regida por outros pactos, conectada a uma teia invisível de símbolos, narrativas, relações com o sagrado e com o mundo natural.

Nossa tendência é imaginar que povos que preservam tradições milenares vivem à margem da História, como se fossem sobreviventes de um tempo arcaico prestes a desaparecer. Mas e se for justamente o contrário? E se esses povos souberem algo que esquecemos — ou que fingimos esquecer? Algo sobre o tempo, o corpo, o medo, a convivência. Algo sobre como lidar com o silêncio, com a morte, com aquilo que não se controla.

Ao visitar essas comunidades, que preferiram permanecer em seus territórios ancestrais mesmo sob pressão externa, o que se vê não é isolamento, mas uma escolha deliberada: a escolha de não dissolver suas referências num mundo que muitas vezes exige renúncia como condição para aceitação. São povos que conhecem profundamente a terra que habitam, que ainda conversam com os mortos, que sabem o que fazer com o que não tem nome.

Este livro não é um trabalho acadêmico. Embora dialogue com teses e pesquisas de referência, e em muitos momentos recorra à produção acadêmica para esclarecer aspectos das culturas retratadas, não propõe conceitos cujo entendimento exija iniciação teórica. Também não se trata de um livro de viagem, ainda que a geografia dos lugares ocupados pelos povos aqui descritos seja parte indissociável do enredo. Em muitos casos, a paisagem não é cenário, mas personagem. As montanhas, os rios, os vales, os desertos e as florestas não apenas emolduram as histórias; forjam os mitos, definem os rituais, orientam as práticas sociais. Conhecer o território é parte da compreensão do mundo que ali se desenha.

Como parte do esforço de compreender minimamente esse universo, tenho visitado sociedades tradicionais no mundo inteiro nesses últimos trinta anos. Alguns encontros se revelaram difíceis, como a chegada à área onde vivem os Mursi, no Vale do Omo, na Etiópia. Nus e armados com fuzis Kalashnikov, três guerreiros demonstravam um assustador nível de hostilidade. Outros encontros foram inesperadamente afetuosos. Na região do Omerê, na Amazônia brasileira, perto da fronteira com a Bolívia, tive o corpo apalpado pelos Akuntsú, que sorriam e trocavam comentários entre si — contatados havia pouco tempo pela Funai, eles procuravam identificar particularidades físicas dos não indígenas. De modo geral, fui bem recebido por pessoas que pareciam gratas pela oportunidade de falar de suas tradições e de sua visão de mundo. Colhi boas histórias nas mais diversas ocasiões. Em torno de uma fogueira, numa aldeia Pemon, na Venezuela, tomando uma bebida fermentada com saliva. Durante um exuberante ritual funerário Toraja, na ilha de Sulawesi, na Indonésia. Cruzando desfiladeiros no Vale do Baliem, na Nova Guiné, com destino a uma aldeia Dani. Ou numa sessão Sámi de transe místico, na noite polar da Lapônia. Procurei relatar essas experiências e todo o aprendizado com o máximo de clareza, sem recorrer a simplificações.

Há diferentes formas de ingressar neste livro. Pode-se tomá-lo como um exercício intelectual, uma espécie de mapa simbólico de culturas pouco conhecidas. Pode-se lê-lo como um inventário narrativo de modos de vida que ainda resistem à homogeneização. Pode-se ainda encará-lo como uma jornada de autoconhecimento, um espelho torto que nos obriga a rever hábitos, crenças e certezas.

Por outro lado, não há aqui um convite à idealização. Os povos originários retratados são reais, com dilemas reais, contradições reais. Mas também são portadores de uma sabedoria que sobreviveu à violência, ao apagamento, ao riso dos colonizadores. Saber escutá-los não é um gesto de caridade cultural. É uma chance, talvez, de reabrir perguntas que deixamos de fazer.

Seja qual for a motivação de quem lê — curiosidade, inquietação, busca —, o que se propõe é ao mesmo tempo simples e complexo: caminhar devagar, escutar com atenção, observar sem enquadrar. E, sobretudo, reconhecer que há muitos mundos neste mundo. E que todos eles, inclusive o nosso, são sustentados por histórias.

CONVENÇÕES EDITORIAIS E ESCLARECIMENTOS

- As menções a períodos históricos seguem as designações AEC (Antes da Era Comum) e EC (Era Comum), em vez de a.C. (antes de Cristo) e d.C. (depois de Cristo), para evitar uma marcação religiosa que privilegie uma fé específica entre as diversas mencionadas no livro.

- As palavras Deus e Deuses são grafadas com inicial maiúscula, independentemente da tradição religiosa, em respeito equânime às diversas crenças abordadas.

- Os nomes de povos aparecem com inicial maiúscula quando se referem a comunidades, indivíduos ou culturas (por exemplo, xamã Mursi, ancião Toraja, costumes Yanomami). No entanto, grafam-se com inicial minúscula quando empregados como adjetivos genéricos para objetos, artefatos ou elementos inanimados (por exemplo, máscara dogon, escola sámi, lança batwa).

- A palavra "indígena" é utilizada no livro no sentido mais abrangente e reconhecido, com o significado de "originário" ou "autóctone". O termo, portanto, designa povos que habitam determinado território desde tempos anteriores à formação dos Estados nacionais ou à chegada de colonizadores. Assim, por exemplo, são tratados como indígenas tanto os Akuntsú da Amazônia quanto os Amazigh do Saara ou os Sakalava de Madagascar.

- O termo "animismo", que aparece em diversos trechos do livro, segue a definição clássica da antropologia: a crença, presente em muitas culturas originárias, de que todos os elementos da natureza têm alma — são, portanto, "animados". Árvores, rios, pedras, montanhas, animais ou fenômenos atmosféricos são compreendidos como dotados de espírito e vontade.

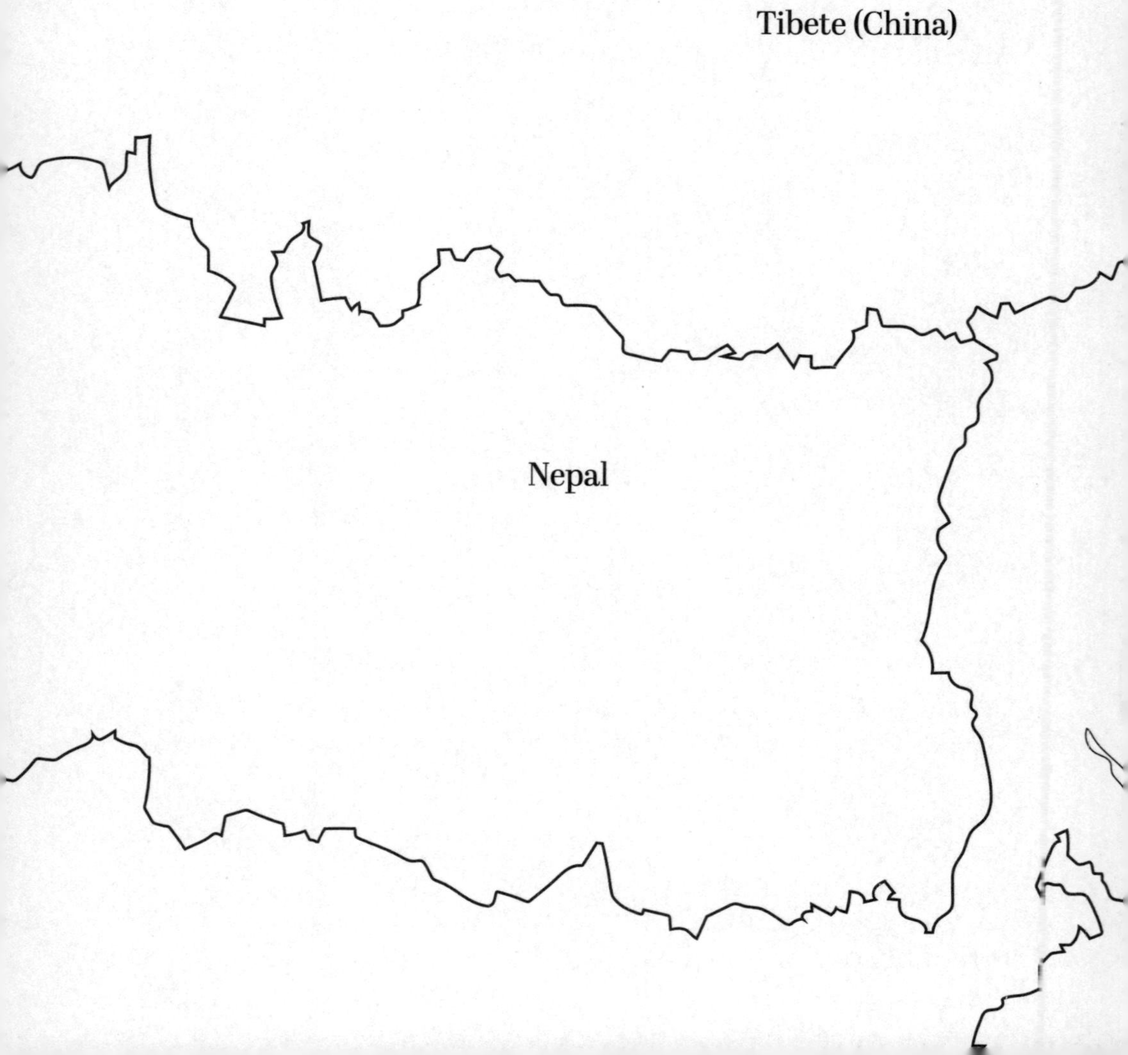
Tibete (China)
Nepal

CAPÍTULO 1

DA GRANDE PERFEIÇÃO À LOUCA SABEDORIA

Na atmosfera rarefeita dos Himalaias, são vários os caminhos para aplacar o murmúrio interno da mente ansiosa

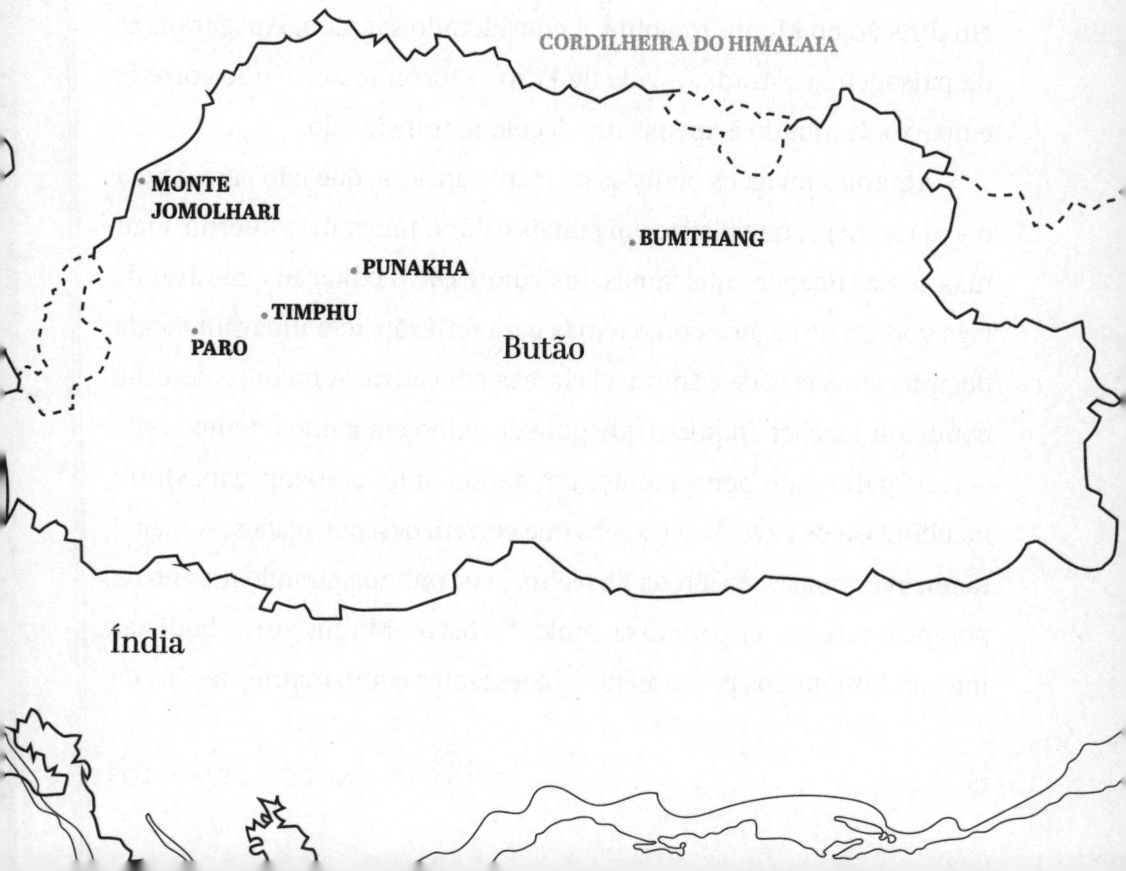

I

O ar rarefeito não parece comprometer o fôlego e o passo firme do homem que caminha solitário para além dos 3.500 metros de altitude. Ele veste uma túnica esverdeada gasta, surrada, e carrega apenas uma pequena sacola de pano amarrada na cintura. A cada dez passos, ajoelha-se, põe as duas mãos no chão, depois curva a cabeça até quase encostá-la no solo. Em cada punho, tem amarrado um disco feito de palha de arroz e couro que lembra a superfície circular de uma raquete de tênis. O acessório, thob, evita bolhas e cortes nas mãos. Mais adiante, outro peregrino — figurino semelhante, mesmos acessórios, mesma sequência de movimentos. Alguns quilômetros mais para cima, um terceiro caminhante repete a coreografia. Os homens não dão sinais de terem notado o Toyota 4X4 que passa devagar, bem do lado, observando-os. Para eles, existem apenas os passos. A genuflexão. A reverência em direção ao Monte Jomolhari, considerado sagrado. Apagaram-se da paisagem a estrada, o vale de Paro, o torrentoso rio que corre lá embaixo. O mundo é apenas um decalque translúcido.

Algumas imagens budistas da mente ansiosa, que não para quieta, não dá sossego, que insiste em jamais calar o murmúrio interno, algumas dessas imagens que lamas, instrutores de meditação e mestres de ioga gostam de sugerir como temas para reflexão, têm uma simplicidade, uma singeleza de admirável clareza educativa. A mente é descrita como um macaco inquieto que pula de galho em galho o tempo todo — cada galho, um pensamento, um desejo, uma preocupação. Outra metáfora é a de cavalos selvagens que correm descontrolados. A mente também é comparada à roda do oleiro, que continua girando mesmo depois de o artesão ter parado de moldar o barro. Muitos gurus budistas interpretam nossos pensamentos incessantes como manifestações da maya, a ilusão que distorce a percepção da verdadeira realidade. Os peregrinos que deixaram a cidade de Paro e caminharão por no mínimo 10 dias até a base do Jomolhari parecem capazes de silenciar o ruído interior. Eles têm bons motivos para enfrentar o percurso extenuante.

O Jomolhari fica na fronteira com o Tibete, tem 7.326 metros de altitude e, de acordo com a mitologia local, é a morada de Jomo Yummo, a Deusa da fertilidade e da prosperidade, protetora do Butão e venerada em todo o país. Segundo crenças que criaram raízes por aqui, a Montanha da Deusa, na tradução literal, tem um portal para o reino da plenitude. Este é um reino bem diferente do paraíso bíblico, para onde os salvos ressurrectos se destinarão depois do Juízo Final. Em vez de um lugar-destino, trata-se de um estado de existência — na verdade, seis "estados", com níveis ascendentes de paz e ausência de sofrimento. O reino é alcançado por meio da prática da compaixão, da sabedoria e da renúncia. E ao estado mais elevado chega-se depois da iluminação absoluta. Esta é uma das doutrinas acerca da jornada rumo ao nirvana. Mas há várias outras.

Dogmas, histórias, mitos e personagens do budismo e do bon, uma religião pré-budista, entrecruzaram-se nas veredas pedregosas da Cordilheira do Himalaia, dando origem a uma profusão de narrativas, algumas consideradas conflitantes sob critérios enrijecidos de mentes desafeitas a subjetividades. Não é estranho que em regiões montanhosas, como o território butanês, prosperem diversas versões das mesmas histórias. O isolamento geográfico e o difícil acesso a povoados encarapitados em escarpas reduzem a troca de informações e aumenta a probabilidade de que brotem de modo autóctone crenças e tradições, bem como dialetos próprios. Condições específicas dos Himalaias, como a necessidade de lidar com terrenos acidentados, nevascas, avalanches e frio extremo, em nada contribuem para mudar esse panorama.

Um dos casos mais curiosos diz respeito a um ente chamado Garuda. Em tempos imemoriais, Garuda foi um demônio que, apenas por crueldade, atacou várias aldeias de um pequeno reino num canto remoto da Ásia Oriental. A brutalidade foi extrema e centenas de pessoas morreram. Ao ser invocado pelos miseráveis sobreviventes, Dorje, o Deus do poder e do trovão, desafiou Garuda para um combate. A batalha foi longa e feroz, com golpes violentíssimos dos dois lados. Finalmente, Dorje vence o duelo e atira o agonizante Garuda contra as montanhas. O impacto do choque é tão avassalador que as rochas, como se fossem barro modelável por um ceramista, reconfiguram-se: surgem enormes picos e platôs, e assim nasce a mais alta cordilheira do mundo, os Himalaias, uma paisagem de imponência divina que assusta e extasia. A nova geografia encapsula o pequeno reino — o reino do Butão —, que agora conta com a proteção de barreiras naturais, quase como fortalezas rochosas em torno das aldeias.

Muito bem. A bela lenda não só entrega um dos mitos de origem dos Himalaias como explica a paisagem butanesa. Exceto por um detalhe: em muitos lugares do país, Garuda nunca fez mal a ninguém. Ele é um Deus-pássaro que voa numa velocidade incalculável com a imponência de um soberano alado, atua como guardião de escrituras sagradas, cura doenças e é uma espécie de deidade-antídoto contra todos os tipos de venenos — no hinduísmo, principal religião da Índia, um dos países vizinhos, é a ave gigante que serve de montaria para o Deus Vishnu. Enquanto Dorje, por sua vez, não é uma divindade no sentido convencional, mas um símbolo que representa várias qualidades divinas e transcendentais, como força espiritual, sabedoria e compaixão. Esses desencontros narrativos em nada atormentam os butaneses. Confrontadas com evidências de que em outros lugares do país há diferentes pressupostos para a atuação dos mesmos protagonistas e coadjuvantes das histórias míticas, as pessoas apenas acham graça e comentam: "Ah, é assim mesmo...". Vejamos o que se diz sobre os nagas. Algumas aldeias os retratam como serpentes sagradas que vivem nas águas e são responsáveis por trazer a chuva. Noutras comunidades, os nagas são disseminadores da sabedoria espiritual. Além de reedições de fábulas e personagens fantásticos, um outro fenômeno é observado com regularidade em regiões de altas montanhas: a diversidade étnica. Numa área menor que a do Estado do Espírito Santo, o Butão é o lar de doze povos, cada um com seu dialeto.

De norte a sul, o reino butanês tem 200 quilômetros e, de leste a oeste, quatrocentos. Explorar esse território na primavera é como ingressar num microcosmo transbordando em flores, ornamentado com pessegueiros e figueiras, magnólias e rododendros, cujas folhas são usadas para embrulhar queijo cottage e porções de manteiga. Nas estradas entre montanhas cobertas de florestas, é permanente o dueto acústico entre pássaros e cigarras. Glaciares com brilho azul-turquesa, picos nevados e rios límpidos materializam cenas feitas para o pintor romântico alemão Caspar David Friedrich. Há quem defina o Butão como "um Nepal do século XVIII". O país é predominantemente rural e tem 75% da flora nativa preservada — tanto que vende créditos de carbono para a Índia, uma fábrica incessante de fumaça e resíduos industriais.

II

No dia seguinte àquele em que me dediquei a observar de perto os peregrinos na rota para o Jomolhari, todos com as bochechas marcadas por círculos rosados simétricos, um carimbo que o sol da

Cordilheira do Himalaia imprime aos que por aqui trabalham ao ar livre, vim parar no meio de uma celebração mística com rituais de magia, de invocação de espíritos protetores e de expulsão de entidades malignas — práticas inconcebíveis para o budismo tradicional. Aconteceu assim: em Paro, a cidade mais importante do país depois da capital, Timphu, um professor holandês me abordou com uma proposta objetiva apresentada nos primeiros 30 segundos de conversa: "Quer dividir as despesas de um carro com motorista para assistir a uma cerimônia com músicas e danças tradicionais?". Ele havia sido informado do evento, tinha me visto tomando notas num bloquinho enquanto conversava com algumas pessoas — "um jornalista", pensou —, e achou que eu poderia ser um bom parceiro para a viagem de mais ou menos duas horas cada "perna". Cruzamos o vale e suas lavouras de arroz, cevada e chá, subimos algumas colinas e aqui estamos, num descampado no meio de uma plantação de maçãs, entre mais de cem bochechas-rosadas.

É uma noite fresca, não há uma lanterna, uma vela, as pessoas cantam e dançam sob a luz da lua, enquanto monges, sentados em esteiras esticadas no chão, tocam dungchen, a corneta de imenso tubo cilíndrico que produz um distinto som grave. Um grupo de jovens faz a marcação nos tambores, acelerando ou reduzindo o ritmo. Braços se elevam para o céu, rodopios alternam-se com pulos, os cantos parecem ter longas vogais e ora soam mais agudos, ora mais guturais. Numa estrutura de vigas de madeira que lembra dois gigantescos batentes de porta, alinhados a um metro e meio um do outro, palha e gravetos secos foram colocados no centro. Bem tarde da noite, depois de muitas músicas, danças e convocação de criaturas sobrenaturais, alguém risca um fósforo. Então, forma-se uma colossal parede de fogo, uma belíssima fogueira vertical que muda a luz, tingindo-nos de bruxuleantes tons alaranjados. Os tambores iniciam uma sequência frenética e os homens jovens são os primeiros a atravessar o fogo — e o fazem com vagar, num passo lento, até com uma certa placidez. O ritual tem o propósito de afastar as forças malignas e assegurar que a semeadura dos próximos dias seja bem-sucedida. Pouco a pouco, todas as pessoas cruzam a fogueira; os idosos, quando a parede já está se desfazendo. Os jovens que iniciaram a travessia reaparecem no final para caminhar descalços sobre as brasas. A lua volta a ser a principal fonte de luz, os bochechas-rosadas trocam sorrisos e abraços no descampado, e a pequena multidão vai aos poucos se desfazendo.

A cerimônia que vimos é um costume de uma religião indígena que precede o budismo tibetano e tem o nome de bon. O bon reúne, como várias outras práticas animistas, componentes de xamanismo e magia. Com uma peculiaridade. Diferente da extrema maioria dos cultos ancestrais, transmitidos exclusivamente pela cultura oral, o sistema de crenças passou a ser registrado em livros a partir do século VII. O cânone sagrado do bon é um tanto robusto — na prática, trata-se de uma enciclopédia de 535 volumes divididos em dois grandes conjuntos, os ensinamentos atribuídos ao fundador e os comentários e tratados dos primeiros mestres. Segundo essas escrituras, o universo foi criado a partir de cinco luzes primordiais: branca, azul, vermelha, verde e amarela. Essas luzes representavam diferentes aspectos do cosmos e das substâncias que constituem o mundo físico e espiritual. Do vazio e das luzes, surgiu o primeiro som, e esse som gerou movimento e forma. A partir daí, por meio de processos de interação e transformação, nasceram os elementos básicos: terra, água, fogo, ar e espaço. A combinação entre eles deu origem a cordilheiras, rios, céus e a todos os seres vivos — é curioso observar a ausência dos oceanos no relato mitológico, formulado numa época em que vencer os 1.600 quilômetros até o mar, com imensas montanhas temperamentais no meio do trajeto, era um périplo quase suicida.

Entre vários rituais que envolvem oferendas, invocações e exorcismos, o cânone do bon recomenda a prática do chöd como caminho para eliminar o ego e as ilusões. Com cânticos, trombetas e tambores, por meio do chöd o praticante entra em estado meditativo elevado e visualiza seu próprio corpo transformado em néctar para alimentar espíritos famintos e divindades. Tradicionalmente, o chöd ocorre em locais que inspirem temor, como cemitérios ou cavernas, para que o fiel enfrente seus medos e se desapegue do ego. Copiados e recopiados ao longo dos séculos, os textos registram ainda uma doutrina considerada tão essencial ao bon quanto a ressurreição de Jesus é para os cristãos. Trata-se da Grande Perfeição. A ideia central é que a natureza da realidade é perfeita em si mesma e livre de sofrimento. Cabe ao homem, pelo caminho da meditação e da inatividade consciente, acessar o estado de lucidez intrínseca da mente e conectar-se ao Sagrado dentro de si, à natureza perfeita, onde não há dor, nem passado ou futuro. Só existe o sublime aqui-agora.

O criador da religião, o Guru Shenrab, é retratado como um mestre anterior a Buda, que teria vivido há cerca de 4 mil anos, num antigo reino próximo ao monte Kailash — uma região considerada sagrada no oeste do Tibete. Nascido numa linhagem nobre, ele renunciou aos privilégios da realeza para se dedicar à vida espiritual. Sua figura histórica deu origem ao personagem mítico que realizava milagres e possuía habilidades sobre-humanas, como acalmar tempestades e dominar o fogo. Assim como o grego Hércules é filho de Zeus e Alcmena, Shenrab tem um pai imortal e uma mãe humana. Na união entre transcendência e matéria, ele representa a plenitude que nasce da iluminação propiciada pela Grande Perfeição.

A escola Nyingma, a mais antiga entre todas as vertentes do budismo tibetano, apropriou-se da filosofia do bon, porém expurgando certas crenças animistas e as práticas xamânicas. Quando, no século VIII, o budismo tornou-se a religião dominante no Tibete e no Butão, o bon foi empurrado para a clandestinidade. E assim como cristãos perseguiram judeus, apesar de o cristianismo ser tributário do judaísmo, líderes budistas chegaram a prender e a matar mestres do bon. A religião foi estigmatizada como pagã e supersticiosa, e numerosos manuscritos foram queimados em praças públicas. Mais tarde, transcorridas décadas de tensão sanguínea, aos poucos algumas comunidades restauraram as cerimônias ancestrais, apesar de serem, para todos os efeitos, comunidades budistas. Dessa forma, instituíram-se variados níveis de sincretismo em diferentes aldeias, sobretudo em regiões mais isoladas, a ponto de o professor holandês e eu termos visto monges budistas participando de um ritual xamânico — algo análogo a ver, em Salvador, por exemplo, padres batucando tambores numa sessão de candomblé. Ou seja: os conflitos religiosos são registros históricos de um passado distante.

No que diz respeito à ordem social, vive-se aqui, portanto, numa sociedade em que prevalece a liberdade religiosa. Ao mesmo tempo, quem prospera e avança na pirâmide da administração pública, na burocracia governamental, no Parlamento, nos negócios, quem está no comando dos rumos da nação é praticante do budismo. Mais precisamente, de uma corrente específica da escola Vajrayana que venera manifestações simbólicas da consciência iluminada do Buda primordial, emanações sem equivalência a entidades veneradas no Ocidente. Entende-se que a comunicação com essas presenças sagradas ajuda o praticante da meditação a receber mensagens da esfera metafísica durante sua jornada espiritual.

III

O budismo, como se sabe, é na origem uma religião não teísta, ou seja, não inclui a ideia de um Deus — ou vários Deuses. No entanto, o budismo Vajrayana estabeleceu os fundamentos de uma prática religiosa que mimetiza o politeísmo. [Nesse aspecto, é possível traçar um paralelo com a forma como o catolicismo buscou atender às expectativas de populações recém-convertidas ao cristianismo e acostumadas a cultuar vários Deuses: o Deus Todo-Poderoso é único, mas o fiel pode venerar uma ampla variedade de santos, a maior parte nem sequer mencionada no Novo Testamento.]

Esse budismo particular é a religião do Estado butanês. E, em certos aspectos, o país pode ser definido como pré-iluminista. Estado e religião estão imbricados. O número um do Estado é o rei. O número dois, o primeiro-ministro. E a terceira autoridade mais importante é o Dharma Raj, o líder espiritual do país, uma espécie de Papa do Budismo local. O vínculo entre governo e religião é expresso em pedra e argamassa nos dzongs, as fortalezas onde funcionam os departamentos administrativos, o escritório do governador distrital, o templo e o monastério. Há ainda pátios para festivais religiosos, celebrações comunitárias e campeonatos de arco e flecha, a grande paixão esportiva nacional. Os dzongs têm paredes espessas e maciças, e uma estrutura projetada para resistir a condições climáticas extremas; não se abalam com terremotos ou nevascas titânicas. Ficam em colinas, encostas de montanhas ou próximos a rios, em locais estratégicos para a defesa.

Até mesmo em templos fora de dzongs é explícita a ligação do poder com a fé. A 3.116 metros de altitude, o templo Dochula, por exemplo, é um deslumbrante monumento de culto ao budismo e à monarquia. No altar, um imenso Buda dourado resplandece ao centro. À direita dele está o Guru Rinpoche, o mestre que introduziu o budismo nos Himalaias, um dos fundadores da escola Nyingma — aquela que se apropriou da doutrina da Grande Perfeição. Até aí, a iconografia circunscreve-se à religião. Ocorre que à esquerda de Buda fica a estátua de Namgyal (1594-1651), o lama e líder político que liderou a resistência contra o domínio exercido pelo Tibete, apesar de ter sido ele próprio tibetano, e criou um novo país a partir da unificação de clãs e etnias — entre as quais os Ngalop do oeste, os Sharchop do leste e, mais tarde, os Lhotshampa do sul, além de grupos menores como os Brokpa e os Lhop. Tem mais. O templo foi inaugurado em 2008, em homenagem ao Rei Emérito Jigme, que em 2006 abdicou do trono em favor do filho, num gesto que marcou a transição pacífica do absolutismo para a monarquia constitucional. Para assinalar a glorificação da realeza, a parte superior do templo é decorada com pinturas que fazem referência aos episódios mais marcantes da vida pública do monarca aposentado. [Imagine uma catedral brasileira com cenas da trajetória de um presidente que desempenhou um papel crucial na evolução política da nação — entendendo, obviamente, que esse personagem pudesse existir.]

Embora o país tenha se tornado democrático em 2008, quando foi constituído o primeiro Parlamento por meio de eleições livres, a reverência ao trono excede as meras formalidades. Há momentos em que parecem vigorar certos conceitos relacionados ao caráter extra-humano do rei. Um ocidental poderá associar a devoção aos períodos do Império Romano em que, sobretudo nas províncias orientais, imperadores eram venerados como Deuses. Ou talvez identifique ecos da Idade Média, quando monarcas cristãos legitimados pela Igreja detinham, ao menos em teoria, poderes sobrenaturais, como o de curar mediante imposição das mãos. De maneira semelhante, a sociedade butanesa, influenciada pelo confucionismo chinês, vê seu rei como uma espécie de Deus e o governo como um ente compassivo e justo, com responsabilidade moral e espiritual perante os Céus.

A esse respeito estabeleço uma boa conversa com Tshgwang, engenheiro e executivo da Druk Green Power Corporation, a companhia hidrelétrica nacional. Estamos na casa de três pavimentos da família de Tshgwang, na cidade de Bumthang, na região central do país. Além de mim e do executivo, há outros dois homens na ampla sala pintada de branco e decorada com pouquíssimos móveis: Bhakta Lakpa, meu guia, que, a meu pedido, trouxe-me para conhecer "alguém da classe média local"; e um amigo do anfitrião, Ugyen, também engenheiro da mesma estatal de energia. Tshgwang e Ugyen tiveram uma educação formal de excelência. Em razão do bom desempenho escolar, foram despachados pelo governo para o Reino Unido, onde cursaram engenharia às expensas do Estado butanês. São instruídos, falam de política internacional, perguntam sobre a Amazônia e fazem comentários sobre a economia brasileira. Quando, enfim, indago por que há na parede da sala um enorme pôster do atual rei, Jigme Khesar, filho do monarca aposentado, a resposta é desconcertante: "Ora, porque ele é um Deus!". Caso a declaração tivesse vindo de um camponês, eu não ficaria surpreso. Não por preconceito. Mas porque nas áreas rurais o relativo isolamento e o nível reduzido de troca de informações com outras comunidades costumam manter certos dogmas vivos — o que se configura como mais um traço da rica diversidade cultural. E então procuro entender o que exatamente significa *ser um Deus*: "Você quer dizer que o rei representa uma divindade?". Percebo um repuxar do lábio superior antes da réplica:

— Não. Ele *é* um Deus.

— Mas, sendo mortal, como pode ao mesmo tempo ser um Deus?

— Ele vem de uma linhagem divina. Morre apenas no plano físico, mas continua servindo ao seu povo em outra esfera.

O conflito de visões se dá em decorrência de determinadas características atreladas a certos paradigmas. A ideia de Deus parece trazer consigo, quase por definição, o atributo da imortalidade. O Deus judaico-cristão Jeová não teve origem, não terá fim. Alá é eterno. O grego Zeus é imortal, assim como o egípcio Amon-Rá e o viking Odin. Por outro lado, uma rápida pesquisa acrescentará ao debate uma lista de Deuses mortais — e de outros tantos que morreram e voltaram à vida. É a morte de Balder, Deus da luz e da pureza da mitologia nórdica, que desencadeia os eventos que culminarão no Ragnarök, o fim do mundo. Deusa suméria do amor, da beleza, do sexo e do desejo, e também da guerra, da justiça e do poder político — esferas de influência que a mitologia grega dividirá entre Afrodite e Atena —, Inanna é morta e pendurada num gancho quando desce ao submundo para visitar a irmã; mais tarde, ela ressuscita e volta ao mundo dos vivos. Numa das versões do mito do Deus asteca Quetzalcoati, Ele se autoimola, de suas cinzas nascem os pássaros e seu coração se transforma na estrela da manhã, o planeta Vênus. De modo que, raciocinando segundo a mundividência do meu anfitrião, com uma outra chave de significados, por que não considerar um rei-Deus? "A monarquia é parte integrante da ordem cósmica, e a posição do rei como divina é crucial para manter a harmonia e o equilíbrio do universo", diz Tshgwang. Interpreto como uma defesa intelectual do conceito, que seria algo como um elemento extra do sistema de coesão social butanês, a cereja do bolo da unidade nacional.

Talvez por isso o culto à personalidade aqui não seja impregnado pelo medo, como ocorre no Irã do aiatolá Ali Khamenei; ou pela desconfiança quanto às investidas do nacionalismo hindu, na Índia, capitaneadas pelo primeiro-ministro Narendra Modi. Assim como os departamentos de propaganda de Khamenei e Modi fazem multiplicarem-se as fotos dos seus líderes em toda parte, no Butão também há pôsteres do rei em restaurantes, lojas, museus, mosteiros, templos, casas de família. Mas não identifiquei traços de descontentamento com isso. Jigme Khesar aparece frequentemente sorrindo. Às vezes, sério. Sempre com a barba feita e os cabelos arrumados com gel. Jamais com roupas ocidentais. Como todos os homens do país, usa o gho, uma peça pesada, semelhante a uma túnica, que vai até os joelhos. Feito de lã, algodão ou seda, com padrões coloridos ou desenhos, o gho é preso na cintura por um cinto, formando na frente uma bolsa conhecida como toego, que pode ser usada para carregar itens pequenos. A indumentária é complementada com meias altas e sapatos tradicionais. Dá gosto ver os ghos de Sua Majestade. Vermelhos, alaranjados, lilases, floridos...

Jigme Khesar foi o primeiro integrante da dinastia com formação multicultural. Em Massachusetts, nos Estados Unidos, cursou a Phillips Academy em Andover e prosseguiu os estudos no Wheaton College. No Reino Unido, concluiu o Programa de Estudos Diplomáticos no Magdalen College, em Oxford. Apesar da educação ocidental, o rei costuma percorrer cidades e aldeias para falar a grupos de jovens sobre o dever que eles têm de preservar a cultura butanesa. "Já o ouvi mais de uma vez. Ele sempre ressalta que, se nós nos ocidentalizarmos, vamos perder nossa personalidade, e o Butão deixará de ser esse lugar único, quase mágico", diz o jovem monge Karma Pema, com indisfarçável orgulho do chefe da Coroa.

IV

Aos 19 anos, Karma vive há quatro no dzong de Punakha, no oeste do país, cidade que até 1955 foi capital do reino. Karma e vários outros monges estão na folga semanal, quando têm permissão para deixar os ofícios religiosos e passear durante algumas horas fora dos limites das muralhas. Encontro-o mesmerizado diante de uma pequena TV de imagem tremulante, numa birosca de utensílios plásticos que parece ter sido atacada por um iaque, o grande bovino de pelagem vasta dos Himalaias. Karma explica a razão pela qual deixou a casa da família, em Ha, a pouco mais de 170 quilômetros: "Tenho 4 irmãs e 2 irmãos. A comida não dava para toda a família. Assim como eu, um dos meus irmãos também tornou-se monge." O recurso não é propriamente incomum. Despachar parte da descendência para os monastérios é o tipo de solução usual entre casais que têm muitos filhos, pessoas que ficam viúvas ou se divorciam. Karma é beneficiado por uma espécie de "bolsa-monge", uma subvenção estatal de pouco mais de 13 dólares por mês na moeda local, o ngultrum. Não é muito, mas os mosteiros provêm educação, vestuário e um cardápio fixo que consiste de arroz e chilli às nove da manhã, chá com manteiga à uma da tarde, e novamente arroz e chilli para encerrar o dia, às quatro da tarde.

Seguimos caminhando até o pátio em frente ao dzong onde os jacarandás em flor pintam o céu de um vívido violeta episcopal. Uma congregação de pássaros dedica-se a uma eufórica *jam session* com pios, trinados, cacarejos e chilros graves e agudos. É nesse cenário que Karma, indagado sobre a que divindade costuma recorrer em suas preces, não hesita: é o Guru Rinpoche que está na sua mente enquanto manuseia as 108 contas do cordão de orações chamado japamala, o rosário budista. Segundo as narrativas que avançaram por todas as trilhas e sendas deste pedaço dos Himalaias, Rinpoche derrotou demônios e espíritos malignos, curou pessoas, realizou milagres, escreveu livros sagrados e tornou-se o maior nome depois do Buda.

Conto para Karma da visita que fiz a Kurjey Llakhang, um complexo de templos e monastério no vale de Bumthang, a poucos quilômetros do local em que entrevistei os dois engenheiros da companhia hidrelétrica. Kurjey Llakhang tornou-se um importante destino de peregrinação em decorrência de uma história relacionada ao Guru Rinpoche. No século VIII, pelo que se conta, Rinpoche foi chamado ao Butão para expulsar entidades nefastas que impediam a propagação do budismo, sobretudo pela ação de um poderoso Deus local, Shelging Karpo. O mestre buscou uma caverna onde pudesse meditar. Durante a meditação, entrou num estado de transe profundo tão extraordinário que a energia desprendida deixou na rocha a impressão física do seu corpo. A rocha arenítica apresenta uma certa variedade de cores, do bege ao amarelo, do laranja ao vermelho; e os contornos e depressões que vemos no local, como pude comprovar, têm mesmo o formato de um homem em posição de lótus. No fim da disputa espiritual, Shelging Karpo converte-se ao budismo, e a religião deixa de enfrentar obstáculos em seu processo de disseminação.

Além da rocha sagrada para os budistas, outro elemento captura minha atenção por longos minutos. Um dos templos do complexo de Kurjey Llakhang exibe um afresco de Rinpoche cercado por quatro figuras femininas de evidente erotismo. Digo a Karma o que vi e pergunto se o guru teve mulheres.

— Não mulheres humanas. Eram espíritos femininos que o consolavam — o monge responde, meio constrangido.

— Então, ele fazia sexo com esses quatro espíritos femininos?

— Sim, fazia.

Talvez inspirado pelo grande lama-herói, o Rei Emérito Jigme, o monarca aposentado, tem quatro esposas — quatro irmãs, com quem teve dez filhos, entre eles o atual rei, Jigme Khesar; Jigme Khesar, a propósito, tem só uma mulher. A poligamia era usual entre a realeza e os endinheirados e a poliandria, uma mulher com múltiplos maridos, mais comum em grotões remotos. Nesses lugares onde a sobrevivência é especialmente desafiadora e os recursos são limitados, a poliandria era uma saída para conter o crescimento da população. Com vários homens compartilhando uma esposa, o número de crianças tende a ser menor. Ademais, a cooperação entre vários maridos aumenta a capacidade de sustentar a família. Mas o costume está em desuso. A ampliação da rede de escolas rurais e o acesso a métodos contraceptivos fizeram as jovens abandonar a prática.

Caminhando com Karma de volta ao dzong, quero saber se os monges, uma vez de férias, podem dar uma saracoteada. O rapaz cai na risada. Tratar da sexualidade do Guru Rinpoche lhe causa uma ponta de desconforto, mas falar das regras da carreira religiosa não é incômodo, de modo algum.

— Nas férias, durante trinta dias não preciso usar as roupas monásticas. Vejo meus amigos, me divirto, jogo futebol. Namorar, de jeito nenhum! Mesmo de férias, continuo sendo monge. Se eu arrumar uma namorada, meus pais me matam! Tem mais: a própria comunidade fiscaliza o comportamento dos monges.

É consenso entre os butaneses que a religião e as tradições fertilizam o terreno no qual cultivam diligentemente seu estilo de vida. O temor de que influências externas possam desestabilizar esse status quo motivou uma série de medidas. Até 1999 vigorou um decreto real que proibia a televisão. O número de turistas é restrito, há regras para garantir gastos mínimos diários de 200 dólares, mais um imposto de 100 dólares por dia, uma certa Taxa de Desenvolvimento Sustentável. Algumas resoluções cheiram a controle étnico: caso ocupe um cargo público, o cidadão butanês que venha a se casar com uma pessoa de outra nacionalidade será exonerado; e também, se for beneficiário de algum programa social, deixará de receber o dinheiro. Em todo caso, numa população em que 70% vive na zona rural, a possibilidade de unir-se a um estrangeiro, ou a uma estrangeira, está longe de ser assunto no jantar, em torno de uma tigela de ema datshi, o perfumado prato típico que consiste em pimentões cozidos com queijo e temperados com especiarias.

No dia a dia, o povo está mais preocupado em assegurar uma boa colheita e zelar pelo bem-estar interior. Os butaneses visitam lamas, trabalham voluntariamente na manutenção de monumentos religiosos, consultam astrólogos budistas para definir ocasiões especiais, como casamentos e viagens. Eles também costumam amarrar bandeiras de oração em locais altos, onde há vento — num monte em Lybsa, perto de Punakha, fui convidado a escolher uma bandeira, fazer um pedido e amarrá-la; senti-me impelido a recusar, e o fiz com diplomática cortesia, depois de ser advertido de que deveria observar os ângulos corretos para afixar a bandeira, bem como a direção do vento na hora de dar os nós, porque erros cometidos no processo poderiam não apenas fazer o pedido não ser atendido como provocar acontecimentos contrários ao propósito da prece. Os nativos utilizam ainda como elemento de prática espiritual as rodas de oração, conhecidas como mani khorlo, peças cilíndricas metálicas de design elaborado, adornadas com símbolos budistas e motivos decorativos; dentro das rodas são colocados rolos de papel com mantras escritos e cada giro equivale à recitação dos mantras ali contidos. Há rodas de oração em lugares públicos, pontos de peregrinação, em pequenas aldeias, nos templos e, às vezes, no meio do nada. Ao serem acionadas, elas emitem um clique mecânico, um zumbido suave e o tilintar de sinos.

Para os ocidentais, certos costumes revelam-se estranhamente fascinantes. Como o hábito comum na zona rural de decorar paredes externas e fachadas de casas e lojas com desenhos de falos de dois ou três metros, alguns inclusive ejaculando. Conversei com famílias que estavam reunidas na frente de casa, os mais velhos sentados em banquinhos, os jovens no chão, tendo como imagem de fundo um pênis gigante — e nenhum desconforto quanto a isso. Os grafites fálicos são tidos como símbolos de fertilidade que propiciam um bom plantio ou uma safra prodigiosa, e têm a propriedade de afastar maus espíritos. Esta, porém, é a primeira camada de significados. Há múltiplas perspectivas, dado que os desenhos evocam uma complexa filosofia budista, a chamada Louca Sabedoria.

As origens da Louca Sabedoria recuam ao século XV e seus princípios fundadores foram formulados pelo lama Drukpa Kunley, poeta, iogue e mestre budista que ficou conhecido como Divino Louco. Kunley ganhou fama no Butão por seus ensinamentos — e comportamentos — pouco ortodoxos. Ele fazia longas peregrinações e visitava aldeias, frequentemente nu, para cantar poemas improvisados e difundir sua doutrina. Ensinava que o humor, os jogos, as atividades lúdicas, as bebidas alcoólicas e o sexo deveriam ser utilizados como meios para a busca pela iluminação. Para Kunley, os arcanos espirituais mais profundos seriam descobertos a partir do rompimento das normas sociais rígidas. Sua abordagem da fé budista transcendia as dualidades convencionais entre certo e errado, sagrado e profano — o caminho em direção ao Dharma, à verdade ou lei natural que rege o universo, não seria delimitado por essas categorizações.

É excepcionalmente ampla a biblioteca de narrativas acerca de Drukpa Kunley. Há registros de que ele dava palestras em troca de cerveja e vinho aos borbotões. Um dos capítulos mais extravagantes de sua biografia refere-se às frenéticas atividades eróticas: ele "iluminou" um número formidável de parceiras — todas elas eram dakinis, emanações femininas do Buda. De modo que, além de Divino Louco, um outro epíteto lhe foi conferido, "O Santo das Cinco Mil Mulheres". Um bom mosaico de relatos tem como protagonista sua figura mítica e não o personagem histórico. Conta-se que certa vez, num lugarejo remoto, ele pediu que lhe fossem servidas uma cabra e uma vaca. Diante dos aldeões, comeu os dois animais crus — a carne, os ossos e a pele. Ao fim do repasto, levantou-se, estalou os dedos no ar e de sua boca saiu uma criatura com cabeça de cabra e corpo de vaca, o takin, reverenciado como animal sagrado no Butão, um dos símbolos nacionais.

Descontando-se as imprecisões quando se comparam culturas distintas, Kunley pode ser descrito como um Dionísio himalaio — na mitologia grega, Dionísio representa tanto a alegria e a libertação proporcionadas pelo vinho quanto os aspectos mais caóticos e descontrolados do êxtase místico. E, assim como Dionísio era largamente festejado na Grécia antiga, Drukpa Kunley está entre os lamas mais venerados do Butão — em certas regiões, rivaliza em estima com o Guru Rinpoche, o mestre que iniciou a tradição budista no país. "Embora muitos dos métodos do Divino Louco sejam considerados grosseiros e até blasfemos, sua influência lembra o nosso povo de que devemos nos divertir e aproveitar a vida", pondera meu guia, Bhakta Lakpa. Lakpa defende que os excessos de Kunley não devem desqualificá-lo, argumentando que, se judeus e cristãos continuam glorificando o rei Salomão como o homem mais sábio de todos os tempos, apesar de ele ter se tornado idólatra no fim da vida e de ter mantido um harém com 700 esposas e 300 concubinas, por que Kunley mereceria ser ridicularizado?

E não é — ao menos na Ásia Oriental, onde o prestígio do Divino Louco cruzou fronteiras, como constatei ao conseguir infiltrar-me numa festa de casamento entre um coreano, Lim, e uma japonesa, Yuki. Estrangeiros e sem família no Butão, os dois jovens decidiram celebrar aqui sua união sob os auspícios da Louca Sabedoria. Foi um misto de sorte e atrevimento que me propiciou participar da festa. No caminho de Paro para a capital, Timphu, vejo uma movimentação que me parece uma romaria. Monges em fila cantando e tocando. Estão do outro lado do rio, seguindo em frente numa estrada de terra. Lakpa resiste um pouco ao meu pedido para mudar de rota — temos hora marcada com um professor de história no Museu do Folclore e do Patrimônio, em Timphu —, mas acaba cedendo. Assim, deixamos o carro junto a uma ponte pênsil, atravessamos o rio e corremos até a casa onde a procissão entrou. A pessoa que vem nos receber não entende o que estamos fazendo ali e por que quero entrar. Lakpa vai traduzindo e intermedia a conversa. O diálogo é infrutífero, nada acontece durante cinco minutos, e então faço uso de um dado pessoal que, em circunstâncias similares, sempre me socorreu: "Sou brasileiro", digo, sorrindo, à espera de boas-vindas calorosas. O homem não faz ideia do que isso significa, nunca ouviu falar no Brasil. Suplico, enfim, que ele vá pedir permissão aos donos da festa e explique que vim de muito longe, do outro lado do mundo, e tenho muito interesse na cultura local, que vou me comportar, ficarei calado, imóvel, quase invisível. E então, depois de imergir na casa por uns dez minutos, o homem retorna, finalmente, com a autorização de acesso.

Logo à entrada, um armário sem porta está atulhado de sapatos. Ao percorrer os cômodos em direção ao pavimento superior, não consigo entender a arquitetura interna. Há paredes de alvenaria e outras de madeira. Há pequenas cozinhas ou copas ao lado de quartos de dormir — num dos quais vejo colchões empilhados. A cerimônia acontece em duas salas no piso de cima. Na primeira, um grupo de pessoas come em silêncio, às vezes conversando baixinho. Na segunda, a ampla sala de orações, estão os noivos, os monges e mais convidados, todos sentados em tapetes, com as pernas dobradas em X, como se preparados para uma sessão de ioga. Uma vez acomodado num lugar *vip*, bem em frente aos protagonistas do evento, recebo o mesmo tratamento que os demais presentes. Servem-me um chá denso e escuro com sementes também escuras semelhantes a feijões pretos. Servem-me laranja, maçã, arroz — que como com a mão, como todos estão fazendo —, e um outro tipo de chá. A todo momento passa gente trazendo pequenas porções de comida e recolhendo xícaras e cumbucas vazias. Fico sabendo depois que cada alimento tem um significado: fidelidade, resiliência, harmonia, fertilidade etc. Os monges cantam músicas religiosas com vozes guturais. Vejo que o noivo tem sob o manto várias cédulas de wons e ienes, as moedas da Coreia do Sul e do Japão. Ele dá algumas à noiva e ambos riem bastante. A brincadeira, repetida várias vezes, é para atrair prosperidade. Sem aviso prévio, a música é interrompida para que um dos monges recite poesias líricas de Drukpa Kunley — uma das quais com uma sequência de versos que poderia estar no livro bíblico do Cântico dos Cânticos, uma espécie de antologia de hinos devocionais de amor:

Jogamos o jogo da alegria.
No jardim da felicidade eterna,
Dissolvemo-nos em pura delícia,
Emergindo na dança sagrada,

Em que o amor é a chave para a iluminação.

Depois de trocar os lenços cerimoniais de seda que representam respeito e boa vontade, Lim e Yuki têm as cabeças aspergidas com água sagrada pelo monge cerimonialista; dada a contrição geral, deduzo que seja o ponto alto da cerimônia de purificação. Os cânticos e mantras são retomados, o riso solto percorre a sala, os noivos trocam afagos singelos. Mas por que Lim e Yuki escolheram o Butão para oficializar seu matrimônio? Não poderiam ter o mesmo tipo de liturgia nupcial em Seul ou em Tóquio? Um dos amigos do casal me explica que só no Butão as práticas originais da Louca Sabedoria vêm sendo mantidas — detalhe essencial para os noivos.

V

O Butão pode até parecer um museu vivo de arqueologia religiosa do budismo e do bon. Mas é mais que isso. É também um formidável experimento social. Durante as três semanas em que percorri boa parte do território butanês — pelo menos do território habitável —, nenhum jovem aproximou-se para perguntar o que poderia fazer para migrar para a Europa ou para os Estados Unidos — algo que ocorre com muita frequência, por exemplo, em países africanos e também na América Latina. Os 300 adolescentes que encontrei na Escola de Artes de Timphu, a capital, no geral pareciam comprometidos e animados com seus cursos de desenho, pintura, escultura, tecelagem, carpintaria e dança; as escolas de tecnologia agora investem em inteligência artificial, o novo mantra do rei Jigme Khesar. Nas cidades e no campo, vi muita gente divertindo-se a valer em torneios informais de arco e flecha, mesmo em dias de semana, nos intervalos do trabalho; os homens atirando as setas em direção ao alvo, as mulheres torcendo, rindo e conversando. Estive com pessoas que demonstraram notável apreço pelo trabalho: professores, cozinheiras, agricultores, burocratas, mestres-queijeiros cujos pais e avós aprenderam o ofício com suíços que se aventuraram por aqui há algumas décadas. O *sommelier* de destilados que me apresentou o K5, uísque orgânico com notas aromáticas de pimenta e turfa, manifestou um profundo entusiasmo por sua atividade. Deu o panorama histórico — "Durante o período do imperialismo britânico na Ásia, nós mantivemos nossa soberania e pudemos assimilar as técnicas de produção de um bom uísque" —, para em seguida sublinhar: "Se o maior segredo da bebida é a qualidade da água, quem pode ter águas melhores que as nossas, que vêm das mais puras nascentes dos Himalaias?". Enfim, há bons indícios neste país de que um empreendimento coletivo focado na felicidade cotidiana pode realmente florescer.

O Butão foi o primeiro país do mundo a adotar um indicador holístico para aferir o bem-estar social. Além do Produto Interno Bruto, o país passou a calcular a Felicidade Interna Bruta já na década de 1970. O governo considera a FIB uma medida de desenvolvimento e progresso e utiliza os dados de diferentes regiões para calibrar ações específicas e programas sociais. Ao responder ao questionário da pesquisa que apura a FIB, o cidadão encontra perguntas sobre sua saúde física e mental, o uso do seu tempo livre, a satisfação com a vida comunitária, o contentamento com o trabalho, sua avaliação acerca da preservação do meio ambiente, entre vários outros tópicos. Na vanguarda de uma abordagem mais centrada no ser humano do que na economia, o Butão chegou a inspirar países como o Reino Unido, que lançou um programa para medir o bem-estar nacional, e a Nova Zelândia, que introduziu um "orçamento do bem-estar" para guiar suas políticas públicas.

O traço mais notável deste país, entretanto, é a jornada espiritual compartilhada em direção à serenidade e à paz interior. Jornada esta que se dá sob os auspícios da Deusa suprema, Jomo Yummo, e de sua morada sagrada, o Monte Jomolhari. Sendo Dorje o Deus do poder ou um símbolo transcendente, e Garuda, um ente malévolo ou um generoso curandeiro holístico; e apesar das teogonias que, à primeira vista, parecem inconciliáveis nas diferentes regiões, os butaneses caminham lado a lado, mesmo reconhecendo que não há uma resposta única para as vicissitudes da vida. O Guru Rinpoche, mestre que introduziu o budismo de linha sincrética nos Himalaias, propôs a meditação e a inatividade consciente. O lama Kunley celebrou o sexo e o êxtase místico. Qual escolha poderá acalmar nosso espírito inquieto?

Se há alguma beleza neste mundo, ela está na capacidade de compartilhar, é o que me diz um lama de olhar cinzento-noite. Depois da cerimônia xamânica, um devoto do bon, um idoso bochecha-rosada de gestos vagarosos e voz de flauta, contou o que para ele é verdadeiramente primordial: "Buscar sentir a conexão com a parte de mim que é eterna." Serão os caminhos himalaios de ar rarefeito capazes de aplacar o murmúrio interior que persiste em toda mente humana, dado que silenciá-lo por completo talvez seja uma impossibilidade? Não tenho certeza. De todo modo, entre a Grande Perfeição e as lições do Divino Louco, há sinais de que o Butão oferece variados tipos de luzes para clarear a noite escura da alma.

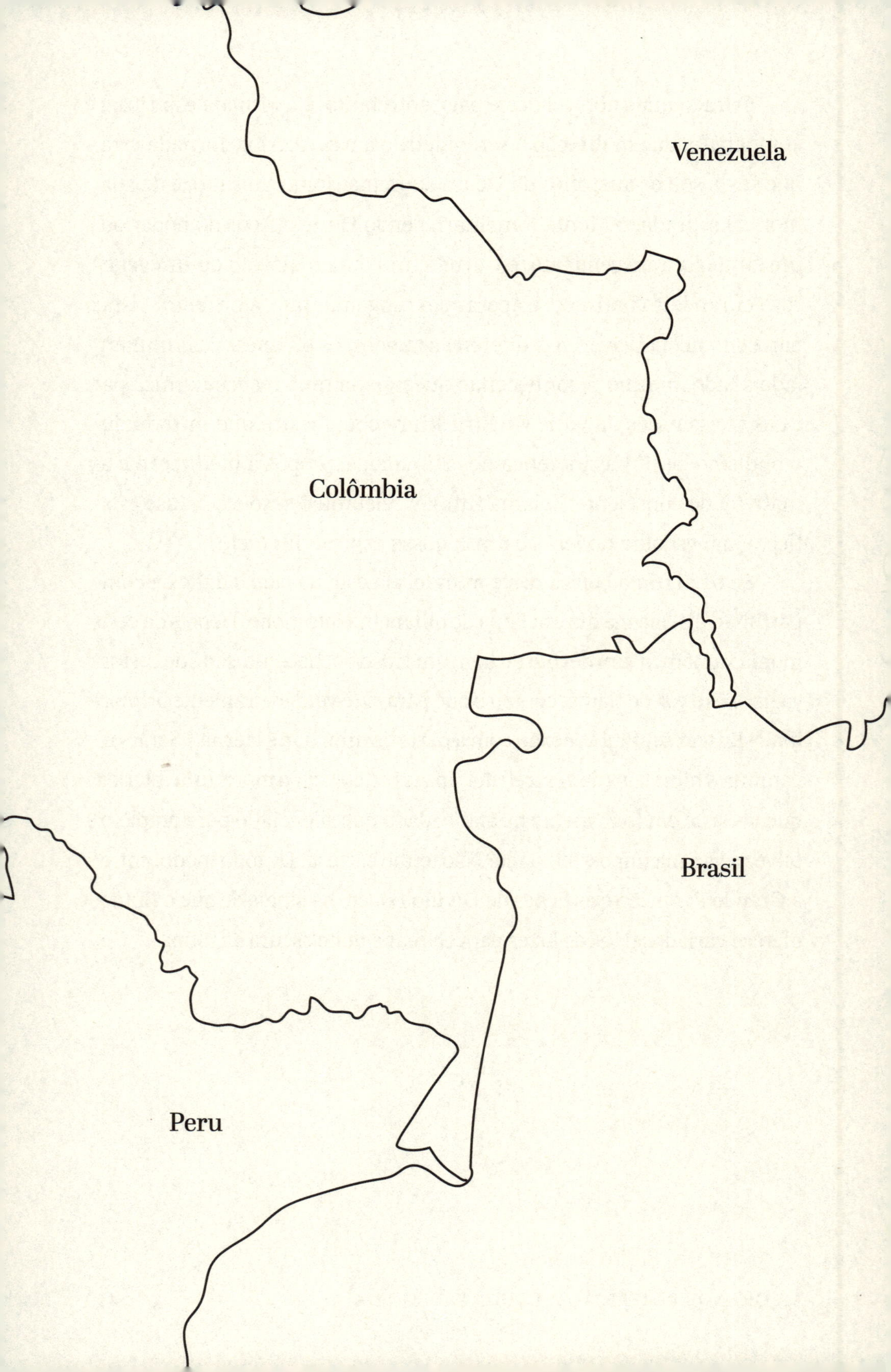
Venezuela
Colômbia
Brasil
Peru

CAPÍTULO 2

O REINO AMAZÔNICO DE MAKUNAIMA

Como um personagem ambivalente da mitologia Pemon deu origem ao herói sem nenhum caráter de Mário de Andrade

I

Quando a árvore do mundo foi derrubada, tudo o que dela brotava espalhou-se por toda a terra. Frutos, legumes, ervas. Tubérculos, grãos, flores. Cogumelos, nozes, pimentas. Do imenso toco que restou fincado no solo, pois a árvore era de uma enormidade que parecia alcançar o céu, começou a jorrar muita água. E cardumes de piraíba, surubim, traíra e outros peixes grandes saíam do toco, levados pelo aguaceiro. A enchente alagou matas e montanhas, buritizais e savanas, um mundão de água até o horizonte, e além, e além. Depois de muito tempo, quando finalmente as águas recuaram, a secura tomou conta e aí veio o grande fogo. Toda a caça se enfiou num buraco e escondeu-se debaixo da terra. O incêndio universal queimou rochas e pedras, rios e serras, e também as pessoas. Da destruição advém o renascimento, a metamorfose é permanente, o mundo ressurge, e um tal herói — o mesmo que cortara a árvore do mundo para disseminar suas sementes pelos quatro cantos — recria os seres humanos. Primeiro, desajeitado, usa cera para moldá-los. Não dá certo. As esculturas derretem ao sol. Na segunda tentativa, com barro, a coisa funciona. E então esse herói, um ser que é a própria expressão da potência transformadora, vê seus bonecos tornarem-se pessoas.

O herói em questão é uma espécie de demiurgo. Um demiurgo, como se sabe, não cria do nada. Ele organiza e estrutura o caos pré-existente. É mais um artífice do que um Deus arquiteto da gênese ou produtor de fenômenos como o Big Bang. De modo que exerce influência num universo já criado. Ocorre que o herói-demiurgo das histórias da árvore do mundo e do incêndio universal não é propriamente uma entidade de sabedoria excelsa. Figura central na cosmologia da nação indígena Pemon, ele é meio atrapalhado, gozador, em geral sem-vergonha, sempre inventivo e com um apetite fervilhante pelo sexo feminino. Makunaima é seu nome — a pronúncia prevalente é "Makunáima", uns poucos grupos Pemon falam "Makunaimã", e o escritor Mário de Andrade vai inventar um hiato tônico com o "í" do seu *Macunaíma*, o clássico da literatura que é uma das obras mais importantes do modernismo brasileiro.

Segundo a narrativa Pemon, o toco remanescente da árvore do mundo solidificou-se, virou rocha, uma montanha que se projeta com imponência na floresta amazônica como um enorme totem de adoração. Fica no Maciço Guienense, a 346 quilômetros de Boa Vista, na fronteira tríplice entre Brasil, Venezuela e Guiana. Essa montanha é o Monte Roraima. Portanto, foi daqui que jorrou o dilúvio. Ninguém jamais habitou este lugar isolado, cujo cume só foi alcançado em 1884 por uma expedição britânica. No alto do platô, estamos a pouco mais de 2.800 metros acima do nível do mar — apenas 195 metros a menos que o Pico da Neblina, o ponto mais alto do Brasil. Tudo é assombro, espanto e susto nesses domínios de Makunaima. Imersos no desconhecimento, buscamos tornar familiar o que é irremediavelmente incógnito. Evocamos o Parthenon numa formação de rocha sedimentar, e mais adiante o que chamamos de bosque de shimejis de pedra. Em reentrâncias e recortes areníticos identificamos um cenário capadócio. Vemos nas rochas formas de felinos, rostos que se beijam, um dromedário, animais da savana africana. Num devaneio hipnótico em meio às nuvens densas que estão abaixo dos nossos joelhos, pensamos ouvir ondas quebrando na praia — na verdade, o mar está a 400 quilômetros, e o som é o efeito do vento ascendente sobre a queda d'água que se forma mais abaixo, onde a nascente do rio Camaivá escorre pelo paredão da montanha. O platô é um chapadão de 34 quilômetros quadrados, algo como duas vezes a área do município de São Caetano do Sul, no

ABC paulista. Para caminhar e explorar os trechos menos acessíveis é um tantão de trabalho, ainda mais porque a chuva é insistente e muitas vezes de uma fúria tempestuosa — os ventos trazem do oceano muitas nuvens, que esbarram na muralha e se precipitam aqui no topo.

O Monte Roraima, sagrado para os Pemon como símbolo dos primórdios da vida, contemplado a longas distâncias por muitas aldeias, está entre as formações mais antigas da Terra. A medição de isótopos das rochas constatou a idade de 1,8 bilhão de anos. O monte é, portanto, anterior aos Himalaias e aos Alpes, cadeias montanhosas que nasceram há 60 milhões de anos, e bem mais antigo que os Andes, de "apenas" 30 milhões de anos. Por essa razão é chamado de monte-testemunho. É memória de um tempo remoto, a longínqua era paleoproterozoica — de forma que é possível observar similaridades entre a abordagem científica e o folclore indígena. O Roraima e os outros seis tepuis irmãos e vizinhos formaram-se por sedimentação de areia do mar — tepui é a palavra Pemon que designa "grande montanha" ou "morada dos Deuses". São mesetas colossais de topo plano e paredes íngremes. É desconcertante identificar em várias rochas, nessa altura em que estamos, os desenhos que o mar faz na praia quando a maré desce, aqueles sulcos convexos, delgados e simétricos. Além do oceano, os ventos e as chuvas foram responsáveis pela composição final do traçado geográfico como vemos hoje.

De todos os tepuis, o Monte Roraima é o mais alto e aquele em torno do qual surgiram mistérios, mitos e fantasias. Foi descrito como "o eldorado" pelos primeiros aventureiros que mapearam a região, no século XIX. Quando esteve no monte, em 1842, o explorador inglês Robert Hermann Schomburgk (1804-1865) coletou plantas exóticas que surpreenderam os botânicos de então, o que fez florescerem histórias épicas. Schomburgk não chegou ao topo, dado que não existiam na época rotas bem-sucedidas de escalada, mas seus desenhos e relatórios detalhados sobre a flora e a formação geológica contribuíram, ao largo de sua vontade, para a construção de uma mítica sobre o local. A especulação mirabolante de que dinossauros poderiam habitar áreas ainda inacessíveis do monte inspirou Sir Arthur Conan Doyle (1859-1930), o criador do detetive Sherlock Holmes, a escrever o romance *O mundo perdido*. Mais recentemente, o Monte Roraima foi recriado em 3D pela Pixar em *Up – Altas Aventuras*, Oscar de Melhor Filme de Animação em 2010. É o destino do velhinho Carl Fredricksen, que pilota sua casa suspensa por milhares de balões rumo ao Paraíso das Cachoeiras. O filme reproduz com formidável precisão cenários como o salto Kupu-Meru e o Vale dos Cristais.

No cume do tepui mítico, ficamos imobilizados diante da vastidão inabitada. E eis aqui uma diferença fundamental entre o Éden Pemon e aquele do Gênesis: nunca ninguém se estabeleceu neste lugar. A natureza é rude demais. Primitiva demais. Território de espécies que desafiam os limites da resistência. Sobre as rochas, liquens e musgos, os mais antigos seres vivos compõem minúsculos abstracionismos kandinskyanos, numa esplêndida paleta de cores. Não há área cultivável nem árvores altas, apenas arbustos que dependem mais de água e luz do que de solo. O habitat também não é simpático aos animais. Além do diminuto sapo preto endêmico e de um grupo de borboletas-azuis, em uma semana de expedição no platô da montanha vimos de perto um colibri e, de relance, um falcão pintado e um fura-flor-grande — pássaros em busca de um ambiente para meditar, quem sabe exaustos da convivência com seus iguais. Em três ou quatro ocasiões, ouvimos um leve zumbido de insetos. E só.

"Em razão do próprio isolamento, o platô do monte tornou-se um repositório de espécies ancestrais, muitas das quais endêmicas", explicou-me o geólogo Vladimir de Souza, da Universidade Federal de Roraima. "Não ocorreu intercâmbio com outros ecossistemas, de modo que está em boa medida preservado seu extraordinário banco genético." Numerosas espécies nem nome comum têm, e são designadas exclusivamente pelo nome científico. A *Drosera roraimae*, farta de tentáculos com bulbos espinhentos nas extremidades, como miúdos maxixes selvagens, é uma das plantas insetívoras típicas. Uma outra planta, a *Stegolepis guianensis*, quando molhada — e como chove por aqui... —, opera uma mágica encantadora. À distância, na contraluz, sua flor espetada parece um punhado de diamantes reluzentes. O maior arbusto endêmico é a *Bonettia roraimae*, uma quase-árvore de formosura rude. Suas folhas vermelhas são resistentes como um plástico duro. Muitas das espécies têm essa característica. Como as raízes não encontram profundidade, as folhas grossas são acumuladoras de água.

Com a missão de elaborar um inventário da flora local, três botânicos aterrissam de helicóptero no platô. O norte-americano Bruce Holst, professor da Universidade da Flórida, é o líder do grupo. Elisabet Safont, catalã e pesquisadora do Instituto Botânico de Barcelona, e o venezuelano Shingo Nazawa, do Jardim Botânico de Caracas, são os assistentes de Holst. Os cientistas estão preocupados com as mudanças climáticas. Diz Holst: "A elevação da temperatura média nessa altitude e as alterações dos períodos de chuva já produzem riscos para cinco das 22 espécies endêmicas catalogadas. A dificuldade é grave porque essas plantas não têm como migrar para áreas mais altas, pois já estão no cume. Na Cordilheira do Himalaia, por exemplo, de maneira orgânica e com ajuda dos ventos, que transportam as sementes, certas espécies migraram para regiões mais altas em busca de temperaturas mais frias, sem as quais não sobrevivem".

Os botânicos partem depois de checar a temperatura e coletar algumas amostras, enquanto nosso grupo segue percorrendo este mundo pré-cambriano, de uma era geológica intangível para a cronologia humana. E talvez por isso o movimento natural é seguir adiante em silêncio, num caminhar meditativo. Somos sete — quatro vindos de São Paulo e três indígenas Pemon: um guia de montanha e dois encarregados da logística. Andamos mantendo uma boa distância um do outro. Em diferentes momentos, cada um para e observa com vagar uma formação rochosa, uma flor, o vento envergando com violência os arbustos, os cúmulo-nimbos que parecem emergir da mata, lá embaixo, para invadir a superfície do platô e nos atravessar. Depois de muito tempo, durante uma das pausas da caminhada, o silêncio é delicadamente quebrado pela voz de brisa de Alistro Lesama, o Pemon mais experiente. Alistro conta que aqui, no topo do monte, Makunaima e Irupé se abraçaram, chorando, e pediram ajuda aos espíritos da floresta para que pudessem ficar juntos e vencer a perseguição violenta perpetrada pelo exército de entidades malignas enviado pelo pai da moça. A prece é atendida. A bela Irupé é transformada na sumaúma — e assim nasce a majestosa árvore amazônica que pode chegar a 70 metros de altura. Pela ação das mesmas forças transcendentes, Makunaima torna-se um ser etéreo, e pode agora flutuar ao redor da sua amada e juntar-se a ela. E o exército maligno vira árvores menores, menos vistosas. Nas semanas seguintes, em aldeias na Gran Sabana venezuelana, eu ouviria contações variadas desta mesma lenda, além de muitas outras histórias que revelam a diversidade mítica da cultura Pemon.

II

Quem apresentou ao mundo urbano a cosmologia da nação indígena Pemon e os mitos relacionados ao Monte Roraima foi o etnólogo alemão Theodor Koch-Grünberg. Filho de pastor protestante e formado em filologia, Koch-Grünberg tornou-se professor e conduziu pesquisas financiadas com recursos privados. No finzinho do século XIX, ele participou de sua primeira expedição no Brasil, um empreendimento coordenado pelo antropólogo Hermann Meyer, também alemão. Meyer tinha a ambição de encontrar a nascente do rio Xingu — embora seu grupo tenha feito contribuições para o mapeamento da geografia e da biodiversidade da região, a nascente só seria descoberta posteriormente. Quando Theodor Koch-Grünberg decidiu tocar seu próprio projeto, já era capaz de gerenciar a complexa logística de uma grande operação na selva. E também sabia lidar com carapanãs afoitas, febres traiçoeiras, diarreias incontroláveis e noites maldormidas em redes diminutas para o biotipo europeu. De 1911 a 1913, o etnólogo dedicou-se a percorrer parte do norte do Brasil e do sul da Venezuela. Enfrentou uma série de adversidades, foi ameaçado, topou com grupos hostis, adoeceu, mas sua expedição resultou num trabalho monumental, publicado em cinco volumes, *Vom Roroima zum Orinoco* — na versão em português lançada em 2022, é uma trilogia de 1.088 páginas, *Do Roraima ao Orinoco*. Com notável rigor científico, Koch-Grünberg documentou mitos e crenças, práticas culinárias e danças tradicionais, modelos de organização familiar e rituais de iniciação. Os registros são minuciosos, e os desenhos, caprichados e fartos.

Ao ouvir os indígenas do povo Pemon, o etnólogo observou o script da pesquisa mais formal: limitou-se a registrar os depoimentos, sem interferir, sem fazer perguntas que pudessem direcionar os relatos. Com muitas convergências e algumas leves discrepâncias entre as histórias contadas por diferentes grupos Pemon, Makunaima é sempre o grande herói. Age em certas ocasiões em claro benefício do seu povo. Ele, por exemplo, transforma parte de homens e mulheres de outra tribo em antas, porcos-do-mato e grandes saúvas comestíveis, as maniuaras — ou seja: mais alimento para sua comunidade. Na forma de uma piranha, rouba o anzol de um pescador para levar o instrumento para a família. Entretanto, na maioria das vezes Makunaima é um safadinho presepeiro. Bem pequeno, durante o banho coletivo, mergulhava no rio para mexer com as cuiãs, que achavam graça daquele atrevimento. Em casa, chorava desesperadamente e só descansava quando a mulher de um dos irmãos o levava para passear. Quando os dois se distanciavam da aldeia, Makunaima transformava-se num homem adulto e... bem, o chamego de elevada temperatura parecia não ter fim. Por pura fanfarronice, o herói transfigura gente e animais em pedras, faz um feitiço para que a maloca e as plantações se transportem para o cume de uma montanha, transforma em árvore um belo rapaz por quem uma jovem indígena era apaixonada — ele, Makunaima, queria deitar-se com a moça e ela o rejeitara.

Publicado na Alemanha em 1916, o trabalho de Koch-Grünberg começa a trafegar primeiro nos círculos acadêmicos europeus e uma década depois finalmente aterrissa na escrivaninha do escritor Mário de Andrade. Mário já é um grande nome, e não apenas da literatura; é também ensaísta, professor, historiador de arte, musicólogo e folclorista. Sua reputação como um dos líderes do movimento modernista estava consolidada, livros como *Pauliceia desvairada* e *Os condenados* tinham chacoalhado os meios intelectuais, mas sua grande criação, a obra que se tornaria um dos maiores clássicos da literatura brasileira, ainda está por ser escrita. Ao ler em alemão a pesquisa de Koch-Grünberg, na época ainda não traduzida para o português, Mário enxerga o potencial literário do herói Pemon, um ser amazônico do extremo norte, até mais venezuelano do que brasileiro, um tipo indígena que é um mago da transformação — e por que não transformá-lo? O escritor, então, decide conhecer a Amazônia. Mas não se aventura numa expedição do tipo "empreendimento etnográfico". Onde chega, é recebido por autoridades e chamado de doutor, há rapapés e brindes com champanhe, rodas de conversas animadas por uísque do bom, moças de pele tostada a espiar, sorridentes, o visitante ilustre. Ao mesmo tempo, nada disso parece impedi-lo de ter a experiência sensorial da floresta tropical: o aroma inebriante do pau-rosa e da macacaporanga, a infinidade do rio Amazonas, o camorim com molho de tucupi e o sorvete de murici, o "gosto abaritonado" da sapotilha que engrossa na língua, o calorão úmido ("De 5 em 5 minutos saio do banho e me enxugo todo, 7 lenços, 17 lenços, 27 lenços...").

Mário conhece alguns indígenas, ouve histórias de costumes ancestrais, encanta-se com a descrição da Festa da Moça-Nova, o ritual de iniciação feminina dos Ticuna. Visita Belém e Manaus, passa por Rondônia e Iquitos, no Peru. Estica até a fronteira com a Bolívia, mas seu roteiro não inclui o extremo norte e, portanto, ele não chega a encontrar indígenas Pemon. Sua principal fonte sobre Makunaima continua sendo Koch-Grünberg. Esta primeira e única viagem de Mário de Andrade à Amazônia, em 1927, é registrada em notas no livro *O turista aprendiz*. No ano seguinte, o autor publicaria *Macunaíma, o herói sem nenhum caráter*. Theodor Koch-Grünberg morrera em 1924, vítima de malária, em Roraima, quando se preparava para sua quarta expedição no Brasil.

O maior escritor modernista brasileiro viu-se forçado a responder a acusações de plágio — hoje provavelmente ele seria cancelado por apropriação cultural. A matriz do seu Macunaíma era mesmo o conjunto de lendas colhidas na floresta do Monte Roraima e na Gran Sabana venezuelana pelo etnólogo alemão. Estão nos mitos Pemon a essência zombeteira, ambivalente e lasciva do herói, seus poderes mágicos de transformação, os irmãos Maanape e Jiguê, o gigante antropofágico Piaimã. Geografias, coadjuvantes, cenários e até episódios inteiros da mitologia indígena reaparecem na literatura andradina, como a morte do herói, cortado em pedaços e depois restaurado à vida por um feitiço de Maanape. Mário de Andrade nunca negou a fonte. Numa carta aberta a um amigo, escreveu:

> *Copiei, sim. O que me espanta e acho sublime de bondade, é os maldizentes se esquecerem de tudo quanto sabem, restringindo a minha cópia a Koch-Grünberg, quando copiei todos. (...) Confesso que copiei, copiei às vezes textualmente. Quer saber mesmo? Não copiei os etnógrafos e os textos ameríndios, mas ainda, na Carta pra Icamiabas, pus frases inteiras de Rui Barbosa, de Mário Barreto, de cronistas portugueses coloniais, e devastei a tão preciosa quão solene língua dos colaboradores da* Revista de Língua Portuguesa.

O manejo de personagens e mitos pré-existentes em nada compromete o gênio criativo de Mário de Andrade. Por várias razões — e pelo menos duas bastante óbvias. Em primeiro lugar, desde o século VIII AEC, quando Homero deu sua cor poética a histórias que frequentavam a cultura oral grega, com a *Ilíada* e a *Odisseia*, mitos vêm sendo revistos e reinterpretados. A *Fedra* do espanhol Sêneca (54 AEC) e a *Fedra* do francês Racine (1676) baseiam-se na tragédia grega *Hipólito* (428 AEC), de Eurípedes. *Orfeu Negro*, um filme de 1959 dirigido por Marcel Camus, reinterpreta o mito grego de Orfeu e Eurídice no cenário do Carnaval do Rio de Janeiro. Em *Macbeth*, William Shakespeare apropriou-se do enredo básico e dos principais personagens de uma das histórias narradas por Raphael Holinshed em *Chronicles of England, Scotland, and Ireland*. Por sua vez, *Hamlet*, do mesmo Shakespeare, tem como fonte a lenda nórdica do príncipe Amleth, escrita no século XII pelo teólogo e historiador dinamarquês Saxo Grammaticus. *Romeu e Julieta*, *Rei Lear* e quase todas as peças shakespearianas também estão associadas a um texto originário principal. Há dezenas de outros bons exemplos.

A segunda razão óbvia pela qual especulações acerca de plágio devem ser desconsideradas é que Mário de Andrade concebeu uma trama de originalidade feérica para seu herói, um ente da floresta que encara uma aventura destrambelhada em São Paulo e se movimenta num espaço-tempo na esfera do fantástico. Macunaíma vai de Guajará-Mirim, em Rondônia, a Itamaracá, em Pernambuco; de Barbacena, em Minas, ao Paraná; da cidade de Serra, no Espírito Santo, à Ilha do Bananal. Do baú de referências do Mário folclorista emergiram personagens como o Curupira, o Negrinho do Pastoreio e o Tutu Marambá. E, das suas relações como homem das artes, personalidades como o poeta Manuel Bandeira e a Tia Ciata, em cuja casa o samba carioca evoluía, numa época em que a polícia reprimia as batucadas — quando os guardas apareciam, o truque era de pronto começar a tocar chorinho. De modo que o romance *Macunaíma, o herói sem nenhum caráter*, repleto de humor e escrito com notável vigor coloquial, pode ser qualificado como uma rapsódia, uma obra que se utiliza livremente de mitos, lendas e elementos da cultura popular.

No ensaio *Makunaima, o meu avô em mim!*, o artista Jaider Esbell (1979–2021), Pemon da etnia Macuxi, entende a viagem do herói do seu povo para a literatura modernista como mais uma de suas tantas transformações. Esbell consolidou-se como o maior nome da mais recente revoada criativa dos povos originários; seu trágico suicídio chocou a intelectualidade e evidenciou os imensos desafios e preconceitos que um artista e ativista indígena enfrenta no mundo feroz da arte mainstream. Ele escreveu:

> *Quando Makunaima decide estar na capa do livro, sabia que a partir daquele momento sua vida ganharia outra dimensão. Sabia da grandiosidade do ato dessa representação de realidades ainda a vir e se extrapolar. Sabia da importância dos ícones na cultura em que havia chegado. Sabia dos limites e da gana daquele povo. Sabia da sua missão e foi. Foi para o livro, foi para o cinema, foi sujeito e entregue para o mundo. Foi por saber, por lucidez, foi por querer. Sabia que estar na capa do livro era estar em um outro ambiente. Sabia que em um mundo carente de Deuses e bondades sua imagem seria associada a algo ainda não vivido mas bem conhecido. Sabia de tudo, sabia de todas as etapas sentidas até seu pleno fazer que é o agora.*

III

Instalado numa maloca circular e já tendo concluído a inspeção da rede em que dormirei daqui a poucas horas, um piá aparece para avisar que o cacique deseja receber ao redor da fogueira os poucos visitantes, entre os quais me incluo. O crepúsculo na Linha do Equador é uma piscadela e a treva noturna já desabou sobre a Grand Sabana, no Parque Nacional Canaima, na Venezuela. No centro da aldeia, cabisbaixo e fracamente iluminado pelo fogo, o cacique à distância parece uma presença imaterial. Caminhando devagar para encontrá-lo, percorro a área descampada em torno da qual estão arranjadas em círculo as churuatas, as casas tradicionais dos Pemon, que nessa região são chamados de Arekuna. Grandes e redondas, as churuatas são construídas com madeira e bambu, e têm telhados cônicos de palha convenientes ao clima tropical, com fácil ventilação e proteção contra chuva e sol. Quando eu e os outros três forasteiros nos aproximamos, o cacique levanta-se e estende a mão para os cumprimentos. É um homem de pouco mais de 1,60 metro, porte robusto, deve ter seus 50 anos. Parece um ser arbóreo e fala num fluxo melódico, acompanhando o vento sussurrante. Ele senta-se, nós o imitamos, e então surgem duas jovens trazendo uma panela de barro e uma chapa redonda imensa, metálica, tingida de fumaça negra, com grossos beijus de mandioca de dimensões descomunais. Um rapaz aparece com uma cabaça cheia de um líquido avermelhado espumoso. O cacique dá um gole com gosto na cabaça, aprecia o caxiri, aqui chamado de wóg, e compartilha conosco a bebida — no caso, feita a partir da fermentação de milho vermelho e levemente alcoólica. É agridoce, refrescante e se assemelha a um suco de frutas gaseificado. Em seguida, ele demonstra como devemos proceder com a comida. Quebra um pedaço de beiju e, antes de comê-lo, mergulha-o no caldo da panela de barro, uma substância negra onde boiam pedaços de pimentas, espinhas, escamas e ossos de peixe. Como crianças aprendendo etiqueta à mesa, repetimos a sequência. O beiju lembra um biscoito espesso de tapioca, amolecido pelo caldo com nível de picância bem acima daquela que tem o tradicional acarajé baiano.

Ficamos sabendo depois que a panela de barro jamais é lavada. Quando o caldo vai reduzindo, novos ingredientes são adicionados — sumo de mandioca, outras pimentas, pedaços de carnes, tripas, ossos mastigados… — e a panela volta ao fogo. Quanto ao caxiri, aqui na região normalmente é feito com milho, mandioca, abóbora ou batata-doce. Em todos os tipos, para que a fermentação seja acelerada, ingredientes mastigados, como cascas e pedaços de beiju, são cuspidos no recipiente em que a bebida é preparada. Ao notar as sobrancelhas erguendo-se, o cacique explica que a mastigação é feita apenas pelas belas moças novas da tribo. O caxiri é consumido em grandes quantidades apenas em ocasiões especiais, como em rituais e festividades. "Mas hoje é uma ocasião especial, vocês estão conosco", diz o cacique, e pede que outra cabaça seja trazida, embora a troca de olhares entre os visitantes demonstre uma certa hesitação.

Mais indígenas vão chegando, cumprimentam-nos com um sorriso contido e um ligeiro reclinar de cabeça, e acomodam-se em torno da fogueira. Para os Pemon, a etiqueta numa conversação exige que cada pessoa seja ouvida até encerrar o que tem a dizer. É inaceitável atravessar a fala dos interlocutores com um comentário ou abrir parênteses para inserir uma informação tida como pertinente no contexto do debate. Presumo que achem pouco civilizada a forma como se dão as conversas entre os "brancos", com interjeições sobrepostas, cortes abruptos da narrativa de um, intervenções no depoimento de outro. Assim, é num fluxo elegante que o colóquio avança. Quando peço que os mais jovens do grupo expliquem como assimilam as tradições ancestrais, duas moças e um rapaz respondem, um por vez, cada um partindo do ponto final da fala antecedente. Eles contam que o método de transmissão de conhecimento designado por muitos antropólogos como "mapa mental Pemon" não é algo físico. O tal "mapa" não se materializa, por exemplo, num desenho. É mais comparável ao teatro, só que sem um texto a ser seguido à risca, e também sem cenografia fixa. Por meio de rituais, danças e cantos, os jovens veem encenadas as disputas territoriais que ocorreram no passado, os mitos e as lendas, as técnicas de caça e pesca. Aprendem sobre venenos e remédios da floresta, rotas de fuga em caso de ataque, localização de recursos naturais. As cerimônias vão além dos temas práticos; são permeadas pela presença do sagrado. Antepassados podem ser convocados a se pronunciar por intermédio do pajé. Espíritos das montanhas dão sua mensagem. Os "mapas" representam o tempo, o espaço e a cultura; integram os conhecimentos científicos, tradicionais e metafísicos.

O cacique acha importante ressaltar que não é, de modo algum, o condutor desses rituais. Sua função é apenas representativa, assevera. A autoridade não é exercida de forma ditatorial e as questões que suscitam debates são decididas pelo conselho do qual fazem parte os anciãos, mas também muitos dos jovens. Conflitos, segundo ele, são muito raros. "Vai longe o tempo em que guerreávamos com os Ingarikó". O nome Ingarikó significa "gente da mata espessa" e esse grupo indígena, também integrante da nação Pemon, vive nas florestas em torno do Monte Roraima. O cacique Arekuna faz uma pausa, fixa os olhos no céu, num ponto indefinido, e continua: "Eles são bons feiticeiros e sabem manusear vários tipos de venenos. Seus ancestrais eram canibais e o grande progenitor da tribo é gigante Piaimã, que comia pessoas".

Embora Piaimã represente a força que antagoniza com Makunaima, não há maniqueísmo na cosmologia Pemon. Piaimã não é o mal, muito menos Makunaima é o bem — e a própria etimologia assim demonstra: *Maku* = mau; *naima* = grande; ou seja: "O Grande Mau" — o que torna particularmente risível a pregação dos missionários ingleses que atuaram no extremo norte amazônico no século XIX e chamavam o Deus cristão de Makunaima: "No princípio criou Makunaima os céus e a terra." Apesar do nome, Makunaima não é um agente do mal, é mais um ser ora solar, ora lunar. Piaimã, por sua vez, significa "O

Grande Feiticeiro". Na mitologia Pemon, ele criou os primeiros pajés, deu-lhes plantas mágicas, entre elas o tabaco, e ensinou ritos de cura — no romance de Mário de Andrade, Piaimã aparece disfarçado na pele do rico empresário Venceslau Pietro Pietra, que se torna inimigo de Macunaíma por causa da disputa pela pedra mágica muiraquitã.

Para os Pemon, mesmo os numerosos demônios que habitam lagos, rios e sobretudo as altas montanhas, os mauaris, não são entidades totalmente malignas. Podem auxiliar pajés ou até indicar o caminho correto a alguém que esteja perdido na mata fechada. Podem também demarcar limites — "se passar daqui, você morre" —, como um aviso da natureza de que o risco não vale a pena. Diz-se que, quando um mauari puxa uma moça de uma canoa e a leva ao fundo do rio, não é para matá-la, mas para fazê-la casar-se com algum membro de sua poderosa família — e o mesmo pode acontecer com rapazes.

O cacique pondera que é muito difícil para "os brancos", habituados a histórias em que bem e mal são enquadrados em categorias fixas, entender a ética, a moral e os mitos Pemon. Ele acha ilegítimos certos usos da figura de Makunaima que aprisionam o personagem numa chave maniqueísta. Militantes de organizações não governamentais que visitam a aldeia com regularidade criaram o discurso de um Makunaima guerreiro que luta por seu território. "Esses ativistas são bem-intencionados, querem nos ajudar a ampliar a área da reserva legal, mas não precisam para isso desvirtuar as características do nosso principal herói".

Os 50 mil indígenas da nação Pemon vivem na fronteira entre Brasil, Venezuela e Guiana. A depender da área que ocupam, assumem diferentes denominações, como Macuxi, Taurepang, Arekuna, Kamarakoto, Ingarikó e Akawaio. No Brasil, eles estão em Roraima. Na Guiana, onde se autodenominam Kapon, estabeleceram-se na região do Essequibo. A maior parte da população Pemon está em território venezuelano, na Gran Sabana, no Parque Nacional Canaima. Aqui, onde estamos agora, extensas savanas que se prolongam até o horizonte são intercaladas por faixas de florestas densas, há numerosas montanhas-mesas, os tepuis, muitos rios e cachoeiras. O desmantelamento das estruturas institucionais do Estado venezuelano assusta os indígenas, que se veem obrigados a enfrentar, cada vez mais frequentemente, ataques de garimpeiros e de mineradores ilegais. Os criminosos muitas vezes atuam sob anuência de altos oficiais de Caracas, mediante pagamentos em moeda forte depositados em paraísos fiscais. Por segurança, o conselho da aldeia em que estamos determinou como ponto limite para as caçadas a grande cachoeira que fica a 12 quilômetros. Avançar a partir dali pode ser muito perigoso. "Os brancos acham que continuamos dispondo de uma região grande para a caça, mas costumávamos caminhar na mata por três, até quatro dias em busca de alimento", diz o cacique. "Os animais não ficam concentrados numa pequena área específica".

Nosso anfitrião não tem pressa de encerrar a conversa e faz questão de oferecer um prato típico, cuja receita vem dos antepassados: lapa cozido num caldo de pimenta, acompanhado de iúca, um molho com formigas vermelhas vivas. Lapa vem a ser um roedor graúdo protegido por lei ambientalista por sofrer risco de extinção. Só pode ser caçado por indígenas. Não sei se a quantidade de caxiri consumida interferiu na avaliação culinária, mas todos nós, os visitantes, achamos o prato repleto de sabores vivos, a carne firme e suculenta comparável à da paca, bem temperada com ervas da floresta; a picância elevada proporcionando um frescor descongestionante, e as formigas fazendo cócegas na língua.

Muitos dos costumes alimentares são mantidos, mas certos hábitos comportamentais caíram em desuso. Como a interdição ao casamento intertribal — mesmo que parte dos anciãos não deixe de manifestar uma ponta de descontentamento. Em todo caso, o sistema matrilinear assegura garantias sociais consideradas valiosas. Digamos que um rapaz Taurepang se case com uma jovem Arekuna. O filho deles será Arekuna — é o ventre que define a identidade, como ocorre com uma série de culturas ao redor do mundo, dos Navajo dos Estados Unidos aos Akan de Gana, dos Bribris da Costa Rica aos chineses Mosuo. Há exceções quando o pai é um líder importante da comunidade, mas normalmente observa-se a linhagem materna. Ela garante que a propriedade e os bens da família sejam transmitidos às filhas, que serão as responsáveis por cuidar dos pais idosos.

Galantes, os homens Pemon costumam ser afetuosos com suas mulheres e namoradas, chamam-nas de "meu coração" e "pena da minha flecha", dão colares e peixes graúdos de presente. Virgindade não é tabu, mães solteiras casam-se e suas crianças são tratadas como filhos legítimos pelo novo marido. Arranjos também acontecem. Pais de moças que se aproximam dos 18 anos convocam para compartilhar cabaças de caxiri os jovens que têm reputação de bons pescadores e caçadores. Atrair um genro decente é vantagem para toda família. A festa de casamento, com danças, músicas e bebida, costuma acontecer no dia seguinte à noite de núpcias, mas só se considera de fato consumada a união depois do nascimento do primeiro filho. Caso haja sinais de que a mulher é infértil, o marido poderá deixá-la, sem o cumprimento de nenhuma formalidade. Surgem encrencas domésticas, pequenas brigas, mas há limites e a cordialidade acaba prevalecendo nas relações.

Para o cacique, seu povo aprendeu a lidar com limites e a respeitá-los. As restrições impostas pelos espíritos da floresta. As imposições dos mauaris, os demônios das montanhas. As regras dos ancestrais. E, acima de tudo isso, os limites indicados pela própria natureza. Nesse sentido, ele nos conta a origem do Salto Angel, a maior cachoeira do mundo, cuja queda d'água tem 979 metros. O Salto Angel fica na reserva ambiental em que estamos, o Parque Nacional Canaima. A história começa com um grande guerreiro Pemon escalando o tepui Ayuán. O tepui é imenso, seu paredão é íngreme e escorregadio; é um local do qual o homem deve manter distância. Então, Kanaimö, o espírito que habita o Ayuán, cria a prodigiosa cachoeira, uma verdadeira extravagância aquática, para impedir a escalada do guerreiro e de outros humanos. A enxurrada faz o bravo Pemon desabar da montanha e cair nas águas do Rio Churún. "Kanaimö nos lembra que nós não podemos tudo, tampouco nos cabe tentar dominar a natureza".

IV

A submissão aos desígnios da natureza tornou-se particularmente irremediável para nós na semana em que passamos no platô do Monte Roraima. Na transferência do acampamento da parte venezuelana para o lado brasileiro do monte, ao norte, um trajeto de 14,5 quilômetros chamado de Grande Travessia, uma tempestade de Antigo Testamento abateu-se com ferocidade sobre nossas cabeças. A operação tornou-se uma provação bíblica. Encharcados, com a visão alcançando no máximo um metro e meio adiante e mochilas de 15 quilos nas costas, o vento como um açoite sádico e as nossas canelas atoladas nas areias do trecho do platô conhecido como Bajumbal, infelizmente desistir não era uma opção. Não havia onde nem como parar.

Vencido o atoleiro, chegamos depois de mais meia hora de tribulação ao Vale das Figuras, onde as rochas desenham em meio à névoa formas humanas e os mais diversos bichos. O temporal não dá trégua e a trilha nos leva a El Foso, um poço de 6 metros de profundidade e 20 metros de diâmetro com um lago no fundo. Aqui, enfim, é possível encontrar abrigo na cavidade de um dos morros próximos. A trilha é retomada quando o aguaceiro cessa. Seguimos rumo ao Labirinto, uma sequência de torres, cânions e corredores que lembra uma cidade em escombros. Trata-se da típica topografia ruiniforme, termo cunhado por um dos maiores geógrafos brasileiros, Aziz Ab'Saber, para denominar formações rochosas que se assemelham a ruínas. Mais uma subida puxada e chegamos ao marco da fronteira tríplice. Apenas 5% do platô está em território brasileiro. A Venezuela tem a maior parte, 85%. A Guiana fica com 10%. Brasil e Guiana reivindicam fatias maiores e o resultado é que pelo menos 20% do tepui está em área de disputa territorial. Traçar fronteiras precisas na Amazônia não é tarefa simples.

O acampamento Coati, no lado brasileiro do monte, fica num conjunto de cavernas e túneis de pé-direito alto e oferece proteção contra os rigores da meteorologia. Os Pemon Alistro e Cecílio têm aqui um amplo espaço para instalar a cozinha. Notamos que o chef e seu auxiliar incrementam o frango ensopado com o conteúdo de uma pequena garrafa plástica. O que é isso? "Termitas", responde Alistro. Ou seja: cupins. O preparo é simples. Removem-se as asinhas e as garras dos insetos, depois eles são salteados com um mix de pimentas e, para finalizar, aferventados no caxiri. Picante, crocante e amargo harmonizam-se de um jeito animado e dão ao jantar um toque gourmet. Alistro acrescenta uma informação que julga relevante: há uma profusão de insetos afrodisíacos que, a depender do momento e dos comensais, convém adicioná-los na finalização dos pratos.

A exaustão do dia parece uma lembrança remota quando irrompe no céu límpido a maior lua cheia das últimas duas décadas. Foi uma esplêndida casualidade acamparmos no Monte Roraima exatamente durante o fenômeno conhecido como Superlua Perigeu. Por causa de sua órbita oval, a lua cheia fica 50 mil quilômetros mais perto da Terra do que no apogeu. A olho nu, é 14% maior e 30% mais brilhante. E assim o imenso clarão tinge de prata as rochas do platô até o horizonte, durante toda a noite e madrugada adentro.

Na cosmologia Pemon-Taurepang, a lua já foi um homem. Aconteceu assim:

> *Kapéi pegou a alma de uma das crianças de uma tribo com a qual estava brigado. Enfiou a alma numa panela e emborcou a panela na terra. Então a criança ficou doente. Aí o pajé foi chamado para curar a criança. E assim o fez. Mas a alma dela continuava com Kapéi.*
>
> *Kapéi escondeu-se numa panela grande e mandou suas duas filhas emborcarem a panela. Disse para elas: "Não contem onde estou quando o pajé vier! Também não contem onde a alma da criança está!".*
>
> *Quando o pajé chegou na casa e perguntou onde estava a alma da criança, as filhas de Kapéi nada falaram. Desconfiado, o pajé usou uma clava para quebrar as panelas e assim encontrou a alma da criança e também Kapéi.*
>
> *Então o pajé designou um* ayúg *— o espírito de uma árvore, um dos seus auxiliares mais poderosos — para levar a alma da criança de volta ao corpo. E depois deu uma surra em Kapéi. Botou-o para fora de casa e disse: "Vá embora daqui!".*
>
> *"Vou para o céu", decidiu Kapéi. "De lá, vou iluminar os meus irmãos! Vamos para o céu, minhas filhas!" Para executar seu plano, ele mandou um pássaro levar um cipó e amarrar uma das extremidades na entrada dos céus. Usando o cipó, Kapéi e as filhas foram subindo, e subindo, e subindo cada vez mais.*

Kapéi se transformou na lua e disse para as filhas continuarem a jornada para os outros céus — acima do nosso céu, onde fica a lua, existem outros dez céus, um acima do outro. "Vocês devem iluminar o caminho das pessoas que morrem, para que a alma delas não fique no escuro", disse ele às filhas. E assim elas se transformaram no caminho dos mortos, que são as estrelas da nossa galáxia.

Os Pemon não pretendem nos dar lições, ou nos ensinar "regras do bom viver", mas pode valer a pena prestar atenção a conceitos como a recusa a simplificações maniqueístas. Como se vê na lenda de Kapéi, o próprio universo não é dotado de uma essência virtuosa. Ao mesmo tempo, o principal herói da nação Pemon é uma potência permeada de ambivalências. Portanto, não parece fazer sentido que meros mortais se esforcem para exibir ao mundo seus supostos valores elevados. "Acreditamos que cabe a nós o cultivo da diversão, da alegria e da arte da transformação. Nosso herói é, afinal, o supremo artífice do humor e da metamorfose", diz o cacique Arekuna que nos recebeu em sua aldeia na Gran Sabana venezuelana, e com quem bebemos caxiri e comemos beiju e ensopado de lapa ao redor da fogueira. Yaruru Makunaima é seu nome. Um nome que talvez seja um destino, uma missão.

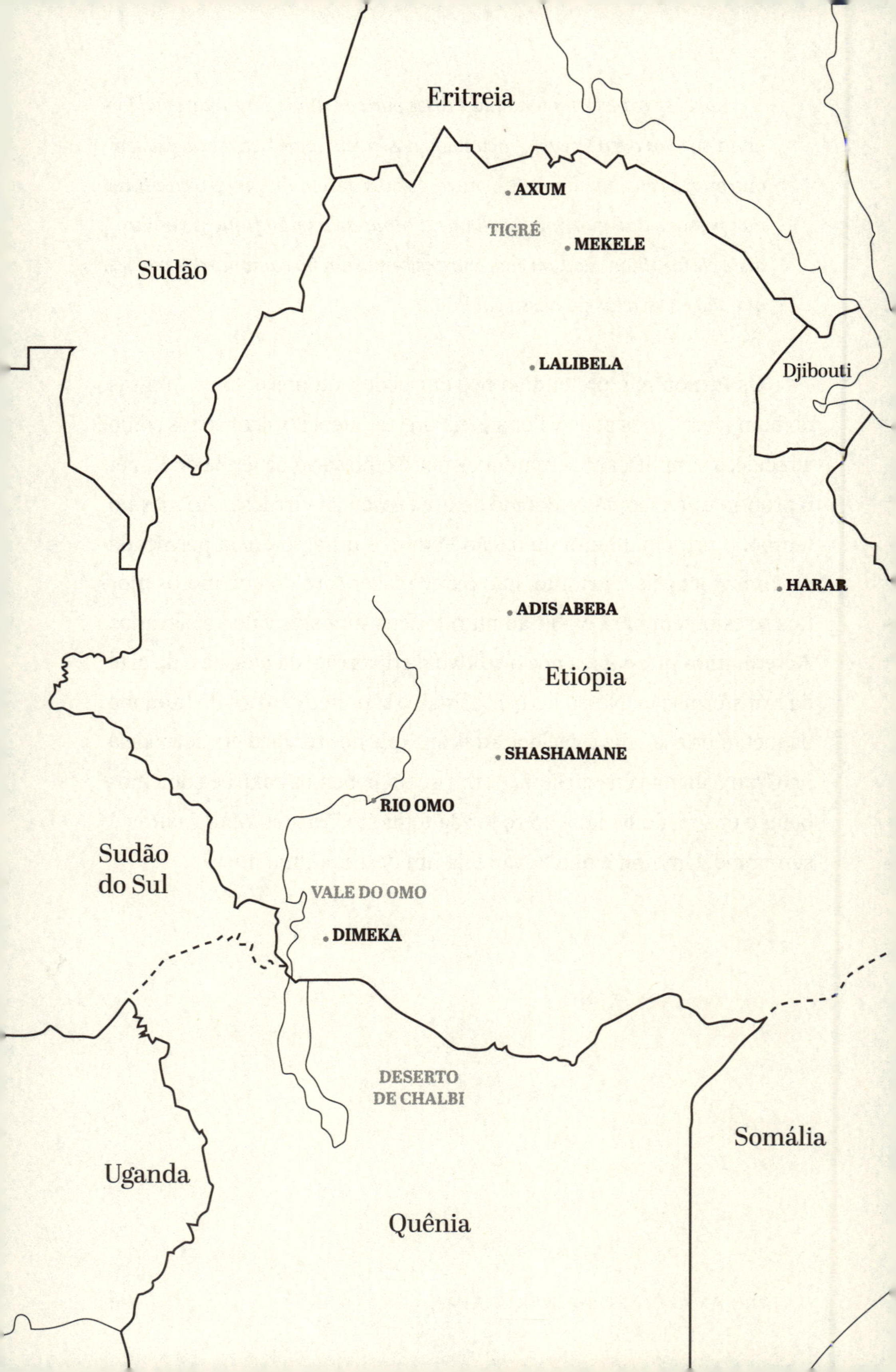
Eritreia
AXUM
TIGRÉ
MEKELE
Sudão
LALIBELA
Djibouti
HARAR
ADIS ABEBA
Etiópia
SHASHAMANE
RIO OMO
Sudão
do Sul
VALE DO OMO
DIMEKA
DESERTO
DE CHALBI
Somália
Uganda
Quênia

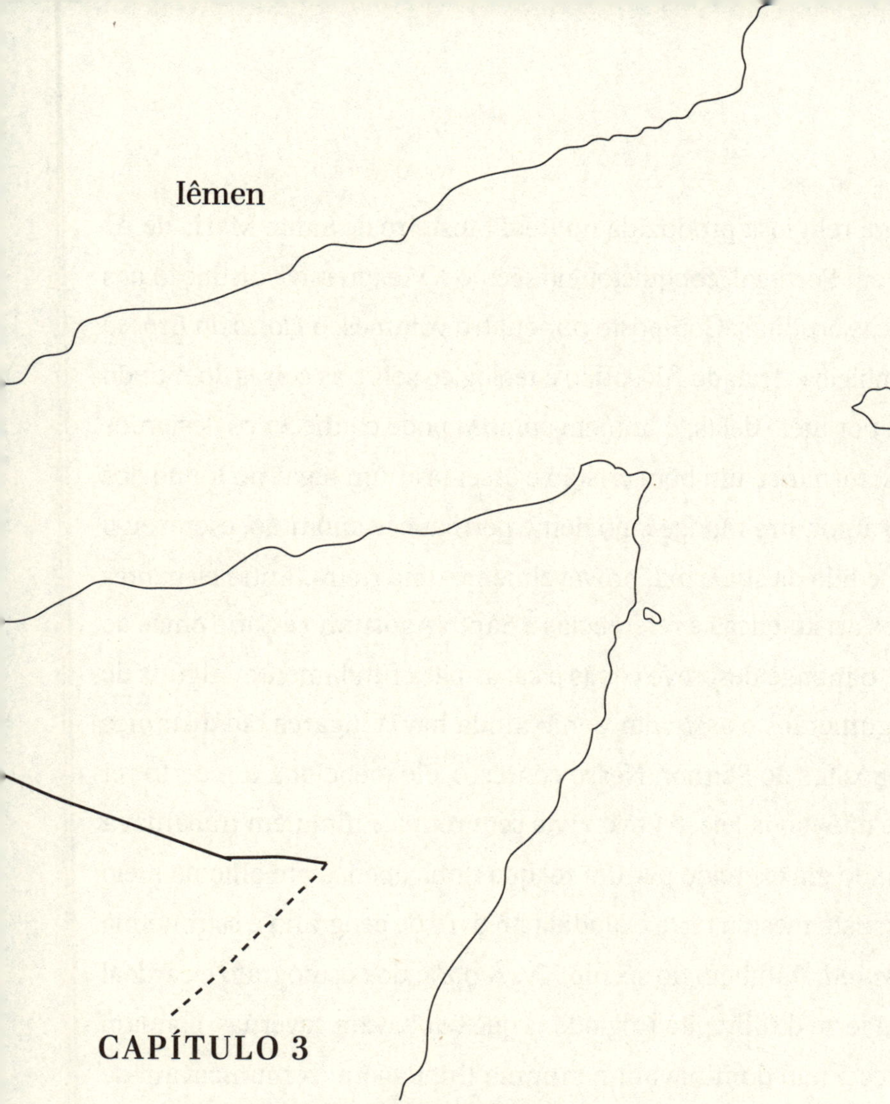

CAPÍTULO 3

O PODER DA ANCESTRALIDADE

Os povos do Vale do Omo e os ritos do cristianismo primitivo com elementos de judaísmo expressam a resistência cultural da Etiópia

I

Uma obra religiosa produzida no Real Mosteiro de Santa Maria de Alcobaça, em Portugal, conquistou no século XV expressiva distinção nas bibliotecas eruditas. Composto por quatro volumes, o *Horto do Esposo* é um ambicioso tratado filosófico e teológico sobre as coisas do mundo e como, por meio delas, o homem comum pode conhecer os desígnios de Deus, tornar-se um bom cristão e assegurar um lugar no Reino dos Céus. O autor, um monge cujo nome permanece anônimo, escreveu o livro a pedido da sua irmã, provavelmente uma freira. Entre elegantes reflexões aristotélicas e referências a Santo Agostinho e São Tomás de Aquino, o monge descreve cenas e casos para fundamentar alguns de seus argumentos e assinalar como ainda havia lugares tão distantes dos propósitos do Senhor. Nesse contexto, ele menciona um certo reino onde não havia leis, o povo vivia sem roupa e ninguém trabalhava. O comando era exercido por um rei que tinha apenas um olho no meio da testa. Esta mesma terra é aludida no livro de geografia e astronomia *Imago Mundi*, também do século XV. A obra, do cosmógrafo e cardeal francês Pierre d'Ailly, cita trogloditas que habitavam cavernas, comiam serpentes e não dominavam nenhuma linguagem; comunicavam-se entre si fazendo uso de grunhidos. O tal lugar exótico e extravagante, para muitos ocidentais até hoje estranho e perigoso, era a Etiópia.

Um olhar diagonal sobre o país tende a reforçar percepções impregnadas de estereótipos equivocados, ideias toscas que, de certo modo, lembram a antropologia psicodélica de seis séculos atrás. Especialmente se o foco desse olhar for o Vale do Omo, no sudoeste da Etiópia, a 13 horas de carro da capital, Adis Abeba, uma região de planícies verdejantes intercaladas por montanhas. No Omo, são vistos homens armados perambulando nus, mulheres com imensos discos de madeira no lábio inferior, pessoas que passam no corpo e no cabelo uma pasta de argila misturada com manteiga — sempre haverá tolos a se imaginar numa visita a um zoológico humano. Dos 86 grupos étnicos que compõem a nação, 16 podem ser encontrados no Vale do Omo, precisamente aqueles que mantêm um modo de vida tido como primitivo e tradições não relacionadas ao cristianismo nem ao islã. Esses povos tiveram de vencer muitas adversidades para permanecer em seu território, cuja preservação continua motivando combates às vezes mortais.

O olhar dardejante dos três guerreiros da etnia Mursi que se materializam à nossa frente é prova de que a situação aqui está longe de ser considerada tranquila. Estamos no alto de uma pequena colina e eles apareceram do nada, como se tivessem brotado da terra marrom numa fração de segundo. Nus, cada um deles traz num dos ombros um longo pano colorido, uma canga para ser utilizada caso seja necessário se sentar, e um fuzil bem gasto no outro lado. Estáticos, longilíneos, pele ébano e feitos só de músculos, com o rio Omo ondulando lá embaixo entre faixas de mata verde, formam uma composição que Paul Gauguin ficaria contente em retratar.

Nosso interesse é cultural, queremos visitar a aldeia deles, tentamos explicar, sorrimos, eles sempre muito sérios. O guia fala em amárico, um dos idiomas oficiais do país, os guerreiros compreendem só algumas palavras. Não, não somos do governo. Não, não trabalhamos para nenhuma ONG. Mais sorrisos; eles, impassíveis. Enfim, o trio decide nos conduzir à aldeia.

Num terreno plano, onde arbustos viçosos crescem de forma desordenada, encontramos 18 choças em forma de cúpula, feitas de galhos de árvores e palha, com mais ou menos 1,80 metro de altura e um buraco de 60 centímetros à guisa de porta. São conhecidas como tukuls e estão distribuídas de modo assimétrico, não há distância fixa entre uma e outra, é evidente o improviso das estruturas e de todo o conjunto. Há outras cinco choças se desmanchando, como se desabassem aos poucos. Uma montanha forrada de floresta impõe-se ao fundo da paisagem.

Como são seminômades, os Mursi vivem nessas choupanas que podem ser rapidamente erguidas e descartadas. De acordo com o regime de chuvas, eles se movimentam numa área geográfica predeterminada e levam consigo seu rebanho de vacas e cabras. Onde chegam, fazem novas plantações de sorgo, milho e tabaco e coletam mel. Aceitar a impermanência é um elemento vital da sua cultura, bem como orientar o cotidiano segundo o fluxo da natureza — e o do rio Omo em particular.

Artéria essencial para o ecossistema da região, o Omo nasce no planalto etíope, a cerca de 2.600 metros acima do nível do mar, percorre 760 quilômetros em direção ao sul e deságua no lago Turkana, no Quênia. É um colosso. Tem vários afluentes, as terras de suas margens são férteis, e as planícies aluviais têm uma grande variedade de vida selvagem, incluindo elefantes, antílopes, crocodilos e hipopótamos. O Omo dita o ciclo da vida. Para os Mursi, é o próprio cenário do nascimento do seu povo.

Na aldeia, Yalo, um dos cinco anciãos que descansam à sombra de uma figueira brava, explica a origem de tudo. Voz de efeito balsâmico, olhos semicerrados, ele conta a história, que presumo ter sido repetida incalculáveis vezes a jovens e crianças, na cadência de um poema. Foi assim: o Deus do céu, Tumwi, cortou a terra com um machado gigante, desenhando no solo a fenda sinuosa que se tornou o curso do rio Omo. Tumwi também moldou na forma de brotos de bambu o primeiro povo do planeta e o encarregou de ocupar e proteger o Vale do Omo. Como fonte de alimento e riqueza para esse povo escolhido — o povo Mursi, claro —, o Deus criou o gado e as chuvas para regar as lavouras.

São quase cem pessoas que vivem na aldeia e todas se aproximam para ouvir a conversa. Os homens têm um jeitão agressivo e sua abordagem inicial é repleta de gestos inamistosos e palavras que me soam ásperas. O branco de seus olhos é tingido de carmesim — efeito da tella, bebida alcoólica fermentada a base de cereais e consumida durante praticamente todo o dia, com mais intensidade a partir do fim da tarde. O figurino geral é composto por apenas uma peça de roupa, um pano estampado. A maior parte dos homens amarra o tecido na linha do umbigo ou no tórax. As mulheres arrumam tal qual uma toga romana, às vezes deixando um seio de fora; as mais jovens fazem uma saia e o tronco fica descoberto. Todas exibem uma profusão de adereços: colares de contas, pulseiras coloridas, grandes brincos com chifres pendurados, enormes tiaras de palha trançada, decoradas com dentes de animais, ornamentos para a cabeça feitos de espigas de milho e sementes de cores diversas. Como estou sentado com o grupo de idosos, as crianças pegam no meu cabelo com facilidade. Elas sentem a textura, sorriem, falam umas com as outras. A brincadeira dura ao limite da minha paciência e elas param somente quando começo a também pegar no cabelo delas.

Os Mursi são peritos em aproximações furtivas — como pudemos constatar na nossa chegada. E é assim que surge no meu canto direito um jovem empertigado e de olhar sulfúrico como a exibir certezas sobre as coisas fundamentais da existência. Ele atravessa a confabulação: "Isso aqui é tudo nosso, Tumwi nos deu, e todos sabem. Apesar disso, vem gente roubar nossa terra e até nossas mulheres".

De fato, a ocupação descontrolada da terra na base da bala foi motivo de muitos embates sangrentos. E, de 2006 a 2015, o próprio governo etíope converteu-se num adversário bem mais poderoso que os grileiros, ao decidir apostar pesado no potencial de produção de energia e biocombustíveis do Vale do Omo. Com a anuência das instituições reguladoras, a construção de usinas hidrelétricas e de centenas de quilômetros de canais de irrigação para abastecer plantações extensivas de empresas malaias, coreanas, indianas e italianas causaram um enorme desequilíbrio ambiental. Áreas que antes alagavam sazonalmente tornaram-se secas, diversos grupos tiveram comprometidos seus pequenos cultivos de subsistência e houve até reassentamento forçado de centenas de aldeões. Ao avaliar o impacto na vida seminômade dos povos pré-históricos da região — entre os quais os Mursi —, o Banco Europeu de Investimento e o Banco Africano de Desenvolvimento resolveram não conceder empréstimos para os últimos projetos do governo. Mas o Banco Industrial e Comercial da China topou aportar recursos.

Os Mursi se armaram com fuzis Kalashnikov, rebotalhos das intermináveis guerrilhas da Somália, preparando-se para confrontos. Muitos homens morreram em batalhas e elevou-se a tensão entre diferentes etnias, que passaram a disputar áreas mais reduzidas para agricultura e pastoreio. Uma prática antiga foi retomada: o ataque violento a aldeias, com rebanhos e mulheres como parte do espólio. "Esposas de amigos nossos foram raptadas", diz o jovem que entrou na conversa e agora se apresenta. Seu nome é Namai e aparenta uns 25 anos.

As mulheres Mursi têm traços finos, pernas longas, narizes afilados, pele preta fosca levemente ferruginosa. São altas e esbeltas. A partir dos 15 ou 16 anos, as meninas têm a opção de fazer um orifício abaixo do lábio inferior, e acima do meio do queixo, e ali introduzir um disco de madeira, argila ou cabaça. Ao longo dos meses, o lábio é esticado para acomodar discos cada vez maiores. É um acessório valorizado pela comunidade e por isso, mesmo não sendo obrigatório o uso, são poucas as garotas que não aderem — até porque, quando chega a idade de casar, aquelas que exibem discos maiores recebem ofertas mais valiosas de dotes, de até 65 animais, entre vacas e cabras. As casadas continuam aumentando o tamanho do adereço como sinal de status. Quando o disco é removido, o lábio inferior pende abaixo da boca e repousa sobre o queixo.

Entre os Mursi, há outros tipos de ornamentos corporais. Homens e mulheres têm escarificações nos braços, no tronco e às vezes no rosto. Elas funcionam como uma espécie de RG da etnia e existem ainda marcas que identificam cargos de destaque, como bari, equivalente a cacique, ou komoru, o xamã. Como nas monarquias, o bari pertence a uma linhagem de líderes e a ele cabe manter a ordem e resolver disputas com o auxílio do conselho de anciãos. Diferente do bari, a posição do komoru não é necessariamente herdada. Indivíduos com clara aptidão para liderança espiritual podem ser selecionados pela comunidade para assumir o papel. Acredita-se que o komoru tenha a capacidade de oferecer orientações para a cura de doenças e de se comunicar com divindades, antepassados e com seres do mundo ínfero — um mundo que não se assemelha ao inferno descrito no cristianismo; não é um lugar de punição eterna, é mais um estado em que transitam entidades malévolas e perigosas, que podem ser convocadas para agir contra adversários. Como Namai não é nem bari nem komoru, pergunto o que significam os três riscos no seu antebraço esquerdo. A resposta que ele dá sem hesitação demonstra que as escarificações podem ter os sentidos mais variados: “Cada um desses traços representa um inimigo que eu matei”.

Nos últimos anos, com o reconhecimento oficial de que as populações autóctones têm direito ao uso da terra, reduziu-se o número de conflitos. Não se trata ainda de uma solução jurídica tão eficiente quanto a demarcação de reservas, o que os patriarcas julgam ideal, mas foi um avanço. Ao povo Mursi foi designada uma área dentro dos limites do Mago National Park, nos arredores do município de Jinka. No Vale do Omo passou a predominar uma relativa tranquilidade, especialmente se considerado o elevado nível de combustão das revoltas étnicas separatistas com as quais o país tem de lidar no norte e no leste. Apesar disso, os Mursi mantêm-se em alerta contínuo. A população total do grupo étnico é de apenas 14 mil pessoas — contingente que ocuparia menos de um quinto das cadeiras do Maracanã. Não é, portanto, infundado o temor de que um dia venham a desaparecer. Por isso, além da vigilância armada, os Mursi esforçam-se para não chamar atenção e à noite suas aldeias são silenciosas. Um grupo que traz no inconsciente coletivo a possibilidade de ser atacado a qualquer momento não tem razões para ser amistoso com desconhecidos.

II

Nas proximidades do povoado de Dimeka, ao sul do território Mursi, perto da fronteira com o Quênia, o povo Hamar tem um dia a dia mais relaxado. Esta é a região da cadeia de montanhas Buska, onde os 86 mil Hamar habitam uma área coberta de arbustos espinhosos adequados para o rebanho caprino. Seus mutirões para colheitas, preparação da terra para o plantio ou construção de casas para famílias necessitadas são chamados de “festas de trabalho”. Quase todas as atividades coletivas tornam-se festividades. A feira livre de Dimeka, que acontece aos sábados e atrai gente de outras etnias, é palco do alto astral do grupo. Os Hamar não fariam feio numa Fashion Week. Os homens desfilam com saiotes, bandanas, braçadeiras, colares e tornozeleiras feitas de contas, tudo ultracolorido. Além de todos os enfeites, as mulheres aplicam nos cabelos uma mistura de manteiga e barro vermelho, de modo que suas tranças parecem feitas de cerâmica. Algumas passam a mesma emulsão no corpo, como alternativa a um protetor solar. Noto que elas têm várias cicatrizes nos ombros, costelas e costas. Para que eu entenda o que significam, o guia local diz que primeiro é necessário explicar-me o ritual do salto sobre touros, o Ukuli Bula, que marca o ingresso dos jovens na vida adulta.

É assim: quando acreditam estar prontos para casar, os rapazes candidatam-se ao torneio, o que pode acontecer antes da maioridade legal, embora hoje se incentive que seja a partir dos 18 anos. Somente depois de cumprido o ritual eles podem formar a própria família e carregar armas. "Os jovens têm as cabeças raspadas e saltam nus sobre até dez touros, dispostos um ao lado do outro", continua o guia. "Eles têm de repetir oito vezes a corrida sobre os animais." Em paralelo ao jogo atlético, as mulheres cantam e dançam sem parar, marcando o compasso musical com sinetes amarrados nos tornozelos, cornetas e buzinas. Em sinal de apoio aos jovens que participam da cerimônia dos saltos — e antes passaram por um longo período de isolamento, restrições alimentares e preparação espiritual —, as mulheres são açoitadas com cipós. "Os homens ficam constrangidos, não querem chicoteá-las, mas elas insistem que a tradição deve ser seguida, gritam com eles, chegam a praguejar e a dizer que invocarão espíritos do mal para prejudicá-los caso os golpes sejam leves".

O guia olha do lado, para o grupo de quatro mulheres que acompanha com interesse nossa conversa, e traduz para o dialeto Hamar o que está me contando. Elas riem muito e fazem questão de exibir suas marcas. Dizem que o segredo para suportar as chibatadas é beber bastante tella, o preparado alcoólico artesanal. No fim do Ukuli Bula, os rapazes, agora com autorização para casar, escolhem entre as moças cobertas de sangue aquelas descompromissadas. E então casais se formam.

Noivados previamente acertados pelas famílias são confirmados durante a festa. Alguns homens já casados aproveitam a ocasião para escolher uma segunda ou terceira esposa. Quando pergunto às mulheres se a poligamia, comum entre os Hamar, de algum modo as incomoda, percebo o constrangimento. Elas não querem discutir a questão. Como já havia pesquisado o assunto, sei o motivo. Ainda que não seja uma regra formalizada, na prática, as esposas subsequentes assumem o papel de empregadas do marido e da esposa principal. Ser a número um é a grande ambição feminina. O adereço de maior destaque entre as mulheres é um pesado colar metálico com um grande cilindro saliente, que se projeta como um bico. O colar, fechado e fixado por um ferreiro, jamais pode ser removido. A peça identifica que a usuária é uma primeira esposa.

Mesmo tendo havido, ao longo dos séculos, migração de indivíduos de um grupo para outro, centenas de mulheres e órfãos incorporados a aldeias de povos que os capturou, e famílias assimiladas por etnias diferentes, não ocorreu no Vale do Omo uma fusão de costumes ou amalgamento cultural, nada que se possa definir como uma uniformização de hábitos, tradições e estilo de vida. Os exemplos são os mais diversos. Apenas o povo Bodi, outra comunidade seminômade do vale, realiza um concurso anual para eleger o homem mais gordo — que é, por conseguinte, também o mais bonito. Os competidores permanecem por até seis meses isolados em cabanas, movimentando-se o mínimo possível para poupar calorias. Nesse período, eles bebem todos os dias quantidades descomunais de leite, mel e sangue de vaca — coletado sem sacrifício do animal, a partir de uma pequena incisão na veia do pescoço. No dia da disputa, desfilam barrigas inacreditáveis, andam vagarosamente e são incapazes de disfarçar o desconforto resultante da dieta indigesta, transfigurado nos olhos semicerrados, na face contraída e na respiração de moribundo terminal. A festa também tem seu momento religioso, com preces e cânticos dirigidos ao Cão Sagrado, animal espiritual que intercede ao Deus Tuma em favor das pessoas. O mito de origem dá conta de que Tuma, Deus da chuva e da fertilidade, criou os ancestrais do povo Bodi, os primeiros humanos da Terra, que surgiram de um buraco no chão no sudoeste da Etiópia.

Numa das partes mais áridas do vale, em que o rio Omo percorre uma terra arenosa quase inútil ao cultivo, o clã Dies, da etnia Dassanech, é obrigado a se virar com poucos recursos. Os Dies não têm gado, pescam em canoas estreitas de um tronco só, e os adultos ensinam as crianças as técnicas de caça a crocodilos com lança. Quando os visitei, sob a aflitiva secura de 47ºC — uma atmosfera impactada pelo ecossistema do deserto de Chalbi, no Quênia, a mais ou menos 350 quilômetros —, me impressionei com a forma desenvolta com que se movimentam num ambiente tão adverso, e também como transformam em peças de vestuário, adereços e choupanas o lixo que encontram nos vilarejos para onde vão semanalmente fazer escambo. Os Dies bem que poderiam realizar uma exposição coletiva no MoMA, com curadoria de Vik Muniz, o artista plástico brasileiro que assina obras admiráveis feitas com objetos descartados.

Na estrutura social do povo Dassanech, o clã Dies é a classe inferior, a base da pirâmide. Entre os outros sete clãs, há aqueles que se dedicam ao cultivo de sorgo, milho, abóbora e feijão, os que criam cabras, burros e até camelos, e ainda os que têm a prerrogativa de se comunicar com as entidades. Para a cura de doenças, há certas especializações. O clã Turat lida com queimaduras, enquanto os Galbur ocupam-se de enfermidades relacionadas a glândulas, como diabetes e insuficiência pituitária. Outros clãs tratam de infecções oculares, picadas de escorpiões, problemas musculares e assim por diante. De modo que os Dassanech sempre sabem a quem recorrer em caso de emergência.

Perto da fronteira com o Sudão, na margem oeste do rio Omo, a pequena população Kwego garante sua subsistência com caça e pesca, apicultura, e um pouco de plantio de cereais. O grupo, de apenas 3.600 pessoas, também é organizado em clãs e vive sob proteção de uma etnia maior e mais poderosa, a Nyag'atom. Devido ao temperamento avesso a conflitos e aos hábitos que os aproximam dos ancestrais africanos caçadores-coletores, os Kwego são chamados de forma depreciativa por grupos vizinhos de "formigas trabalhadoras". Mas um povo que foi escravo dos Mursi, depois dos Karo, e já esteve próximo do desaparecimento tem lá suas razões para aplicar-se na labuta em paz e para evitar brigas internas que possam resultar em perdas de vidas. Assim, antes de saírem para a caçada diária, os homens participam de um ato cerimonial no qual resolvem as eventuais desavenças e depois recebem a bênção do ancião mais reverenciado. O objetivo do ritual é liquidar os ressentimentos, dado que não seria prudente andar armado nas proximidades de um desafeto.

Cada uma das etnias tem seu próprio código social, sua cosmovisão, seu conjunto de mitos. De formas que compõem uma "unidade" apenas na esfera administrativa, na qual, para efeitos de políticas públicas, estão agrupadas na Região das Nações, Nacionalidades e Povos do Sul. E fica nisso. Na realidade, o Vale do Omo é uma geografia de extraordinária diversidade antropológica, além de ser um tesouro — sem exageros — para a arqueologia. Entre as descobertas arqueológicas mais importantes estão dois crânios da espécie *Homo sapiens* datados em 230 mil anos. As análises desses fósseis, assim como de fragmentos ainda mais antigos de hominídeos e de instrumentos da Idade da Pedra, têm sido fundamentais para a ciência estabelecer com mais precisão a origem e a dispersão dos humanos modernos na África e em todo o mundo.

III

A Etiópia poderia ter ingressado no radar global como um dos países africanos de maior heterogeneidade de povos autóctones e de grande relevância para a pesquisa científica. Acabou entrando por outra razão. Entre 1983 e 1985, ganhou as manchetes de toda a imprensa global por causa de uma fome devastadora. Quem não era mais criança naquela época lembrará das imagens chocantes de multidões famélicas, só pele e osso, milhares de pessoas mendigando pedaços de pão, aglomerações sem fim com olhares sonâmbulos perambulando pela desolação de campos esturricados. As estimativas dão conta de até 1 milhão de mortos.

O país ficou com a imagem de lugar onde se passa fome. Mas a fome, na verdade, não foi ocasionada apenas pela seca severíssima que ceifou colheitas e rebanhos. Foi também, por assim dizer, de ordem política. A coletivização forçada de propriedades rurais e o reassentamento de lavradores, medidas implementadas pelo ditador marxista Mengistu Haile Mariam, agravaram a catástrofe. O governo socialista, cuja atuação se dava sob o eixo de influência da União Soviética, não apenas demonstrou incompetência para lidar com a crise, como seguiu priorizando no orçamento nacional os gastos militares em vez de tomar providências para minimizar a insegurança alimentar. Mengistu foi além. Usou a fome como arma contra os insurgentes da região de Tigré, no norte do país, perto da fronteira com a Eritreia. Ele ordenou a destruição de estoques de grãos, o incêndio de plantações e a matança de gado. Quando o diretor da agência humanitária governamental implorou pelo fim da estratégia ignominiosa, a resposta do ditador, antes de demiti-lo, foi uma clara expressão da essência moral da sua liderança: "Não deixe esses pequenos problemas humanos consumirem você".

A comoção mundial resultou num concerto titânico, o Live Aid, do qual participaram bandas lendárias, entre elas U2, Queen, Led Zeppelin, e outros gigantes da música, como Bob Dylan, B. B. King, Paul McCartney, Mick Jagger e Eric Clapton. O concerto aconteceu em Londres, no Reino Unido, e na Filadélfia, nos Estados Unidos, em 13 de julho de 1985. Além das 180 mil pessoas presentes, estima-se que dois bilhões assistiram às transmissões ao vivo para cem países — 95% dos aparelhos de TV do planeta estavam sintonizados no concerto. Os hinos contra a fome *Do They Know It's Christmas?* e *We Are The World* marcaram com altas voltagens de emoção o encerramento dos shows. As doações para os etíopes desvalidos somaram cerca de 280 milhões de dólares. A fome na Etiópia tornou-se assunto em escolas e igrejas, botequins e universidades, escritórios e parlamentos.

Não se imaginava que a fome fosse novamente utilizada no país como instrumento de guerra, muito menos no governo do primeiro-ministro Abiy Ahmed. Laureado com o Prêmio Nobel da Paz em 2019 por ter negociado o fim das hostilidades com a Eritreia, Ahmed emergia como uma esperança civilizatória alinhada aos valores ocidentais — constatou-se mais tarde que o Comitê do Nobel cometeu um equívoco vexaminoso; Ahmed teria firmado o pacto de paz com o homem-forte da Eritreia, Isaias Afwerki, com base principalmente na animosidade de ambos contra os Tigray, a mesma minoria étnica combatida nos anos 1980. De certo modo, Ahmed reeditou Mengistu ao determinar o bloqueio de estradas que dão acesso ao Estado de Tigré, impedindo caminhões com cargas de alimentos e remédios de chegar ao destino. Entre os Tigray, pelo menos 40% da população de 5,5 milhões passam fome ou estão num quadro grave de desnutrição. Em 2021, fugindo da guerra civil em Tigré e nos estados vizinhos de Amhara e Afar, mais de 5 milhões de etíopes de etnias diversas deslocaram-se no país — o que equivale a 4% da população total de 125 milhões —, sem contar os milhares que fugiram para o Sudão (quando alguém vai buscar refúgio no Sudão, é possível imaginar seu grau de desespero). Embora o governo e a Frente de Libertação do Povo de Tigré tenham assinado um acordo de paz em novembro de 2022, a tensão persiste e o saldo da crise tende a fomentar ressentimentos e a gerar novos conflitos.

Por uma dessas tristes coincidências, os Tigray descendem dos Axumitas, os fundadores do primeiro império que se estabeleceu onde hoje é a Etiópia. O Reino de Axum foi uma notável potência mercantil e militar. Ainda no ano 77 EC, o naturalista romano Plínio, o Velho, relatou na enciclopédia *História Natural* que os navios etíopes partiam dos portos no Mar Vermelho com volumosas cargas de mármore, obsidiana, chifres de rinoceronte, macacos, couro de hipopótamo e escravos. Outros registros do século I mencionam que Axum comercializava também marfim, ouro em pó, tartarugas, e comprava esmeraldas de um povo nômade do deserto da Núbia, no atual Sudão, para revender aos indianos. A aristocracia importava produtos de luxo, como mantas de lã, peças de vidro, incenso e especiarias. No fim do século III, o Reino de Axum foi descrito no *Kephalaia*, o compêndio de ensinamentos e reflexões do profeta persa Mani, como um dos quatro grandes impérios do mundo, ao lado de Roma, da Pérsia e da China — não era para tanto, é verdade, mas a nota expressa a fama dos Axumitas. Era de tal ordem a circulação de riquezas, que Axum foi o primeiro Estado da África tropical a cunhar uma moeda. A prosperidade foi duradoura. E com ela veio mais poder e uma formidável proeminência geopolítica. No século VI, o império consolidou o comando de boa parte do nordeste do continente africano, instalava tropas nos reinos vassalos para assegurar a fidelidade e o recolhimento de impostos, e nomeava os chefes de confederações de clãs da Arábia do Sul — o atual território de quatro países da Península Arábica: Iêmen, Oman, Emirados Árabes Unidos e Arábia Saudita.

Enquanto o islã se expandia, o Reino de Axum manteve-se cristão e a religião tornou-se um elemento basilar da identidade cultural. Até porque a adoção do cristianismo na corte etíope deu-se no século IV, mais de 200 anos antes do nascimento do profeta Maomé, em virtude da influência exercida por Constantinopla, que mantinha com Axum um comércio pujante e para lá despachava missionários. O avanço da fé cristã para além das elites aconteceu mais tarde, no século VI, em consequência de uma contenda intelectual acerca da natureza de Jesus — o debate que está na origem da expressão "discussão bizantina". Os religiosos denominados monofisistas postulavam que a natureza humana de Cristo fora absorvida por Sua natureza divina, resultando em uma nova natureza unificada. Eles foram considerados hereges pelos defensores do diofisismo, doutrina que defende a coexistência e a inseparabilidade das naturezas divina e humana na pessoa de Jesus Cristo. Para quem buscava apenas viver o cristianismo, a desavença teológica era de uma inutilidade desconcertante. Entretanto, em meio a interesses políticos e vaidades eclesiásticas, os seguidores do monofisismo acabaram perseguidos pelas autoridades e até mesmo deportados do Império Bizantino. Foi assim que muitos deles buscaram refúgio no Reino de Axum e contribuíram para a evangelização das massas, bem como para a adoção da doutrina monofisista pela Igreja Ortodoxa Etíope.

Fora da zona de influência de Axum, o Vale do Omo, localizado bem ao sul do centro do poder, não estava sob controle de nenhum Estado. Daí que as comunidades descentralizadas dos diversos grupos étnicos originários não chegaram a ser pressionadas a abandonar o animismo — e mesmo quando o foram, no início do século XX, ofereceram uma firme resistência às empreitadas de doutrinação religiosa.

IV

Por ter se desenvolvido numa espécie de estufa de ideias, hábitos e crenças permeada de peculiaridades, o cristianismo na Etiópia admitiu práticas sincréticas, como a adoção de santos locais antes venerados como espíritos ancestrais em cultos politeístas, e costumes do judaísmo, na época já difundidos na sociedade: a circuncisão de bebês do sexo masculino, a observância do sábado como dia de descanso, o uso de recipientes distintos para servir carne e laticínios, e a abstenção do consumo de carne de porco e de certos tipos de frutos do mar. A presença desde tempos remotos de judeus na Etiópia é justificada em lendas e teses de variados níveis de confiabilidade. Seriam descendentes de um grupo que decidiu não seguir Moisés. Faziam parte de uma tribo perdida de Israel. Chegaram no Planalto Etíope fugidos do cativeiro na Babilônia. As histórias se multiplicam. A hipótese mais aceita, no entanto, é a de que vieram da Arábia do Sul, uma das regiões em que buscavam abrigo quando perseguidos, muito antes da dominância islâmica, desde a destruição do Primeiro Templo de Israel, em 586 AEC. Em decorrência dessa migração, e da influência que ela produziu, o DNA judaico tornou-se um componente de destaque na cultura etíope e está presente na história que narra a origem da nação.

A história começa com Makeda, a Rainha de Sabá, virgem que vivia perto de onde surgiria Axum, sendo informada da notável sabedoria do rei Salomão, de Israel, cuja fama já se propagara por vastas terras. Impressionada, Makeda parte com uma grande comitiva para Jerusalém, com camelos carregados de especiarias, ouro e pedras preciosas para presentear o soberano. É bem recebida, instalada com pompa, e todos os dias passa a ter sessões de conversas sobre os mais diversos temas com Salomão. A rainha, no trono de Sabá há apenas seis meses, aprende sobre política e estratégias militares, acordos comerciais e administração pública. Assuntos espirituais também entram em pauta. E então Makeda decide abandonar o Sabaísmo, religião politeísta praticada em Sabá, para adotar a fé monoteísta dos hebreus. Depois de uma temporada de seis meses na Cidade Santa, volta grávida para seu reino. Ela dá à luz um menino, a quem chama Bayna-Lehkem, cujo nome significa "o filho do homem sábio". Aos 12 anos, o príncipe manifesta o desejo de conhecer o pai, é cada vez mais insistente a esse respeito, mas Makeda resiste. Finalmente, aos 22 anos, Bayna-Lehkem é autorizado a seguir para Israel.

Assim, o príncipe de Sabá empreende com uma tropa a viagem que na tradição etíope é conhecida como Jornada de Sião. Ele e sua entourage cruzam o Deserto da Núbia, percorrem a rota caravaneira entre as montanhas da Cadeia Arábica, atravessam o Mar Vermelho e a Península do Sinai para enfim chegar a Jerusalém. Acolhido com honras e reconhecido como filho legítimo por Salomão, Bayna-Leḥkem dedica-se a estudos sob mentoria do pai. No período que passa na capital do reino de Israel, assimila conhecimentos com os honoráveis da corte, debate com os sábios e rende preces ao Deus hebreu, Yahweh. Quando anuncia a necessidade de retornar à Etiópia, ao seu séquito são agregados, por ordem de Salomão, os primogênitos de nobres e sábios israelitas. Bem-formados, esses jovens da elite hebraica teriam como missão compor o gabinete do futuro rei e ajudá-lo na gestão dos negócios, na diplomacia e na criação de políticas de educação e cultura. Deveriam trabalhar com afinco para o desenvolvimento da civilização etíope, cujos vínculos com Israel eram incontestes. Na partida dos primogênitos, porém, dá-se algo inesperado. Os jovens, descontentes por se verem obrigados a viver longe da Arca da Aliança, decidem levá-la secretamente. E assim foi parar na Etiópia o maior tesouro do povo de Israel, a caixa na qual são guardadas as duas placas de pedra com os Dez Mandamentos recebidos por Moisés.

O clero da Igreja Ortodoxa Etíope declara que a Arca está numa capela ao lado da Igreja de Nossa Senhora Maria de Sião, em Axum, cidade que é o marco de origem da cultura nacional, no norte do país. A capela é vigiada 24 horas por dia por um único monge, que lá vive confinado, em vigília contínua diante da Arca sagrada, a quem dedica sua vida em oração. O monge é a única pessoa do mundo com acesso à capela e, da mesma forma como foi recrutado por seu antecessor, antes de morrer terá de escolher alguém para o posto, que será obrigado a manter a mesma rotina de confinamento.

Embora não abalem a fé dos religiosos, as inconsistências na cronologia etíope dos acontecimentos relacionados à Arca da Aliança são alvo de gracejos por parte de pesquisadores sérios. Ora, o reinado de Salomão ocorreu no século X AEC, e a última menção na Bíblia à presença da Arca aparece no Livro de Jeremias, profeta que viveu mais de 300 anos depois. Para os especialistas, é quase certo que a Arca tenha permanecido em Israel até o século VI AEC, quando Jerusalém caiu nas mãos dos babilônios, liderados pelo rei Nabucodonosor II, e o Primeiro Templo foi destruído. Há outras dúvidas. A Bíblia registra a visita da Rainha de Sabá a Salomão em dois livros históricos do Antigo Testamento, 1 Reis, no capítulo 10, e 2 Crônicas, no capítulo 9; mas não há uma linha sobre um suposto *affair* entre os dois, bem como inexistem referências acerca de Bayna-Lehkem.

Em todo caso, a narrativa oficial etíope não dá soluços e, seguindo adiante, nos informa que o príncipe, depois de retornar de Jerusalém acompanhado do seu séquito e do grupo de jovens hebreus que trazem a Arca, torna-se o primeiro imperador do país. Consagrado com o nome de Menelik I, ele dá início à dinastia salomônica, que dura 3 mil anos, até 1974. A história de Makeda e Menelik conferiu legitimidade à monarquia local, sobretudo a partir de quando ganhou registro escrito no começo do século XIV, no livro *Kebra Negast* ("Glória dos Reis"). O *Kebra Negast* é uma das mais importantes obras literárias da Etiópia, tida como sagrada e fundamental para o entendimento da história mítica e religiosa do país. É uma compilação de lendas, hagiografias e ensinamentos transmitidos pela cultura oral desde muito antes de chegar ao papel. A Etiópia seria um reino sagrado cristão escolhido por Yahweh, e os etíopes teriam a missão de suceder o povo de Israel, segundo a narrativa que conquistou no país o status de História — tanto que esse desígnio divino foi mencionado em documentos de Estado, as constituições de 1931 e 1955. A grandeza de alma atestada pelo *Kebra Negast*, o destino elevado e a aspiração à monumentalidade dos Axumitas deram origem a edificações religiosas colossais em Tigré, como a Catedral de Sião, em Axum, e o Mosteiro de Debre Damo, no topo de uma montanha do planalto do norte.

A tradição de uma arquitetura esplendorosa que desafia a compreensão humana foi preservada pela dinastia Zagué, que passou a conduzir o país no século X, depois do declínio do Reino de Axum — fenômeno que, como normalmente ocorre com todos os impérios que desfalecem, foi ocasionado por diferentes razões, do surgimento de novas rotas do comércio marítimo à ascensão do Califado Islâmico na Península Arábica. Os Zagué transferiram a capital de Axum para Roha, 400 quilômetros ao sul, numa região de altitude mais elevada e com um maior número de posições naturais defensivas, necessárias na época sobretudo em razão de instabilidades locais e disputas dinásticas.

No início do século XIII, Roha mudou de nome para Lalibela, em homenagem ao rei Zagué homônimo — uma deferência merecida. Responsável por uma das mais esplêndidas realizações da

África, Gebre Mesqel Lalibela foi canonizado e, segundo algumas tradições, por causa da notoriedade conquistada, um dos reis magos que visitam o Menino Jesus passou a ser representado como um negro. Conta-se que Lalibela teria visitado Jerusalém pouco antes de sua reconquista pelos muçulmanos em 1187 e, informado de que os cristãos estavam agora impedidos de fazer peregrinação à Cidade Santa, determinou a construção de um local de devoção no seu próprio reino. O projeto de uma "Jerusalém etíope" concretizou-se em onze igrejas esculpidas na rocha, cada uma cinzelada num único e imenso bloco basáltico avermelhado, sem uso de tijolos, argamassa, madeira, nada além de pedra. É como se os milhares de artesãos, em vez de erguer as estruturas, tivessem removido das rochas tudo aquilo que não fazia parte dos templos. Eles começavam a cavar para baixo, valendo-se da leveza da rocha vulcânica, e davam forma às igrejas a partir da fachada. Lascando a pedra por dentro, precisavam trabalhar com pouca luz e não havia espaço para erros. O projeto arquitetônico impôs a execução de abóbadas, colunas, arcos e frisos repletos de detalhes quase inconcebíveis — você se pergunta: "Isso aqui é mesmo pedra? Não seria madeira ou argamassa?"; e ao tocar na rocha, estaca, perplexo. Os símbolos nos tetos e nas paredes documentam o tanto de ancestralidade contida no cristianismo etíope. Vejo a Estrela-de-Davi, a suástica — originalmente, sinal de sorte e auspiciosidade —, planetas com referência aos Deuses Mahrem, Beher e Meder, adorados na época do paganismo e versões locais dos gregos olímpicos Zeus, Ares e Poseidon. É como se na Catedral de São Pedro, no Vaticano, pudéssemos contemplar símbolos que representassem os Deuses Júpiter, Marte e Netuno.

Não se sabe por que Lalibela, apesar de dispor de técnicas de engenharia e arquitetura muito mais práticas e rápidas, optou pela escavação. Talvez desejasse realizar um feito inimaginável — o que de fato conseguiu. Talvez seu propósito fosse garantir segurança e inviolabilidade, mimetizando os templos na paisagem rochosa, tornando-os praticamente invisíveis aos cavaleiros muçulmanos que se aventuravam nessas terras altas. Talvez, segundo a narrativa metafísica que conquistou os corações etíopes, o rei tenha recebido de Deus a incumbência e contado com a ajuda de milhares de anjos, que trabalhavam à noite, substituindo os artesãos incansáveis durante o dia.

O complexo sacro do tamanho do Upper West Side, em Manhattan, me deixa tão impressionado que decido voltar no dia seguinte para vê-lo vivo, frequentado pelo povo da cidade, com missas sendo realizadas. Às cinco horas da manhã, no meio da multidão, cada pessoa com um grande pano branco para cobrir a cabeça e o tronco, sou o único "farange" — palavra derivada do árabe "franj", que na acepção histórica se referia aos francos, os europeus ocidentais das Cruzadas, e hoje designa qualquer estrangeiro. Num absoluto silêncio reverencial, os fiéis fazem filas indianas para pedir a bênção de sacerdotes que ficam ao ar livre, uns sentados, outros de pé. Eles vestem batina branca, casula num tom amarelo-ouro, estola lilás, e cobrem a cabeça com um kufi, o tradicional quepe africano sem aba feito de tecido. Os devotos aproximam-se devagar, para pedir conselhos e orações, recebem uma bênção, às vezes com imposição de mãos, e então seguem para uma das 11 igrejas. O atendimento é atencioso, porém breve — há muita gente e às seis horas a liturgia começa.

Resolvo assistir à missa na Igreja de São Jorge, aquela cuja magnificência me deixou aturdido. Vista do nível do solo, sua estrutura monolítica esculpida na rocha vulcânica vermelha parece parcialmente submersa na montanha, e o teto, no formato simétrico de uma cruz grega, surge como se brotasse das profundezas. O templo tem o poder de emocionar quase tão intenso quanto o das manifestações mais hipnóticas da natureza, como um glaciar refletindo a luz sonolenta do sol da meia-noite ou um agrupamento de baleias brincando no oceano. Aqui, o homem enxerga sua verdadeira proporção diante do que é grande por essência, não por comparação.

Para entrar no santuário, é preciso primeiro descer por um túnel estreito. Ao nível dos degraus da entrada, vê-se a perfeição do acabamento das paredes polidas, dos frisos, janelas e arcadas. O interior é pequeno, sobretudo se compararmos com igrejas europeias como a Catedral de Notre-Dame de Paris ou a Basílica de São Marcos, em Veneza. Porém, a luz natural filtrada por janelas que ficam lá no alto, os afrescos coloridos, as pinturas que retratam cenas bíblicas e a ausência de expedições de turistas barulhentos criam uma atmosfera sacra poderosa. Em torno da nave central, colunas de pedra e arcos sustentam o teto. Atrás do altar, separado por uma cortina, fica o lugar chamado de Santo dos Santos — o mesmo termo que no Templo judaico de Jerusalém denominava a câmara sagrada onde ficava a Arca da Aliança; nas igrejas etíopes, essa área restrita aos sacerdotes guarda relíquias e uma réplica da Arca. Observo que dezenas de longos cajados rústicos, provavelmente entalhados à faca, descansam nos cantos das paredes. À medida que as pessoas vão entrando, entendo o protocolo. Como neste templo não há bancos ou cadeiras e não é permitido sentar no chão, os cajados oferecem algum conforto durante as três horas de cerimônia. São usados sob a axila do mesmo lado em que se aplica a maior parte do peso do corpo, o lado do pé de apoio.

No início da liturgia, sinetas são tocadas e acendem-se velas e incensos. Depois, é o momento de hinos e orações. Na sequência, o padre recita e canta Salmos, às vezes acompanhado pela congregação.

É uma etapa longa. Noto o cansaço se revelando nos corpos, as pessoas mudando o cajado de lado a intervalos cada vez mais curtos. E então o padre lê um trecho do Evangelho. Até agora, o ge'ez é o idioma da missa. O ge'ez tem origem semítica e é da mesma família linguística do árabe clássico, no qual o Alcorão foi escrito; do hebraico, o idioma da Torá; e do aramaico, a língua do povão na época de Jesus. A Bíblia em ge'ez contém 81 livros e é o maior cânon de toda a cristandade. Livros como Enoque e Jubileus foram considerados sagrados apenas pela Igreja Ortodoxa Etíope. O ge'ez, o idioma litúrgico utilizado desde o século IV — a mesma função que o latim exerceu para os católicos até os anos 1960 —, soa levemente percussivo, meio cantado, e tem "erres" esticados. Na hora da homilia, o padre muda para o amárico, um dos idiomas oficiais do país, também marcado por ritmos secos, porém com "éles" e "tês" mais acentuados. O ge'ez retorna na oração eucarística, que antecede a partilha do pão e do vinho. Concluído o ritual, os fiéis deixam o templo em silêncio, só conversam do lado de fora, e mesmo assim em voz baixa.

Certas normas instituídas no Antigo Testamento seguem em vigor nos templos da Igreja Etíope. Para favorecer a reverência e o foco na adoração, homens e mulheres mantêm-se em alas separadas durante os serviços religiosos. As mulheres devem cobrir a cabeça com véu e, nas congregações mais tradicionais, não podem frequentar a igreja quando menstruadas. Quase 70% da população do país se declara cristã e a Igreja Ortodoxa Etíope, majoritária, tem exercido uma considerável influência na sociedade. No passado, foi fundamental no endosso da autoridade da monarquia. Mais tarde, esteve envolvida na educação pública, ensinando a ler e escrever por meio da instrução religiosa; embora o sistema educacional moderno seja laico, a Igreja continua a ter um papel relevante, em especial nas áreas rurais. E, desde sempre, os líderes do clero são frequentemente convocados para ajudar na mediação de conflitos étnicos. Não há sinais de que esse poder venha a desvanecer.

V

Apesar das muitas adversidades que enfrentam, os etíopes têm um orgulho solar da própria história, em que pesem as sanguíneas disputas étnicas, e dos vários elementos que são únicos em sua cultura. Em primeiro lugar, a Etiópia é o único país da África que não foi colonizado por europeus. Por isso tornou-se referência no continente. Quando Gana declarou independência do Reino Unido em 1957, adotou as cores da Etiópia em sua bandeira: o verde em representação à natureza; o amarelo simbolizando a riqueza; e o vermelho, o sangue. Dali em diante, com variações geométricas, muitos dos países que deixavam de ser colônias europeias usaram a bandeira etíope como inspiração. Guiné, Mali, Senegal. República Democrática do Congo, Camarões, Benin. E outros tantos.

Há mais singularidades que distinguem a cultura etíope. Assim como sua Bíblia é única, os alfabetos amárico e ge'ez são únicos e a forma de contar as horas também. Em decorrência da localização próxima à linha do Equador, o sol nasce sempre às cinco horas da manhã e o crepúsculo ocorre pontualmente às cinco horas da tarde. Portanto, seis horas da manhã para nós é uma hora do dia para os etíopes; e vinte horas equivale a três horas da noite — ou seja: três horas depois do pôr do sol. A lógica é simples: o dia tem 12 horas e a noite, idem. Depois de alguns dias no país, você se acostuma. Da mesma forma acostuma-se ao calendário ge'ez, que tem suas raízes no calendário alexandrino, por sua vez uma variante do antigo calendário egípcio. Consiste em 12 meses de 30 dias cada e um 13º mês de cinco ou seis dias, dependendo do ano, chamado Pagumê.

Ao longo dos séculos, a vigorosa cultura etíope criou por geração espontânea um vasto e fértil imaginário a partir do qual surgiram mitos em lugares tão distantes como a Península Ibérica, o Vaticano e o Caribe — e assim prosperaram histórias de dois improváveis "salvadores da pátria". Ainda na Idade Média, relatos de viajantes baseados no "ouvi dizer" e incrementados por uma literatura fantasiosa mencionavam a existência de um monarca negro e cristão que dispunha de um exército poderoso e resistia às investidas ferozes dos muçulmanos. O mito ganhou confiabilidade e ingressou nas cortes de Portugal e Espanha com um documento do século XIV, o *Mirabilia Descripta*, de autoria do missionário francês Jordão Catalan de Severac. "Na Terceira Índia está o reino do grande e admirável rei Preste João, que é cristão, descendente dos magos, e vive em tal esplendor e luxo que supera os reis da terra em riqueza e magnificência", escreveu Severac. A tal Terceira Índia seria localizada nas terras altas da África — ou seja, a Etiópia; a segunda, presume-se, era uma referência a nações do Sudeste Asiático; e a primeira, claro, a própria Índia. Por sua vez, o título "preste", de Preste João, deriva da palavra presbítero. De modo que o rei seria também um patriarca religioso.

Era uma época em que o Império Bizantino estava um tanto enfraquecido, o Império Turco-Otomano emergia como potência regional, as glórias de Axum e dos reis da dinastia Zagué, como Lalibela, já faziam parte do passado, e o comércio entre a Etiópia e Constantinopla se reduzira significativamente. Menos comércio, menos intercâmbio, menos comunicação. Isto posto, entre os séculos VI e X os europeus recebiam mais informações confiáveis sobre a Etiópia do que nos séculos XIV e XV. Foi então que se disseminaram lendas, algumas impregnadas de pitoresco exotismo. Um dado da realidade, entretanto, aparecia em certas contações ficcionais: a alusão a um povo cristão que resistia ao avanço do islã.

A possibilidade de que os guerreiros de um grande reino africano pudessem liderar uma campanha militar contra os muçulmanos motivou duas expedições de Portugal e uma da Espanha em busca do Preste João. Até o Vaticano entusiasmou-se. O papa Alexandre VI ficou intrigado e enviou uma série de emissários a vários governos, solicitando informações sobre o rei-presbítero. Em 1520, quando uma delegação portuguesa enfim localizou o soberano a quem os europeus continuavam chamando de Preste João, a realidade feriu como uma adaga árabe. Dawit II, o rei cristão da Etiópia, até que era bem-apessoado, usava uma túnica luxuosa e tinha na cabeça uma coroa alta de ouro e prata. Entretanto, seu poder de fogo era reduzido. Jamais teria condições de lutar além de suas fronteiras, tampouco de comandar uma ofensiva para a retomada de Jerusalém. Mas tinha brios e combateu ao lado de 400 voluntários portugueses em defesa da Etiópia cristã. Morreu assassinado.

O outro "salvador" emergiu na Jamaica, no Caribe, nos anos 1930. Fervia o caldo de cultura no qual se misturavam ingredientes do cristianismo, crenças africanas, tradições jamaicanas, preceitos contrários à desigualdade social e fundamentos em defesa do poder negro. Nesse contexto, o líder nacionalista Marcus Garvey criou a religião rastafári. Uma das doutrinas centrais do rastafarianismo é a divindade de Haile Selassie I, coroado imperador da Etiópia em 1930. Para os seguidores da religião, Selassie é o messias, a reencarnação de Jesus Cristo. Seu próprio nome batizou a religião: Ras, em amárico, significa "cabeça" ou "chefe", e Tafari era o nome de Selassie antes de sagrar-se imperador.

Em ocasiões festivas e compromissos de Estado, ele era apresentado com seu título completo: Sua Majestade Imperial, Imperador Haile Selassie, Leão Conquistador da Tribo de Judá, Eleito de Deus, Rei dos Reis, Senhor dos Senhores. Segundo a genealogia da dinastia iniciada com Menelik I, Selassie era o 225º imperador descendente de Salomão — e, por conseguinte, do rei hebreu Davi, da tribo de Judá, a mesma da qual Jesus fazia parte. Essa construção histórico-religiosa e o fato de a Etiópia nunca ter caído sob o jugo colonial estabeleceram alguns dos fundamentos para a narrativa jamaicana do messias-soberano e da terra negra livre que seria para os oprimidos caribenhos o que Israel é para o povo judeu.

A pregação rastafari desempenhou um papel estratégico no ativismo comunitário na Jamaica. Certos princípios da religião, como o afrocentrismo e a oposição à Babilônia, metáfora para o "sistema colonialista opressor", inspiraram os jamaicanos a desenvolver um forte senso de identidade e impulsionaram o movimento independentista — embora deva-se assinalar que a independência foi alcançada em 1962 sobretudo por meio de esforços políticos e diplomáticos.

Um pequeno grupo de doze rastafaris esteve entre os primeiros colonos que se instalaram numa área de 200 hectares em Shashamane doada por Selassie em 1948 a afrodescendentes que quisessem "voltar para casa". Os lotes de terra deveriam ser destinados em primeiro lugar a negros do Ocidente que apoiaram a Etiópia na resistência às tropas do ditador fascista italiano Benito Mussolini. Mas Shashamane acabou ganhando fama como sede espiritual do rastafarianismo. A cidade fica nas profundezas do belo Vale do Rift, a 250 quilômetros de Adis Abeba, a capital, distância percorrida em seis horas de carro entre cadeias de montanhas, planícies, numerosos lagos e vulcões ativos e extintos. Shashamane tem pouco mais de 200 mil habitantes, empresas do setor agrícola e uma frota considerável de tuk-tuks azuis-e-brancos.

Chego na cidade num dia excepcionalmente fresco e sigo para o complexo rastafari, a 5 quilômetros da zona central, onde vivem 200 famílias. No jardim do centro comunitário, cabras vagueiam entre palmeiras enquanto crianças brincam num balanço e num escorregador meio deteriorados. Sou recebido por Jamaal Lewis, jamaicano de sorriso de lua que mora em Shashamane há duas décadas. Lewis é inteiro gentileza. Conta que os rastafáris aqui procuram produzir o máximo do que consomem, dependem pouco do comércio da cidade, as escolas são geridas por professores da comunidade e a música, com destaque para o reggae, está presente em todas as atividades. Ele não quer falar sobre o uso sacramental da cannabis, embora eu já tenha apurado que em Shashamane o plantio e o consumo são tolerados; as autoridades não aplicam a lei de seis meses de prisão para quem porta a droga. Outro tema tabu é a folha corrida de Haile Selassie I. As paredes internas do centro são decoradas com diversos retratos do imperador, mas fatos históricos a seu respeito não entram em pauta.

Selassie foi um déspota que ascendeu ao trono como consequência de um golpe de Estado e aterrorizava seus adversários. Esbanjador, apreciava champanhe francês e carros de luxo. Mantinha nos jardins do seu palácio leões domesticados, bem-alimentados com carne de qualidade, enquanto o povo passava fome. Em 1936, ante o risco de o exército italiano tomar Adis Abeba, Selassie fugiu de navio para a Inglaterra e refugiou-se na elegante cidadezinha de Bath, embora tivesse jurado sangrar até a morte para defender a Etiópia. Só retornou ao país bem depois do fim da guerra. Nada disso, entretanto, interfere na crença rastafári de que o imperador era mesmo o messias. Atrás da poltrona puída em que Jamaal Lewis se acomoda, um quadro multicolorido ocupa meia parede e mostra o mapa do continente africano sobreposto a uma enorme Estrela de Davi; ao redor, símbolos do cristianismo, o Leão de Judá, astros da Via Láctea e a figura de Selassie em destaque. É como se o imperador estivesse acima de todos os elementos, regendo o universo. Lewis sintetiza o sentimento predominante na comunidade: "Foi por ele e por tudo o que esta terra representa que eu e muitos outros migramos para a Etiópia".

A Etiópia como destino de uma jornada interior, porém sem conotação religiosa, foi a experiência na qual submergiu um dos poetas mais fulgurantes de todos os tempos, Arthur Rimbaud. Rimbaud foi cativado pela imagem da África como uma terra misteriosa e exótica. Ele desfez os laços que mantivera na França, desapareceu de si mesmo e tornou-se outra pessoa. Abandonou a arte para dedicar-se ao comércio de café, marfim, almíscar e armas em Harar, onde viveu de 1880 a 1891. Quando eventualmente algum europeu o reconhecia, negava ter sido poeta. Se em Paris teve uma tumultuada relação amorosa com o também poeta Paul Verlaine, em Harar encontrou uma mulher — ou talvez a tenha comprado num mercado de escravos — e levou-a para Aden, cidade portuária do outro lado do Mar Vermelho, no atual Iêmen. Rimbaud fez questão de que ela aprendesse a ler e a falar francês. O ex-poeta escrevia para a irmã mais nova, Isabelle, pedindo manuais de carpintaria, agricultura, forjamento, alvenaria e outros ofícios — nunca livros de literatura. Rimbaud alternava fases em que parecia cheio de vitalidade, sobretudo quando lidava com caravanas, com outras em que ficava dias e dias recluso, quase em silêncio total. Embora a casa em que ele morou em Harar não exista mais, há placas em pelo menos cinco edificações que anunciam: "Aqui viveu o poeta Arthur Rimbaud".

Agitada, com milhares de pessoas de roupas coloridas comprando ou vendendo, cabras e burrinhos atulhando ruas estreitas e becos sinuosos, Harar é alegre e cosmopolita. Além de Adis Abeba, a capital, é a única cidade que visitei em que muita gente compreende o inglês. Os comerciantes locais e os que chegam dos países vizinhos se viram em sete idiomas. Como o Iêmen fez parte do Império Britânico, a Eritreia foi colônia italiana, a França colonizou o Djibuti, e a Somália também está na vizinhança — a menos de 500 quilômetros —, caravaneiros e negociantes em geral falam inglês, italiano, francês e somali, além do idioma semítico da região, o harari. Amárico e oromo, línguas semíticas comuns na Etiópia, são igualmente usadas nos mercados de especiarias e de animais, nas lojas e nos cafés.

O Museu Rimbaud de Harar fica num casarão típico do fim do século XIX, com uma bela fachada de madeira no piso superior, mas não tem uma única peça relevante. As paredes exibem fotos de Rimbaud, cópias xerox amareladas de alguns livros, poemas do artista e precárias reproduções fotográficas da Harar antiga. Talvez seja a melhor forma de homenagear o poeta. Afinal, ele tinha gosto pela autoironia e, ao menos na sua fase etíope, rejeitava sentimentalismos. Certa feita, escreveu a colegas de trabalho dizendo: "É evidente que não vim aqui para ser feliz." Há, no entanto, um propósito mais elevado que a felicidade, como se vê no último parágrafo de uma carta que Rimbaud enviou à sua mãe em novembro de 1890:

> *Quanto a Harar, não há nenhum cônsul, nenhuma agência de correio, nenhuma estrada; chega-se de camelo, e vive-se exclusivamente entre os negros. Mas enfim somos livres, e o clima é bom.*

Enfim somos livres.

O caminho para a liberdade dos povos da Etiópia não foi isento de tribulações. No entanto, a terra que testemunhou horas sombrias é a mesma terra em que povos ancestrais preservam suas tradições, mitos poderosos inspiraram o Ocidente, o cristianismo primitivo continua vivo e os inimigos que tentaram colocá-la de joelhos foram expulsos.

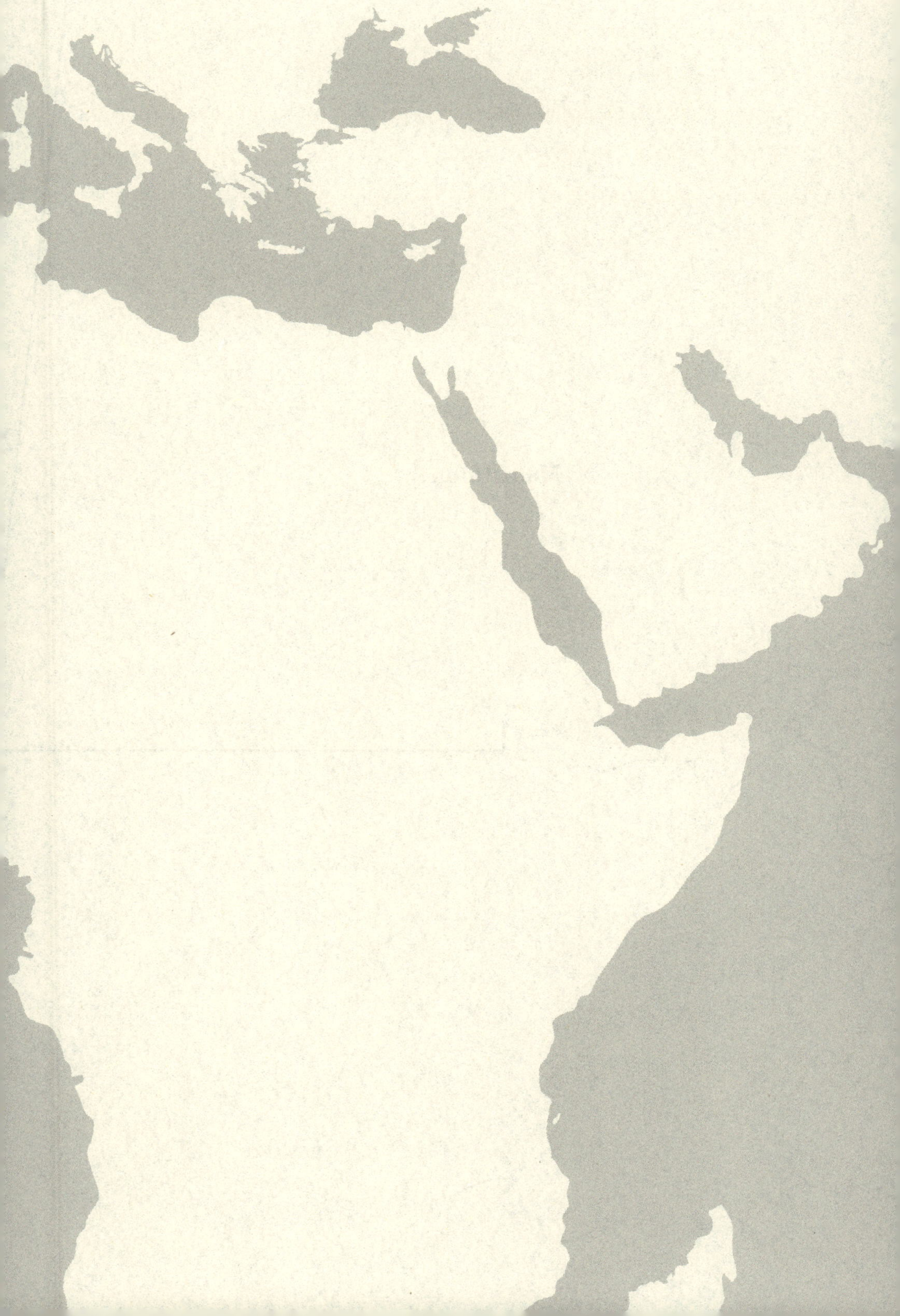

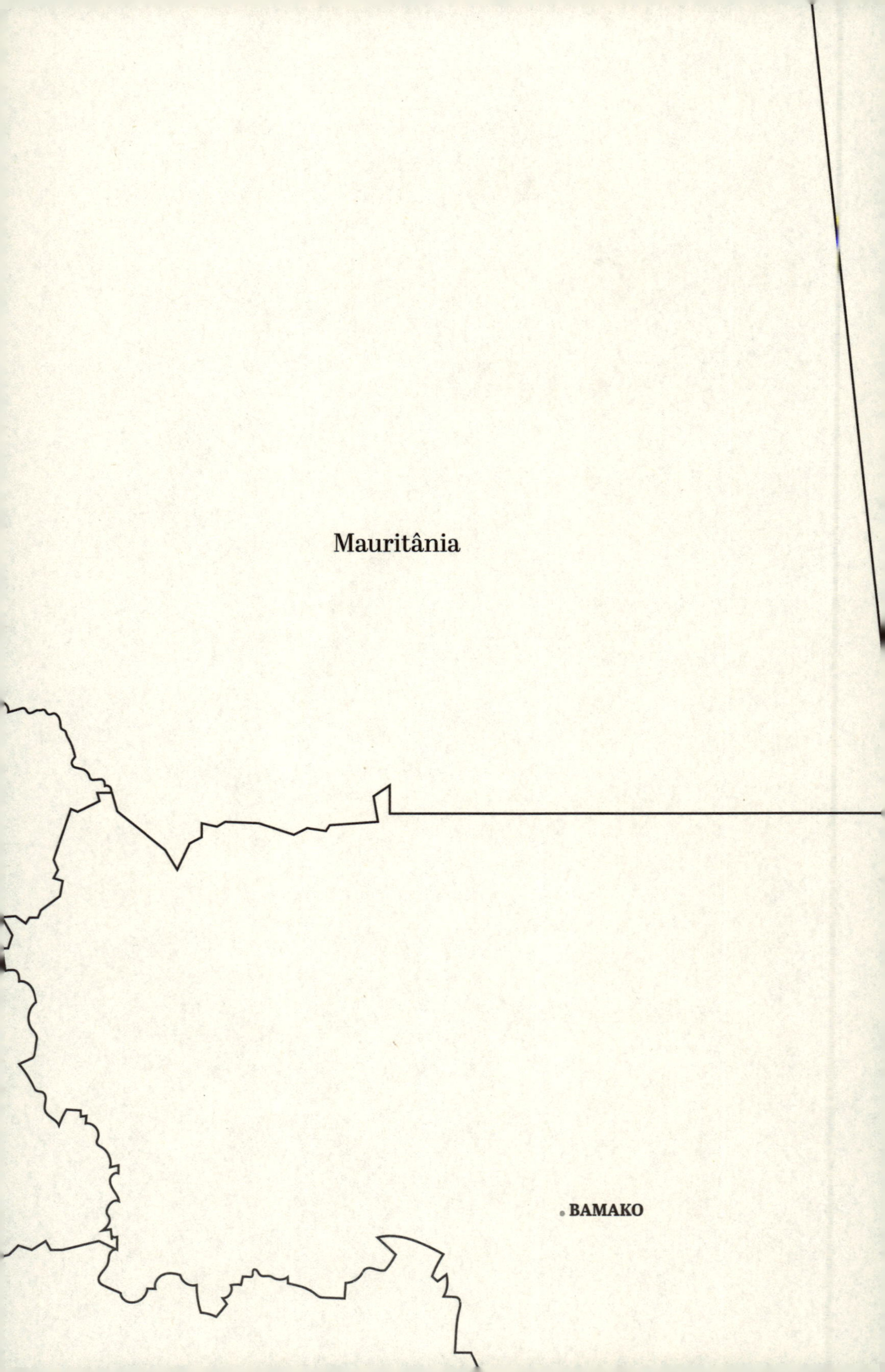
Mauritânia
BAMAKO

CAPÍTULO 4

O ORÁCULO DA MONTANHA VERMELHA

A peregrinação do feiticeiro e as tradições, os mitos e a sabedoria dos Dogon, o Povo das Estrelas

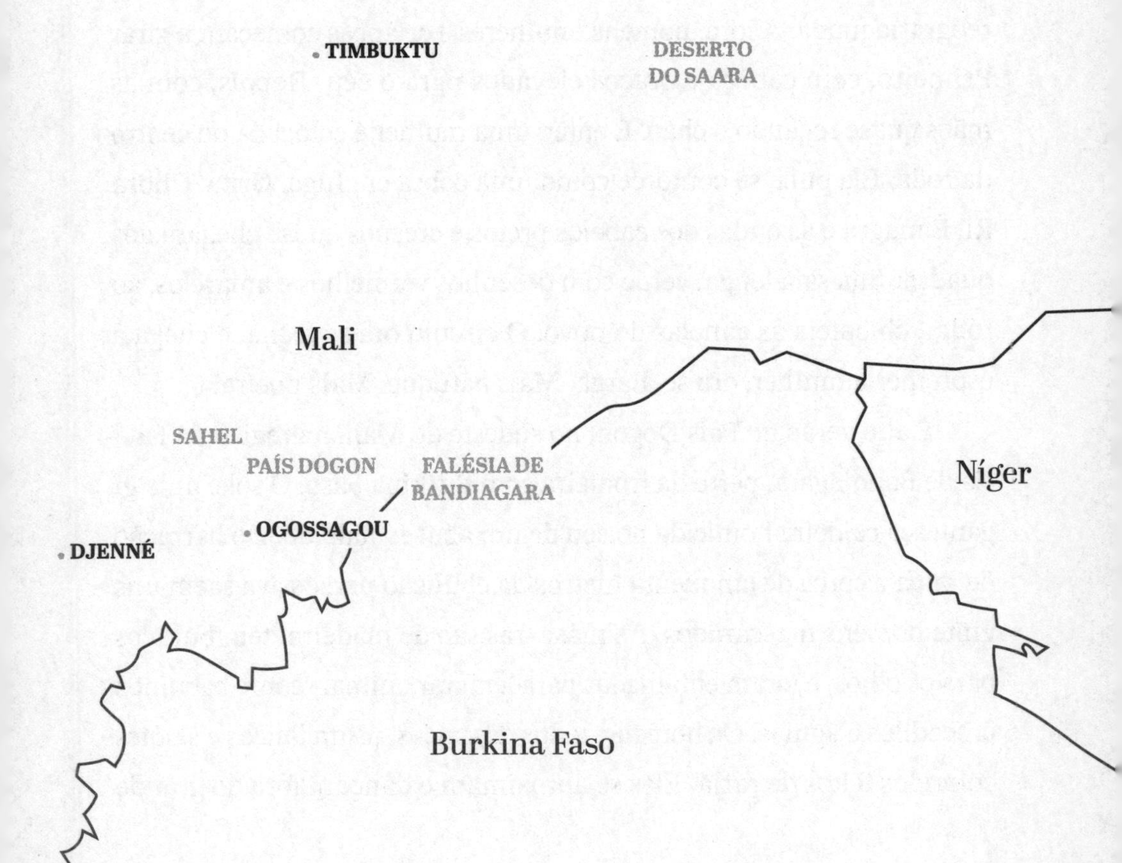

I

Todos os tons de ocre que a natureza é capaz de exibir explodem na retina. A poeira sobe em nuvens e, sob feixes de raios do sol, forma um manto translúcido que confere um matiz impressionista às cenas inebriantes. Há gritos, cantos e palmas ritmadas. Há batuques e danças. A percussão ininterrupta dos tambores ecoa nas paredes da imensa montanha, logo atrás, e leva a aldeia a um estado de euforia alucinatória. Será uma festa?

Forma-se um grande círculo. Muitos jovens pulam e, no ar, aproximam os braços esticados das pernas erguidas. Os tecidos estampados das roupas flutuam freneticamente, numa erupção de um colorido ardente que produz imagens lisérgicas. A dança não para. Mas a coreografia muda. Agora, homens, mulheres e crianças começam a girar. Primeiro, com cabeça e braços elevados para o céu. Depois, com as mãos quase roçando o chão. E então uma mulher é colocada no centro da roda. Ela pula, se contorce como uma cobra em fuga. Grita. Chora. Ri. É magra e as ondas dos cabelos pretos e crespos quase chegam aos quadris. Sua saia longa, verde com desenhos vermelhos e amarelos, ao rodar, chicoteia as canelas do povo. O círculo ora se fecha, e chega a espremer a mulher, ora se alarga. Mais batuque. Mais poeira.

É alto verão no País Dogon, no sudeste do Mali, na região da Falésia de Bandiagara, perto da fronteira com Burkina Faso. O sol é uma gigantesca caldeira homicida no céu de um azul esmaltado. Do barracão de taipa a cerca de cinquenta metros da ebulição percussiva saem uns vinte homens mascarados. As máscaras são de madeira, têm buracos para os olhos, e foram entalhadas para lembrar animais como babuínos, crocodilos e águias. Os homens, todos descalços, usam lanças e saiotes coloridos feitos de ráfia. Eles se aproximam e dançam fora do grande círculo comunitário. Depois, rompem o cerco da multidão, esbarram nas pessoas de modo às vezes agressivo, e chegam ao centro. Cercam a mulher magra da saia verde e levam-na para o barracão de taipa.

A dança prossegue, agora de forma descoordenada, cada um improvisando ao seu gosto, batendo palmas, enquanto corpos se chocam e muita gente acha graça. Trinta minutos mais tarde, os mascarados trazem de volta a mulher, que retoma o bailado no centro do círculo. A celebração se estende até o sol flamejar na linha do horizonte.

Não era uma festa, eu soube naquela noite, pouco antes do jantar. Era um funeral. Tratava-se da primeira parte das solenidades, que duram vários dias e envolvem, além de danças e cânticos, o compartilhamento de histórias do morto e oferendas de comidas e bebidas para os Deuses e os ancestrais. O ato final é o sepultamento em cova rasa, com o cadáver envolto num longo pano; os corpos de personalidades eminentes são depositados em gretaduras nas partes mais altas das montanhas, e suas tumbas frequentemente se tornam pontos de encontro para orações e invocação de espíritos. A mulher das imensas melenas negras perdera sua filhinha de seis anos, cujo corpo estava no barracão de taipa. E por que o cerimonial se assemelha a uma comemoração? "A alma precisa fazer uma viagem alegre e segura para o mundo inferior", explica Umar Karambê, meu anfitrião e guia no território Dogon. "É uma jornada perigosa, há uma série de obstáculos e testes no caminho. É possível que a alma fique lá para sempre ou reencarne depois de um tempo. Mas a partida precisa ser festiva".

Homem de olhar astuto, voz baixa que expressa amabilidade, porte esguio e altivo, Karambê integra o que se pode qualificar de elite local. Cursou até o primeiro ano do ensino secundário na capital, Bamako, e domina bem o francês, o idioma da educação formal do Mali, praticamente ignorado nas aldeias Dogon. Estamos no vilarejo de

Kundu, num pátio iluminado apenas por dois lampiões, sentados sobre uma grande esteira de palha. Somos quatro: além de mim e Karambê, há dois convidados dele. É hora do jantar e, como acompanhamento de pedaços de frango assado com legumes, é servido o prato mais característico da região, o tô, uma espécie de mingau firme e grosso à base de sorgo ou painço. Sua consistência é de um pirão com excesso de farinha e há variações em torno do tema: tô puro, ou seja, apenas o mingau — o alimento diário para a maioria das famílias; tô com vegetais, com pedaços de carne ou peixe. Entre um e outro bocado — come-se com as mãos —, apresento questões que me intrigam acerca de costumes e crenças Dogon, quando sou advertido de que devo deixar as perguntas para mais tarde. A etiqueta local recomenda que se fale o mínimo possível durante as refeições — silêncio total seria preferível.

A sociedade Dogon é notavelmente ritualizada. Parece haver um código de conduta para qualquer situação, além de uma miríade de crenças. Os Dogon são animistas. Acreditam que a natureza tem alma. Há montanhas, árvores, estrelas, planetas e animais considerados sagrados e a eles deve-se prestar reverência. Existem doutrinas comuns a todo o povo, bem como um conjunto coletivo de Deuses, mas as aldeias cultivam seus próprios dogmas. Na vila de Niangabô, por exemplo, cobras não podem ser mortas, jamais. Muitas delas são reencarnações de ancestrais — na dúvida, convém apenas afastá-las, sempre com muito cuidado. Yougo-Ná, onde Karambê vive, cultua o falcão lanner. Quando ele aparece no céu, é recomendável fazer uma prece. No povoado de Amani, os crocodilos são os animais de devoção. A comunidade cercou um pequeno lago para que eles vivam em segurança e ali sejam alimentados.

A pujança cultural, a preservação obstinada de tradições remotas e a ocupação consistente de uma área na África Subsaariana equivalente ao Estado de Sergipe contribuíram para que o território da etnia passasse a ser conhecido como País Dogon. Como ocorre com muitas culturas antigas, a origem da nação é objeto de debates acadêmicos e não se chega a um consenso. Uma hipótese é que os ancestrais teriam migrado do Egito, onde aprenderam técnicas de agricultura, e cruzaram parte do Deserto do Saara para se fixar em terras que hoje fazem parte da Líbia; séculos mais tarde, teriam se deslocado para a Falésia de Bandiagara, ou partiram do Sudão em direção ao oeste, numa viagem com longas paradas no percurso.

A narrativa de boa parte dos anciãos e corroborada por muitos historiadores, no entanto, remete a origem da etnia ao noroeste do continente africano, onde hoje fica a fronteira tríplice entre Mali, Guiné e Costa do Marfim. Por volta do fim do século XIV ou início do XV, o guerreiro muçulmano Raua, da nobreza Mossi, avançava num ímpeto feroz sobre a região com uma poderosa e bem-treinada cavalaria, submetendo vários povos ao seu domínio. Os Dogon, determinados a não se tornarem tributários dos Mossi, migraram em busca de uma geografia capaz de oferecer o mínimo de segurança e posições naturais estrategicamente defensivas contra expedições de traficantes de escravos — outra ameaça que assolava a África ocidental. Havia mais uma razão para a fuga, a recusa à conversão forçada ao islamismo.

Embora árida e menos fecunda que o território de origem, a Falésia de Bandiagara apresentava condições ideais para camuflagem, centenas de refúgios em cavernas e fendas nas rochas, além da possibilidade de monitorar a 500 metros de altura a eventual aproximação de inimigos. Os Dogon não enfrentaram resistência da parte dos caçadores-coletores que viviam nas escarpas — tinham ocorrido muitas mortes depois de um período de fome, resultado de uma grande seca. Esses indígenas mais tarde tornaram-se conhecidos como Telém, palavra Dogon que significa "nós os encontramos". Muitos dos caçadores-coletores acabaram buscando outras paragens e uma parte foi assimilada pelos Dogon. Da cultura Telém, os Dogon herdaram estruturas de tijolos de barro junto a cavidades naturais nas rochas que formam paredes de proteção para abrigos, e ainda celeiros de adobe feitos de lama ocre de cupinzeiros.

II

Bandiagara tem reentrâncias por toda parte e paredões de uma verticalidade absoluta. É preciso escalar com atenção, cravando o bico da bota nas protuberâncias e fissuras que surgem nas rochas. Estrangeiros de passagem por aqui ouvem o quase ininterrupto coro de crianças gritando "tubabo!, tubabo!". Apesar da indiferença dos adultos, elas seguem alertando que há uma rara oportunidade de ver um "homem branco! homem branco!".

De dia, subindo ruas que seriam mais precisamente descritas como rotas de trekking, tentando puxar conversa aqui e acolá, espiando as casas — estalagmites de dois a três metros que parecem ter brotado das montanhas —, e sempre com meu guia ao lado, eu sou um "tubabo". Mas ao sair à noite desacompanhado, num breu denso, tentando me orientar apenas por pontos de fogo que aparecem a distâncias indeterminadas, passo a receber outro tratamento. "Monsieur!", um homem me chama. Está com outros cinco ao redor de uma fogueira. Sorrindo, me oferece um copo de bouza, cerveja artesanal de painço que ele mesmo preparou. O caldo marrom claro e espumoso está num balde ali do lado. Aceito. A textura é levemente espessa e granulada, e o sabor é azedo. Não é ruim. Tento conversar em francês, mas o grupo compreende apenas algumas poucas palavras. De modo que recorro ao vocabulário da mímica para comentar o sabor da cerveja, o esplendor sublime das estrelas, o calor que é uma tortura de fogo — eu transpiro como um exorcista; eles dão risada.

Como quase tudo em relação aos Dogon, o idioma é cercado de incógnitas. Sabe-se que faz parte da família linguística Níger-Congo e que recebeu influências de antigas línguas faladas na região onde atualmente fica Burkina Faso. A conjugação é de uma complexidade formidável, há variações tonais que inserem nuances de significados aos verbos, e a profusão de substantivos é de tal ordem que atende a todas as especificidades da agricultura, da caça e da religião. Como vários clãs mantiveram-se em semi-isolamento ao longo dos séculos — fenômeno comum em regiões montanhosas —, surgiram mais de 30 dialetos. Assim, um lavrador que vá negociar o excedente de sua safra de sorgo num vilarejo a 10 quilômetros de distância talvez tenha dificuldade para se fazer entender. Os mais instruídos de cada aldeia — em geral, os filhos do chefe da comunidade — falam bambara, herança do império que controlou, durante todo o século XVIII até o início do século XIX, a extensão que hoje é a soma de três países: Mali, Guiné e Burkina Faso.

Entrevistar uma pessoa que me pareça interessante para o relato que pretendo construir exige o seguinte exercício: eu falo em francês com Karambê e ele fala em bambara com alguém de destaque no povoado; este, por sua vez, se comunicará no dialeto local com o personagem por quem demonstrei interesse. A devolutiva vem na rota inversa: dialeto, bambara, francês.

Mas agora estou sem o guia e no grupo que faz sua happy hour em torno do balde de cerveja não há ninguém que fale bambara — não que isso fizesse a mínima diferença. De volta à casa em que estamos hospedados, subo até o telhado, o teto plano onde estão nossos colchonetes. Dormiremos aqui. É o que todos fazem no verão, dado que o calor em ambientes internos é abominável, embora as casas feitas de barro, madeira e ráfia sejam razoavelmente frescas nas outras estações do ano. Observo um casal jovem que passa na rua e, com uma lanterna, caminha rumo ao topo da montanha. É fácil acompanhar a única luz nessa noite sem lua e céu límpido, a Via Láctea como um rio de poeira estelar, e formas etéreas distantes que bruxuleiam na escuridão. A luz da lanterna vai se elevando, sobe até o cume que lembra uma sentinela em guarda no topo da savana africana. A luz agora é miudinha, para de se mexer e finalmente é desligada — o casal deve ter escolhido o local onde passará a noite.

Acordo no meio da madrugada com a boca atingida por um golpe de poeira quente, misturada com palha e pequenas sementes. Perco o fôlego e começo a cuspir. O vento áspero é de uma ferocidade irrefreável. A areia fervente entra nos olhos, é impossível abri-los. Vinda do Saara, a tempestade de areia varre o Sahel, a região semiárida em que está o País Dogon, e por isso vem com fragmentos de cereais macerados por mulheres e crianças em milhares de pilões. Uso as mãos em conchas para fazer uma proteção chinfrim acima dos olhos e vejo que Karambê não saiu do colchão, apenas virou de lado e, pelo visto, continua a dormir. O vendaval persiste por mais de uma hora. Somente depois consigo me reorganizar, limpar o colchonete e remover parte da areia impregnada no corpo e nas roupas. Para quem não é habituado a essas circunstâncias, dormir não parece mais uma opção.

III

Há uma certa tensão no encontro com Amadou Togô. Nós combinamos de acompanhá-lo em sua peregrinação, mas ele dá demonstrações de constrangimento. Envolto numa túnica azul-marinho de algodão, com um chapéu cônico de palha, magro como um gafanhoto-do-deserto, Togô é a própria imagem da severidade. Ele é o Detentor da Faca da aldeia, o título oficial conferido ao feiticeiro. É autoridade em oferendas, encantamentos, interpretação de sonhos, sacrifícios de animais e poções mágicas.

Cada vilarejo tem o seu sacerdote, cujos deveres incluem atender às demandas das pessoas, recomendar rituais especiais, liderar as práticas de adivinhação, indicar a quem o consulta que ingredientes devem ser comprados na feira de fetiches mais próxima. Nessas feiras, e são muitas no País Dogon, pode-se adquirir animais mortos desidratados, como morcegos, um amplo sortimento de répteis, roedores e aves, camaleões e até hienas. Há garrafas com sangue, gordura, insetos conservados em álcool, plantas. Os diferentes elementos, ou um mix entre eles, são associados a qualidades e significados espirituais específicos. Qualquer Dogon pode comprá-los. O manuseio, entretanto, é tarefa exclusiva do Detentor da Faca. Quem se atrever a fazer feitiços por conta própria estará sujeito à indignação das forças supremas.

Togô, portanto, é respeitado e exerce uma função de destaque em Kundu. Ainda assim, anda infeliz e há meses arrasta uma tonelada de melancolia. Como uma Antígona do Sahel, está numa encruzilhada entre as exigências da pólis e a voz das entidades. No seu caso, a pólis impõe o matrimônio segundo a tradição, arranjado entre famílias, conforme dote acertado de antemão. De acordo com o modelo que vigora desde os tempos mais remotos, os recém-casados não passam a viver juntos depois da cerimônia, cada um continua na casa dos pais — é um teste, para ver se a união dará mesmo certo. Depois do terceiro ou do quarto filho — quando, presumivelmente, o casal já deu provas de que os vínculos são duradouros —, aí os dois vão morar no mesmo quarto, um puxadinho construído na casa dos pais do marido, enquanto as crianças são cuidadas por toda a família extensiva. Mas há uma dificuldade a enfrentar: a moça prometida a Togô está determinada a rejeitar esse script padrão. Ela quer deixar a casa da família, não deseja ter filhos tão cedo, pretende ir para a capital estudar enfermagem e depois voltar para ajudar a reduzir a mortalidade infantil, elevadíssima mesmo frente aos aterrorizantes indicadores da África Subsaariana — a cada mil crianças nascidas vivas, 86 morrem antes de completar 5 anos; nos países da OCDE, a Organização para a Cooperação e Desenvolvimento Econômico, são 4,6 mortes na mesma faixa etária. Togô diz ter ouvido as entidades, fez oferendas e sacrifícios, e a resposta foi favorável ao plano da moça com quem quer viver — e cujo nome não me revelará. Eis, então, o impasse entre a licença dos seres espirituais e o que estabelece o "contrato social Dogon".

Foi um alvoroço. A aldeia parou para discutir a crise. As famílias envolvidas não podem abdicar da responsabilidade e sentem-se alvo de olhares atravessados. O hogon e o Conselho de Anciãos reuniram-se diversas vezes para avaliar o assunto — o hogon é o líder da comunidade. A recomendação final que agora Togô cumprirá é levar o tema ao hogon supremo, o representante maior de todo o povo Dogon. Ele será o oráculo. É por isso que o feiticeiro sairá em peregrinação até a localidade em que mora o grande chefe. E o combinado é que eu e Karambê, o meu guia, o acompanharemos.

Apesar da situação desconfortável em que Togô sabe ter colocado seus parentes e amigos e, de resto, toda a aldeia, haverá uma dança ritualística para abençoá-lo antes da partida. Num pequeno pátio delimitado por grandes pedras ovais — uma curiosa formação rochosa natural —, homens mascarados iniciam uma sequência de passos marcada pela cadência dos tambores. Eles usam saiotes de tiras de ráfia tingidas de rosa e franjas do mesmo material nos braços. Dos mais de 40, onze desfilam com pernas-de-pau. O que lidera o grupo tem um chocalho na mão direita e, como um maestro, dá os comandos para que, de tempos em tempos, os tambores evoluam noutro compasso. Doze idosos apenas observam; estão uniformizados com calças e batas azuis, sandálias de couro, cajados e chapéus vistosos de abas imensas. Togô está no centro, paralisado, olhos glaucos de coruja. Um a um, os dançarinos se aproximam dele, circundam-no, fazem com as mãos gestos rápidos e coordenados em frente ao seu rosto. Os espíritos protetores estão sendo convocados.

Encerrada a dança, temos permissão para seguir. E então iniciamos a escalada. Será necessário subir e descer sete montanhas para chegar ao hogon supremo. Passamos por mulheres e meninas que sobem as ruas íngremes com baldes d'água na cabeça. Elas conversam entre si, sorriem para nós; as crianças gritam "tubabo! tubabo!". Depois de pouco mais de uma hora, adeus Kundu, a aldeia chega ao fim, agora é só a falésia bruta, as escarpas, os penhascos, a rocha ocre. Avançamos por mais de duas horas na rota ascendente até o platô que se forma no topo, um chapadão árido, seco, com poucos arbustos esturricados de um palmo de altura. Daqui, vemos vilarejos Dogon esculpidos em montanhas vizinhas e a vastidão do Sahel até além da fronteira do Mali, até Burkina Faso.

Na aldeia seguinte, Karambê e Togô encontram um conhecido. O ritual de cumprimentos envolve apertos de mão sincronizados, com a utilização das duas mãos, abraços e estalar de dedos. Acompanhando a gesticulação, o visitante faz uma série de perguntas, primeiro sobre a saúde do compatrício, depois sobre sua família, em seguida a respeito dos animais e da lavoura. A resposta é sempre "céua". "Céua" significa ao mesmo tempo "tudo bem" e "que a paz esteja com você". O diálogo padrão é mais ou menos assim:

— Bom dia!

— Céua!

— Como você está?

— Céua!

— A saúde vai bem?

— Céua!

— E seu pai?

— Céua!

— E sua mãe?

— Céua!

... e assim por diante, até chegar a vez de quem estava respondendo passar a perguntar. A saudação pode durar mais de dois minutos. "A pressa é algo que nossa sociedade ignora", diz Karambê. Ocasionalmente, desconhecidos também são cumprimentados da mesma forma por quem está chegando. Para um ocidental urbano, o costume pode ser visto como uma excentricidade de gente ociosa. Aqui, entretanto, essa saudação tem um significado valioso. É uma forma de demonstrar respeito, fortalecer as conexões sociais e invocar as bênçãos dos ancestrais. "A etnicidade envolve a criação de uma identidade forte e coesa entre um grupo de pessoas", escreve o historiador nigeriano Toyin Falola no livro *O poder das culturas africanas*. "Do ponto de vista da cultura, os membros de um grupo étnico acreditam fielmente que estão unidos pela história, pela tradição e pelos costumes. Com o passar do tempo, surge uma consciência de que todos os membros do grupo são 'um'. Na prática, a consciência e a memória histórica são utilizadas como ferramentas para aprofundar a união do grupo e excluir os forasteiros de certas crenças e rituais."

Enquanto percorremos montanhas na travessia em direção ao oráculo, testemunhamos como essa união funciona nas tarefas do dia a dia. Numa aldeia, uma dúzia de homens trabalhava na reconstrução de uma casa. Noutra, duas mulheres cuidavam de todas as crianças para que as outras mães pudessem preparar o almoço coletivo. Num terceiro vilarejo, idosos eram servidos por adolescentes, que lhes levavam cumbucas de tô, o mingau grosso à base de sorgo ou painço. De acordo com o pacto de apoio mútuo, o gono, as famílias garantem que sempre vão colaborar umas com as outras em todas as atividades.

Aparentemente, é quase total o nível de comprometimento com as tradições, e a estrutura aristocrática mantém firmes os pilares da sociedade. É a aristocracia composta pelos idosos — uma assembleia não sujeita a eleições — que escolhe o chefe da coletividade, o hogon, com base em critérios como sabedoria, habilidades de liderança e decoro. Ele é responsável por manter a ordem social, política e espiritual da aldeia.

O hogon tem certos privilégios. Pode usar roupas faustosas e joias de antepassados. Em ocasiões festivas, é carregado em uma liteira e recebe presentes e oferendas. Também tem a prerrogativa de mediar disputas. Nessas ocasiões, ele reúne a assembleia de sábios no local cujo propósito especial é a resolução de conflitos, a Casa da Palavra — toda aldeia tem a sua. Trata-se de uma construção com pilares de pedra e teto de troncos de árvores e palha. O pé-direito é baixíssimo, para impedir que um adulto possa ficar de pé. Se alguém se exaltar, gritar e erguer-se de maneira agressiva, baterá a cabeça nas toras de madeira. O objetivo é que todos sejam capazes de baixar a bola e debater assuntos complexos com tranquilidade, calma e de modo racional.

Mas a vida do hogon não consiste apenas de homenagens, festas e exercício de autoridade. Quando escolhido, ele precisa ficar isolado numa caverna durante duas semanas. Não pode tomar banho. É alimentado duas vezes ao dia, e suas refeições são preparadas e servidas por uma mulher sem vida sexual ativa, uma virgem ou uma viúva. No exercício do mandato, caso julgue necessário, o hogon pode se recolher para outras temporadas de isolamento e meditação. São os hogons de todas as aldeias que elegem o hogon supremo.

IV

Ter uma audiência com o hogon supremo requer um certo esforço diplomático. No continente africano, líderes de grupos étnicos são frequentemente requisitados por políticos governistas ou de oposição, instituições estrangeiras e organizações militares ou civis. Não são raras as conspirações que germinam nos palácios e nas repartições públicas, os complôs e até mesmo os golpes de Estado dos quais participam autoridades indígenas. A etnicidade é uma força política com potencial de ser operada com os propósitos mais diversos, e os Dogon têm relevância demográfica, somam um contingente de 1,5 milhão de cidadãos. Mesmo que prefiram manter-se fora da agenda de Bamako, e os precários serviços sociais do Estado nem cheguem aos seus vilarejos, há temas inevitáveis na pauta do hogon supremo. O principal é o avanço dos fundamentalistas islâmicos. Um episódio em particular detonou a maior crise das últimas décadas: em março de 2019, na vila de Ogossagou, cerca de cem terroristas vestiram adereços ritualísticos dogon e, mascarados, mataram mais de 160 pessoas da etnia Fulani, entre elas mulheres grávidas e crianças. Depois, incendiaram casas e lavouras. Responsabilizados pela atrocidade, os Dogon tiveram trabalho para comprovar inocência.

A ameaça está logo ali. Combatidos no Oriente Médio, o Estado Islâmico e a Al-Qaeda deslocaram parte de suas milícias para a África Ocidental. Essa movimentação deu origem a diversas brigadas jihadistas, que mais tarde se uniram em um consórcio extremista conhecido como Grupo de Apoio ao Islã e aos Muçulmanos. A 50 quilômetros do País Dogon, às margens da estrada que vai para Djenné, um importante núcleo de comércio da região central do Mali, há escolas religiosas, as chamadas madraças, que difundem versões fundamentalistas do Alcorão. São notadamente primitivas, funcionam a céu aberto, mas a doutrinação é intensa. Numa delas, encontrei crianças sentadas na areia, sob a sombra de uma acácia, com tábuas nas mãos, nas quais o jovem professor havia escrito com um pedaço de carvão alguns versos em árabe. Depois da recitação do texto, o rapaz, que vestia uma jalaba — a longa bata típica muçulmana —, limpou as tábuas com um trapo úmido e escreveu nelas um outro versículo. Na prática, como vim a apurar, os alunos apenas decoram os sons das palavras, não aprendem o significado, tampouco serão capazes um dia de escrever em árabe. Mas talvez se tornem no futuro membros de uma falange radical.

Um registro paradigmático da mudança de trajetória do islã é a mítica cidade maliana de Timbuktu, que até hoje muita gente acha tratar-se de uma lenda, a exemplo de Shangri-La ou El Dorado. Além de eixo estratégico das grandes caravanas, Timbuktu, no limite entre o Sahel e o Saara, era um polo de vanguarda na produção de conhecimento. No século XVI, sua universidade tinha 25 mil alunos, ante 20 mil da Universidade de Paris, que se tornara o maior centro cultural e científico da Europa. Atualmente, Timbuktu não é nem uma sombra do que representou no passado. Quando estive na cidade, vi abnegados bibliotecários amadores encaixotando manuscritos milenares para enterrá-los e, assim, despistar as milícias que começavam a dar sinais de radicalização nas suas mobilizações pela criação de um Estado muçulmano tuaregue. Elas de fato acabaram atacando e incendiaram vários lotes de antigos textos literários por considerá-los ofensivos ao islã. Hoje, a barreira antiterror que proporciona uma nesga de segurança é responsabilidade de uma organização mercenária russa, filhote da reestruturação do Grupo Wagner, a Africa Corps, contratada pelo governo do Mali e conhecida por sua forma violenta e heterodoxa de operar. Essa mudança de rota em Timbuktu ocorreu também em todos os demais centros muçulmanos de educação e cultura do Sahel e do Saara.

No passado longínquo, o islã era a expressão do progresso. Muitos dos escritos de grandes filósofos gregos chegaram até nós graças ao trabalho de tradutores árabes. Da segunda metade do século VIII ao início do século IX, o Califado Abássida, que estabeleceu sua capital em Bagdá, investiu uma extravagância de dinheiro em ciência e filosofia. A ambição da elite era dar continuidade à cultura helênica e cravar sua superioridade em relação a persas e bizantinos. Por um longo período, esse projeto pareceu avançar para a consolidação.

Na Idade Média, enquanto curandeiros ingleses prescreviam fórmulas com base nos "quatro humores": apatia, bile negra, bile amarela e sangue — prevalecia a crença de que as doenças eram causadas por desequilíbrio dessas "substâncias" —, Bagdá tinha os maiores hospitais do mundo, até com departamentos para tratamento psiquiátrico e alas específicas para portadores de hanseníase. No campo da prevenção de doenças, já eram realidade nos principais centros islâmicos a pavimentação de avenidas e o saneamento básico, ao passo que as ruas da maior parte das cidades europeias eram cobertas por lixo, excrementos e lama. Numa equivalência contemporânea, Bagdá estava para Estocolmo como Viena para Kinshasa.

Mas então o islã entrou no "modo paralisia". Depois de inovações valiosas nos campos da matemática, da astronomia, da medicina e da engenharia, a civilização do profeta Maomé retraiu-se. Disputas implacáveis pela sucessão do comando enfraqueceram a dinastia Abássida e criaram as condições para o surgimento de uma profusão de califados autônomos, não propriamente entusiastas da ciência. Embora o Alcorão estimule os fiéis a buscar o conhecimento e a erudição, a elite muçulmana parece ter aceitado "os limites impostos à razão pela Revelação corânica, assumindo que a razão não tem acesso à Transcendência", escreve a historiadora Beatriz Bissio Moreira, da Universidade Federal do Rio de Janeiro, em seu livro *O mundo falava árabe*. "Quando a Europa, superando seu atraso, se lançou, a partir do Renascimento, na aventura da modernidade, os países muçulmanos estavam em defasagem e não tiveram a reação adequada para se apropriar novamente de um movimento científico do qual eles tinham sido os agentes principais depois da Grécia clássica".

Mesmo na periferia do que era então a vanguarda do conhecimento, o Império do Mali deu demonstrações de um certo apetite intelectual. Devido ao controle das minas de ouro de Buré e Bambuk, tornara-se uma potência financeira, e um notável volume de recursos foi aplicado em artes e educação. No século XIV, o imperador Mansa Musa patrocinou pesquisadores e poetas, construiu bibliotecas e escolas, promoveu o intercâmbio acadêmico em áreas como teologia, ciências naturais, matemática, medicina e filosofia. Musa, porém, ficou mais conhecido por outra razão: ele é até hoje o homem mais rico de todos os tempos. As pepitas de ouro que saíam das minas eram, por decreto real, destinadas à Coroa; apenas o metal em pó podia ser negociado sem restrições. Quando fez sua peregrinação a Meca em 1324 e parou no Cairo para uma estadia de três meses, o imperador distribuiu ouro com tamanha prodigalidade que desestabilizou a economia local. Embora a expressão "quebrar a bolsa de valores" não seja aplicável ao contexto da época, a gastança de Mansa Musa teve um efeito similar no mercado egípcio. O derrame de ouro foi de tal ordem — estima-se algo em torno de uma tonelada — que a inflação disparou e o metal desvalorizou-se durante mais de uma década no Oriente Próximo em relação à prata. O esbanjamento continuou quando Musa e seu séquito de milhares de pessoas — eminentes da corte, soldados e escravos — pousaram novamente no Cairo ao retornar dos lugares santos de Meca.

O islamismo emergiu como religião predominante no Mali, passou a exercer uma influência crescente na sociedade e as crenças animistas foram se dissolvendo. Os Dogon, no entanto, mantiveram um nível de distanciamento que possibilitou a preservação de sua herança cultural. E não obstante existam hoje Dogon seguidores do islã — inevitável, num país em que 90% da população se declara muçulmana —, eles observam uma vertente um tanto peculiar da doutrina, nada ortodoxa, leve e descompromissada. Não rezam cinco vezes ao dia em direção a Meca, nem deixam de beber sua cerveja artesanal. Além disso, continuam reverenciando os ancestrais e as forças da natureza.

V

Diferente da maior parte dos mitos de origem em que um ser supremo cria tudo a partir do nada, o antiquíssimo enredo do gênesis dogon tem um primeiro ato com ingredientes do que muito mais tarde foi constatado pela ciência. O mito primordial nasce com uma minúscula semente flutuando pela escura vastidão do vazio infinito. Em dado momento, uma pressão crescente surge no interior dessa partícula flutuante, o que a faz vibrar e, depois, expandir-se além do limite máximo. A semente explode e, numa sucessão complexa de várias etapas, gera todo o universo e os seres vivos, cada um com base num código específico — é natural que se façam associações com a teoria do Big Bang e com as instruções genéticas contidas no DNA.

O segundo ato do enredo é caracterizado por uma abundância de acontecimentos intricados, a começar pelo surgimento do mansa Amma, o ser supremo da mitologia Dogon, a primeira manifestação depois da explosão da semente. É infrutífero o esforço de tentar compreender o mito sob uma perspectiva cartesiana porque, em paralelo ao processo evolutivo em curso, Amma irá prosseguir com a modelagem do gênesis, utilizando os elementos essenciais contidos num certo "ovo cósmico". Sua primeira criação é um ser transcendente e múltiplo chamado Nommo. Representante da ordem do universo, Nommo é um agrupamento de espíritos. Apesar disso, tem uma forma física. É descrito como uma criatura anfíbia, hermafrodita e parecida com um peixe. Para auxiliá-lo na sua importante missão, Amma oferece-lhe oito assistentes — quatro pares de gêmeos. Então, Nommo e sua equipe descem à Terra numa arca.

Segundo o mito, os gêmeos são os ancestrais dos Dogon, os primeiros seres humanos do planeta. Mas a história não acaba aí. Um dos gêmeos, Yuguru, rebela-se contra a ordem universal e torna-se a força negativa em oposição a Nommo. Mesmo assim, ao cometer uma diabrura, acaba involuntariamente tendo um papel importante para o início da civilização. Num gesto equivalente ao do titã Prometeu da mitologia grega, Yuguru rouba um pedaço do sol e o entrega aos homens, possibilitando o advento do fogo. De sua parte, Nommo, no cumprimento da missão, ensina aos mortais as artes da música e da escultura, assim como as técnicas para o cultivo de alimentos, a domesticação de animais e a construção de ferramentas.

Como é comum em culturas de tradição oral, há versões diferentes do mito de origem, sobretudo no que diz respeito à ordem dos acontecimentos ou à função do "ovo cósmico". Por outro lado, as personagens principais são sempre as mesmas e não há divergência quanto ao seu significado religioso. Amma é o Deus dos céus, uma entidade solitária, e se mantém numa esfera metafísica tão elevada que nem convém lhe fazer preces; é retratado tanto na forma masculina quanto na feminina, e até com os dois gêneros. Com sua natureza anfíbia, Nommo simboliza a conexão entre o mundo aquático e a terra firme. Ele cumpre o papel de mensageiro entre os dois reinos e de intercessor junto a Amma. Por essa razão, a Nommo são destinadas as oferendas e preces. Yuguru, por sua vez, é representado em esculturas encolhendo-se, envergonhado, com as mãos cobrindo a face. Como lembrança dos gêmeos ancestrais, os nascimentos em pares são motivo de festividades memoráveis.

A mitologia Dogon é objeto de estudo desde o início do século XX, mas foi um artigo publicado em 1950 nas revistas da Sociedade dos Africanistas e do Instituto de Etnologia do Museu do Homem, ambos em Paris, que introduziu a nação na pauta da comunidade científica. O etnólogo Marcel Griaule e a antropóloga Germaine Dieterlen, depois de extensas pesquisas de campo nos anos 1930 e 1940, relataram o extraordinário nível de conhecimento astronômico dos Dogon. Eles demonstraram identificar a olho nu e com precisão diversos planetas. Não tinham lunetas, mas sabiam que Júpiter tem quatro luas e Saturno tem anéis, que a Terra gira ao redor do seu eixo e orbita em torno do sol. Expuseram para a dupla francesa seu complexo calendário lunar, utilizado na elaboração de um sistema meteorológico capaz de antecipar certas características da estação vindoura. A revelação mais estupenda, no entanto, ainda estava por vir. Ao continuar a conversa sobre os elementos do universo, os astrônomos amadores Dogon entrevistados pelos franceses mencionaram que a sabedoria imemorial do seu povo dava conta de um certo "companheiro escuro da estrela Sigi Tolo". Explicaram que esse tal "companheiro" concluía sua viagem ao redor da estrela a cada 50 anos.

Sigi Tolo é como os Dogon denominam a estrela Sirius. Sirius faz parte da constelação de Cão Maior e seu nome vem do grego *seirios*, que significa "brilhante". É uma das estrelas mais próximas da Terra, fica a 8,6 anos-luz, e é facilmente visível a olho nu. Até aí, tudo bem. Mas Sirius é o que os astrônomos chamam de sistema binário, e sua coadjuvante, Sirius B, só pode ser vista com o uso de telescópio. Sua existência foi presumida em 1834 pelo astrônomo alemão Friedrich Wilhelm Bessel — ele suspeitou que o movimento de Sirius era irregular e devia haver outro astro ali por perto. A confirmação mesmo, no entanto, só veio em 1862, quando o ótico e astrônomo americano Alvan Graham Clark, ao testar um telescópio refrator de 47 centímetros que havia construído, observou no céu de Cambridgeport, em Massachusetts, a estrela anã branca que orbita em torno de Sirius. Clark cravou: Sirius B não era uma hipótese; existia de verdade. Mais tarde, os astrônomos calcularam a duração da órbita de Sirius B em torno da estrela-protagonista: 50 anos.

O artigo de Marcel Griaule e Germaine Dieterlen evidenciando que os Dogon conheciam o "companheiro escuro" de Sirius antes que a ciência tivesse confirmado sua existência causou um escarcéu nos meios acadêmicos e tornou-se tema das mais variadas especulações — até hoje é considerado um trabalho de destaque da antropologia e continua sendo estudado e debatido. Os mais céticos conjecturavam que, provavelmente, os Dogon haviam sido visitados por padres missionários que carregavam lunetas na bagagem. A teoria dava conta de que os religiosos convidavam as pessoas para esquadrinhar o céu noturno e, desse modo, proporcionar momentos lúdicos para a pregação a respeito das grandiosidades criadas pelo Senhor. Aqueles que preferiam dar crédito à sabedoria ancestral do povo contra-argumentavam: lunetas amadoras não se prestavam à observação de Sirius B.

Naqueles anos de 1950, época de vendas fervilhantes de quadrinhos com histórias de ETs, quando Flash Gordon desfrutava de enorme prestígio e o público acompanhava seus combates contra o maligno imperador Ming, não faltaram associações entre os Dogon e os alienígenas. Criou-se toda uma mística em torno do grupo étnico, que ganhou o epíteto de Povo das Estrelas. Na linha do bestseller mundial *Eram os deuses astronautas?*, de 1968, escrito por Erich von Däniken, o escritor e editor britânico Robert Temple lançou em 1976 o livro *The Sirius Mystery* ("O mistério de Sirius"). Temple criou uma instigante narrativa pseudocientífica, segundo a qual viajantes de outros planetas visitaram a Terra há 5 mil anos e tiveram contato com indígenas, entre os quais os antepassados dos Dogon, e transmitiram um precioso conjunto de informações astronômicas.

"Ali está Sirius, o ponto mais brilhante", diz meu guia, Umar Karambê, apontando para o céu sem lua e repleto de brasas cintilantes. Ao notar minha testa franzida que expressa uma dúvida aparentemente irremediável, ele dá as coordenadas: "Primeiro, você identifica o Cinturão de Órion, aquelas três estrelas seguidas, com distância mais ou menos igual entre uma e outra." Okay, essa etapa é fácil, ele se refere às Três Marias, o nome pelo qual o cinturão ficou conhecido nos países de língua portuguesa. "Agora, desenhe uma linha imaginária que passe pelas três estrelas e continue descendo em direção ao horizonte. A primeira estrela de intenso brilho branco-azulado que sua linha vai encontrar é Sirius".

VI

A cada 60 anos, Sirius aparece entre dois picos sagrados no vilarejo de Youga Dogorou, e então se inicia o principal festival dogon, o Sigui. O Sigui tem a espantosa duração de sete anos, fundamenta-se numa intrincada teia de símbolos, e envolve uma série de eventos. O primeiro é a construção da cabana sagrada, a Sigimò, onde são guardados objetos ritualísticos e apetrechos de culto. A cabana é erguida de acordo com técnicas antiquíssimas, passadas a cada nova geração pela anterior, num processo demorado e meticuloso.

À medida que o Sigui avança no calendário, o povo se ocupa de um conjunto de atividades, como declamação de poesias, danças, apresentações musicais e pantomimas. O idioma secreto, o Sigi So, restrito aos homens, é ensinado àqueles que ainda não o dominam. Cada iniciado precisa esculpir uma grande máscara de madeira de até 3 metros de comprimento, feita da árvore do algodão seda, para usar na Kanaga, a dança acompanhada por percussão e cantos que criam uma atmosfera de transe hipnótico. As máscaras fazem referência a animais da savana africana e há aquelas com traços antropomórficos que homenageiam antepassados; são consideradas elementos espirituais poderosos que conectam os dançarinos e o público ao reino dos ancestrais. Durante o Sigui, os dançarinos saem em procissões de aldeia em aldeia, em visitas festivas, coloridas e barulhentas aos compatrícios. O festival não é apenas uma manifestação da herança cultural, mas também um meio de manter a energia mística e reforçar os laços sociais que unem as comunidades.

O último Sigui foi celebrado de 1967 a 1973. Karambê tinha sete anos quando o festival terminou e não lembra de detalhes. Sua memória, porém, guarda o registro do sentimento de êxtase duradouro. "No próximo Sigui, vou participar já como ancião", diz, rindo. A abertura será em 2032, quando Sirius aparecer entre as montanhas sagradas. E a que Karambê atribui, afinal, a origem dos conhecimentos astronômicos do seu povo? Ele comprime um pouco as pálpebras e responde com outra pergunta: "Por que não considerar que essa sabedoria foi construída ao longo dos séculos a partir da nossa conexão com as forças da natureza?".

É razoável presumir que o tempo dedicado à contemplação do cosmos, do mundo e de seus fenômenos possa resultar na produção de novas ideias ou mesmo em insights capazes de orientar pesquisas científicas. A Antiguidade grega é abundante em exemplos irrefragáveis. É do século VI AEC a teoria do matemático Pitágoras de que o planeta Terra é uma esfera, confirmada três séculos mais tarde por um experimento realizado pelo astrônomo e também matemático Eratóstenes. O mesmo sexto século Antes da Era Comum testemunhou o nascimento do conceito de universo infinito, formulado pelo filósofo Anaximandro e referendado pela ciência apenas no século XX, a partir de análises de corpos celestes feitas com telescópios e equipamentos ultrapotentes conduzidas por astrônomos como o americano Edwin Hubble. A tese segundo a qual toda matéria do universo é composta por átomos foi proposta no século V AEC pelos filósofos pré-socráticos Leucipo e Demócrito — a comprovação só viria com o advento da mecânica quântica, no século XX.

Sendo eurocêntrica nossa estrutura de pensamento, é compreensível que tenhamos mais boa vontade em relação a teorias e conjecturas provenientes do Ocidente. Preconceitos também nascem a partir daí. De modo que nos parece pouco plausível que a África possa estar, ou já tenha estado, na dianteira de alguma área do conhecimento — embora o *Homo sapiens* seja originário do continente.

Os Dogon veem o homem como integrante de uma teia complexa da qual também fazem parte todos os demais seres vivos, os ancestrais e as entidades do reino espiritual. Os indivíduos são parte de uma ordem cósmica maior e têm a capacidade de negociar com as forças imateriais as condições para moldar o próprio destino por meio de suas ações e escolhas.

Eis a razão pela qual o feiticeiro Amadou Togô tem subido e descido montanhas nesses últimos dias, percorrendo a geografia que é a própria metonímia do seu povo: resistente, agreste, resiliente, remota. Togô quer moldar seu próprio destino em vez de seguir a trilha que lhe foi determinada. Como nos foi relatado na aldeia de Kundu, ele anseia por se distanciar, ao menos por alguns anos, da direção imposta pela tradição para estabelecer um projeto de vida com a mulher com quem pretende casar-se. E, assim que ela terminar o curso de enfermagem na capital, Bamako, o plano do casal é regressar à vila natal.

No lugarejo em que vive o hogon supremo, dois anciãos nos recepcionam. Eles dizem que o grande líder já fora informado da questão pelo hogon de Kundu — não há rede elétrica, mas há celulares, alimentados por baterias de automóveis — e por esse motivo a audiência será breve. O nível de exaustão é tal que nem há espaço para ansiedade ou apreensão. Plácido e resignado, Togô é levado até a entrada de uma caverna. Ali, na montanha vermelha, o oráculo lhe dará a resposta que ele busca. Os anciãos se retiram. Karambê e eu não podemos nos aproximar muito. Vejo à distância apenas o perfil de uma figura vetusta quase mineral, da cor da rocha, o tronco coberto por algo como um longo avental de couro, chapéu redondo sem aba na cabeça. Em menos de três minutos, Togô retorna e a figura mineral desaparece no interior da caverna.

O oráculo da montanha vermelha, assim como o Oráculo de Delfos, dedicado ao Deus grego Apolo, prefere caminhos oblíquos. A resposta, talvez excessivamente cifrada para um ocidental contemporâneo, produziu uma sutil transformação no semblante de Togô; agora, os olhos estão levemente comprimidos e as maçãs do rosto, elevadas. Será um discreto sorriso? Ele parece aliviado. Enfim, nos conta o que ouviu do hogon supremo: "Às vezes, somos vento. Outras vezes, somos pássaro. Às vezes, somos palavras. Outras, poesia".

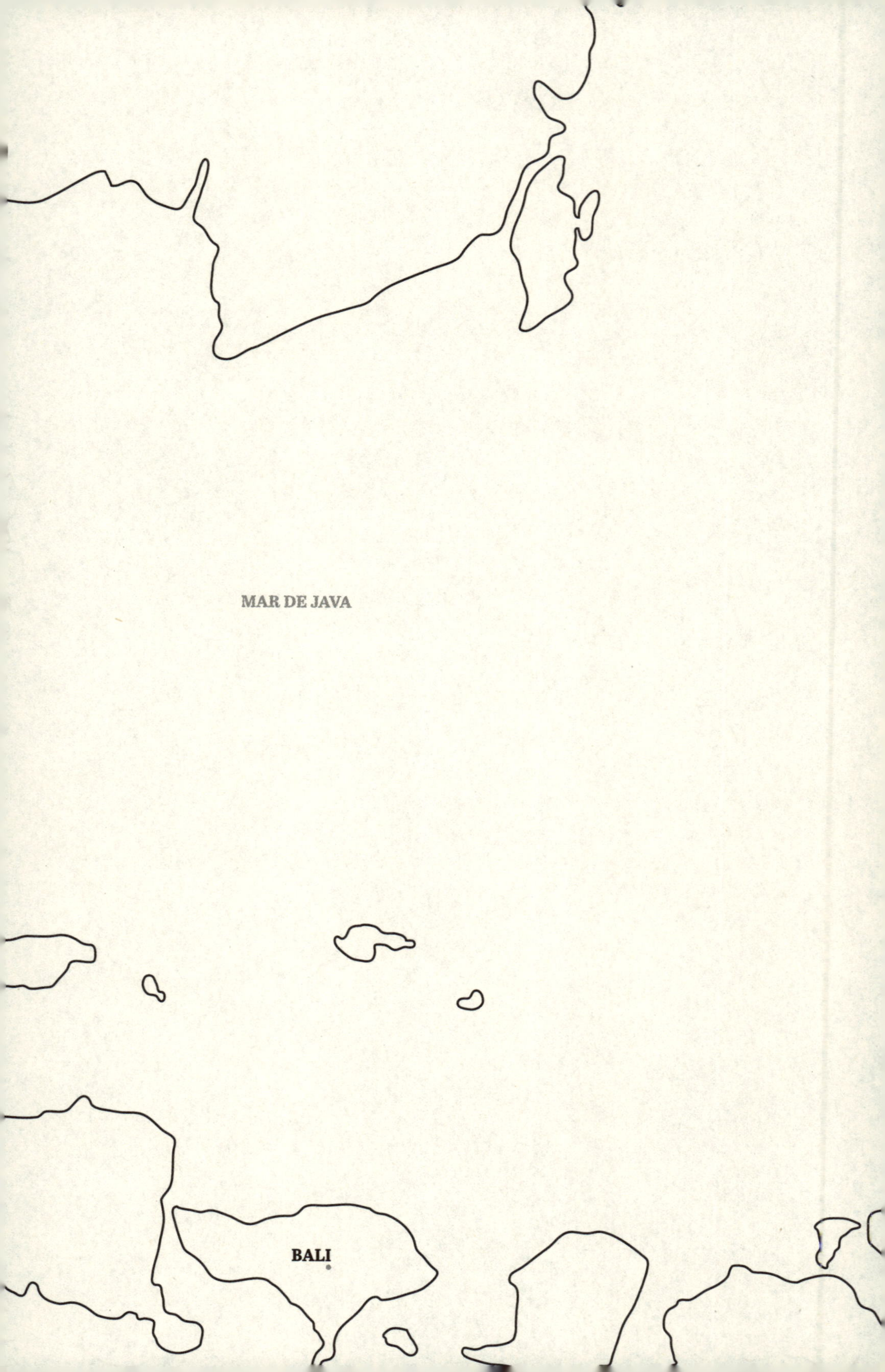
MAR DE JAVA
BALI

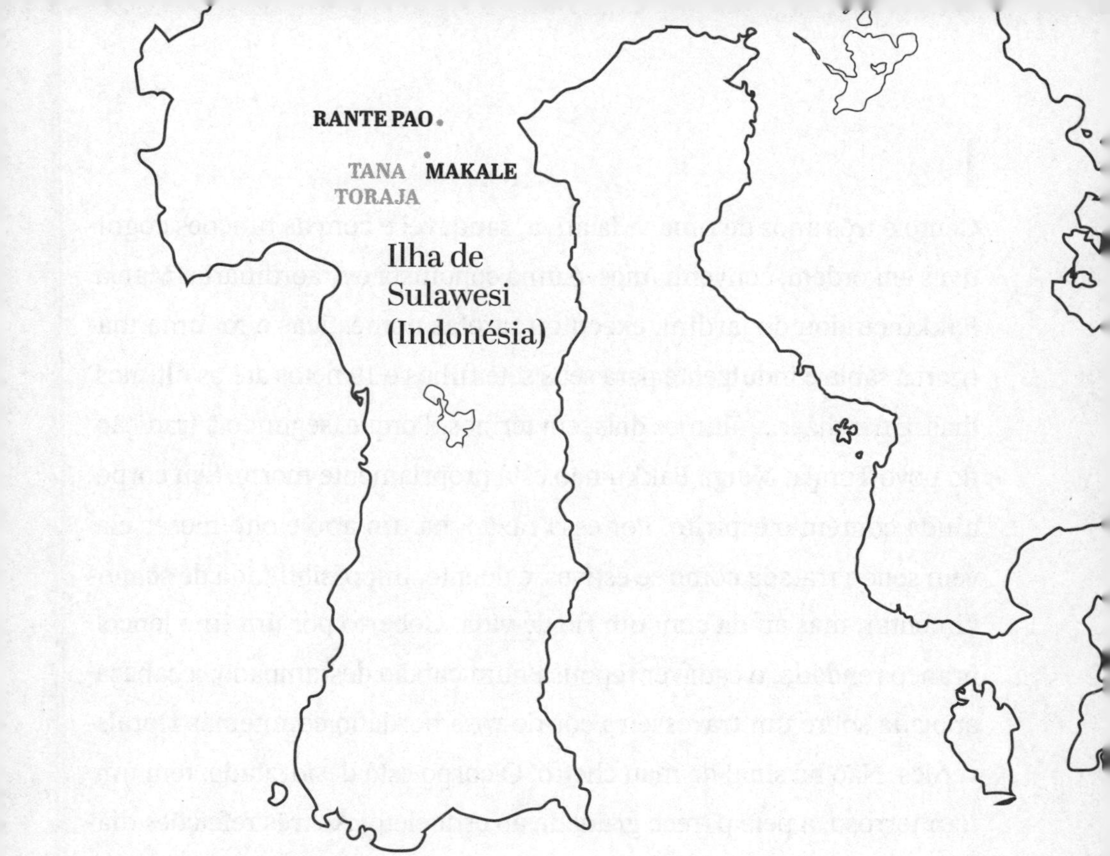

CAPÍTULO 5

OS RITOS DE UM LONGO ADEUS

Manter dentro de casa os cadáveres dos entes queridos é um dos costumes que atesta a centralidade da morte na cultura Toraja, povo da ilha de Sulawesi, na Indonésia

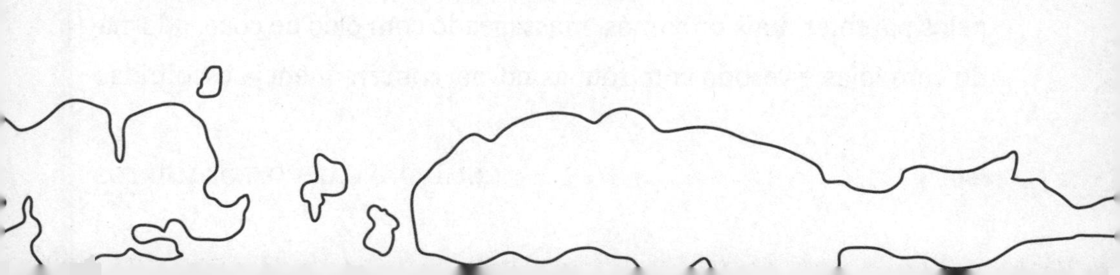

I

Cento e três anos de uma vida ativa, saudável e com as funções cognitivas em ordem, convenhamos, é uma conquista extraordinária. Manja Pakku cuidou do jardim, executou tarefas domésticas e foi uma matriarca sábia e indulgente para seus sete filhos e 19 netos até os últimos dias. Quer dizer... últimos dias, em termos. Porque, segundo a tradição do povo Toraja, Manja Pakku não está propriamente morta. Seu corpo ainda contém o espírito. Por essa razão, há um ano e oito meses ela vem sendo tratada como se estivesse doente, impossibilitada de se movimentar, mas ainda com um fio de vida. Coberto por um fino lençol branco rendado, o cadáver repousa num caixão destampado, a cabeça apoiada sobre um travesseiro cor-de-rosa bordado com temas florais verdes. Não há sinal de mau cheiro. O corpo está desidratado, tem um tom terroso, a pele parece grudada ao esqueleto. As três refeições diárias são colocadas numa mesinha ao lado do caixão e, algumas horas depois, intocadas, voltam para a cozinha e podem ser consumidas pela família. Os cuidados estão a cargo de Hermon Pakku, de 60 anos, a filha número cinco da matriarca. É num dos quartos da casa de Hermon, ao lado de uma ampla janela que dá para o jardim, que o caixão é mantido. Uma vez por dia, Hermon penteia os cabelos brancos da mãe morta com uma escova apropriada para fios delicados. Também conversa com ela. Diz que ouve conselhos e histórias do passado, algumas até muito divertidas.

Exceto pelas injeções de formol aplicadas no cadáver, procedimento adotado a partir das primeiras décadas do século XX, os Toraja seguem fiéis às práticas dos antepassados. Primeiro, o corpo é banhado pelos parentes mais próximos, massageado com óleo de coco, adornado com joias e vestido com roupas novas, com frequência escolhidas previamente pelo próprio falecido. Depois, por dois dias, é exposto sentado. Um pedaço de bambu é colocado na boca para que os primeiros fluidos da decomposição orgânica sejam drenados. Concluído o período de exposição pública, durante o qual amigos e vizinhos prestam homenagens, o morto é despido, posicionado na horizontal, envolvido em panos brancos e amarrado com firmeza com tiras de tecido. Acomodado sobre uma esteira na qual há camadas de folhas de mandioca para reter os líquidos que os panos não conseguem absorver, o cadáver exala um odor nauseante que invade os cômodos da casa — no entanto, habituados ao processo, os familiares não se sentem incomodados. A fase de desidratação do cadáver depende da umidade e das demais condições climáticas, mas normalmente dura vários meses. Uma vez seco, o corpo é levado ao caixão.

Hermon e seus irmãos cresceram brincando ao redor de caixões abertos de tios e avós — e também os reverenciando. Assim tem sido há pelo menos 200 anos, período em que a família Pakku está estabelecida em Rantepao, capital do distrito de Toraja do Norte, na ilha de Sulawesi, no leste da Indonésia. Em agosto de 2024, quando visitei Hermon, ela havia programado a cerimônia funerária da sua mãe para dezembro do mesmo ano. Ou seja, o corpo de Manja Pakku seria mantido insepulto por dois anos. O ritual chamado Rambu Solo pode acontecer num período mais curto ou muito mais longo — não há um prazo máximo a cumprir; o fundamental é que haja tempo para a família reunir os recursos necessários para realizar uma celebração grandiosa, com sacrifício do maior número possível de búfalos, e que todos os parentes que moram fora consigam se organizar para estar presentes.

Para os Toraja, o Rambu Solo é a ocasião mais importante da vida de uma pessoa — custa um dinheirão, muito mais que festas de casamento, formatura e aniversários. O rito pode durar até uma semana.

Há músicas, cortejos, oferendas às entidades, preces aos ancestrais e farta distribuição de comida às centenas de convidados durante os dias de solenidades. Tudo transcorre com muita alegria, com uma série de exaltações ao ente querido que será sepultado. No momento em que o féretro adornado com esmero é levado a uma plataforma elevada, enfim o homenageado é considerado morto. Mas ainda não é hora de chorar. Os prantos ocorrem somente quando o esquife é depositado numa caverna, a opção dos menos abastados, ou num túmulo escavado num paredão rochoso, um luxo que encarece ainda mais o orçamento do Rambu Solo. A alma do morto, porém, não parte ainda para a Puya, a terra dos espíritos. A migração só acontece depois de uma outra cerimônia, a Ma'nene, realizada dois anos depois. Na Ma'nene, cuja tradução literal é "Cuidado com os Ancestrais", o corpo é novamente limpo e manipulado; dependendo das condições, o cadáver pode receber novas aplicações de óleos essenciais ou até jatos de pesticida, caso haja ataques de insetos. Vestido com novas roupas, o morto volta ao caixão, no qual são colocados objetos de uso pessoal, como joias, carteira de identidade, óculos, celular e maços de cigarro. Agora, sim, o espírito parte em paz para a Puya. As diversas etapas minuciosas desses dois rituais são dispensáveis apenas no caso de morte de crianças. Entende-se que almas puras viajam direto para a Puya e, portanto, o sepultamento pode ser realizado depois do óbito.

A Puya não é um lugar benfazejo para onde vão os justos depois de um julgamento, mas a morada eterna de todos os desencarnados. É um mundo que basicamente reproduz a vida na Terra, exceto por dois detalhes: lá não há fogo nem animais selvagens. Mas existem pomares e rebanhos, casas e escolas, parques e lojas. De modo que os búfalos sacrificados servirão ao sustento da alma do falecido, que poderá negociá-los no mercado público da outra dimensão. Nada disso está escrito. Como é comum em religiões animistas que não possuem um documento fundador ou um livro sagrado, a Aluk Todolo vem tendo seus ensinamentos transmitidos de forma oral, de geração em geração, por pelo menos oito séculos, segundo as contas da historiografia toraja. O termo Aluk Todolo significa "O Caminho dos Ancestrais" ou "À Maneira dos Antigos". E é exatamente a reverência aos antepassados que delineia os traços essenciais dessa cultura não raro incompreendida pelos ocidentais.

II

No ano de 1253, o neto de Genghis Khan, Kublai Khan, liderou uma campanha militar com o objetivo de expandir ainda mais o Império Mongol para além das estepes da Ásia Central. Cavaleiros de notável habilidade e arqueiros infalíveis, os mongóis eram ferozes com as populações que não se rendiam quando cercadas e já haviam estendido extraordinariamente seus domínios fora de suas terras silenciosas e muitas vezes desoladas. Os Khan tinham sob seu jugo a Dinastia Jin, do norte da China, o Tibete, extensas áreas da Sibéria, e o Império Khwarazm, cujo território hoje corresponde a boa parte do Irã e de quase todos os "istões": Turcomenistão, Uzbequistão, Cazaquistão e Afeganistão.

Mas Kublai Khan queria mais. Ele almejava o controle de regiões mais ricas e densamente povoadas. Por isso rumou com seus guerreiros para Yunnan, no sul da China, possessão do Reino de Dali — um reino com certo grau de autonomia, forte cultura budista e profícuas relações comerciais com o Tibete e o Sudeste Asiático. Após a conquista mongol, Yunnan foi integrada ao império como uma província, o rei Dali tornou-se uma figura decorativa, a administração passou por reformas importantes e o islamismo ganhou espaço, com a construção de escolas religiosas e mesquitas. Ocorreu uma rápida mudança demográfica, com a chegada de colonos Han e de outros grupos étnicos, e com o êxodo de clãs descontentes. Assim, uma parte dos habitantes insatisfeitos organizou-se para partir em embarcações à procura de outras paragens.

A expedição marítima deixou o Golfo de Tonkin e seguiu margeando a costa do que hoje é o Vietnã, para depois enfrentar águas abertas ao cruzar na direção sudeste um trecho do Mar da China Meridional. Depois, nas proximidades do Arquipélago de Sulu, nas atuais Filipinas, os barcos rumaram para o sul. A frota terminou aportando numa ilha selvagem em forma de "K", que bem mais tarde, no século XVI, seria batizada por navegadores portugueses de Celebes e só no século XX assumiria o nome indonésio de Sulawesi. A viagem dos aventureiros de Yunnan não transcorreu numa planície de ondas simpáticas. O mar encrespado e temperamental castigou severamente os barcos, que, danificados, acabaram sendo utilizados como telhados das casas suspensas por pilares construídas no litoral. Como sinal de que a origem do grupo deveria ser sempre lembrada, decidiu-se que a proa dos barcos-telhados apontaria sempre para o norte, na direção de Yunnan.

Com o tempo, assentamentos de outras comunidades foram se estabelecendo nas proximidades, surgiram conflitos na disputa por recursos e os yuanneses preferiram migrar para as montanhas. Fixaram-se numa região acidentada, coberta por florestas tropicais com samambaias gigantes, e cortada por rios espumosos que descem turbulentos dos montes, ao encontro de vales introspectivos e escarpas traiçoeiras. Perto da linha do Equador, a área tem bem demarcada a estação chuvosa, e a altitude, entre 300 e 2.800 metros acima do nível do mar, ameniza o calor; à noite, nas zonas mais elevadas, a temperatura pode cair facilmente aos 15ºC. Os migrantes de Yunnan desenvolveram vastas plantações de arroz e passaram a criar rebanhos de búfalos e porcos. Adaptaram-se sem muitas dificuldades às terras altas e começaram a ser chamados pelos Buginese, grupo étnico costeiro de Sulawesi, de Toraja, que significa "Povo de Cima" ou "Povo das Montanhas".

Ao construir suas casas no novo habitat, os Toraja mantiveram o formato do teto — desta feita, contudo, não mais barcos caindo aos pedaços, mas embarcações estilizadas, coloridas e ornamentadas com sofisticação. Até hoje, essas casas tradicionais de madeira, as chamadas tongkonan, são vistas em profusão em Tana Toraja, como as terras do grupo étnico em Sulawesi são designadas. Apenas uma pequena parte das tongkonans, no entanto, continua servindo como moradia. Elas normalmente são utilizadas como paiol, depósito ou mesmo curral. Porém, nos dois dias em que um ente querido morto precisa ser exibido à comunidade, espera-se que essa exposição aconteça numa tongkonan. Então, a família limpa o local para a ocasião. No Rambu Solo, a cerimonia funerária, as casas típicas dispostas em fileiras simétricas nos espaços dedicados ao ritual cumprem a indispensável função de evocar os antepassados e também a tongkonan do plano transcendente, onde está o Deus criador.

De acordo com a doutrina original da Aluk Todolo, Puang Matua é o Deus do sol deslumbrante que criou o homem, as espécies ancestrais das plantas e dos animais, bem como todas as matérias inertes, como rochas, areia e metais. Tudo foi gerado no plano superior e Puang Matua fez sua obra descer ao mundo médio, este em que vivemos. Os primeiros seres humanos, precisamente os ancestrais do povo Toraja, eram imortais e desceram à Terra por uma escada — e é para lembrar dessa origem que a popa e a proa do teto das tongkonans avançam de modo desafiador para o alto. Puang Matua estabeleceu códigos sociais, regras de convivência e diretrizes para os rituais. O relacionamento do Deus com a raça humana era harmonioso, até que um dos homens praticou incesto com duas filhas. A violação da ordem natural impôs a mortalidade à espécie e entristeceu Puang Matua. Ele recolheu-se, tornou-se uma entidade silenciosa, que não mais mantém contato com os humanos. Ainda assim, é reverenciado como o criador primordial e ocupa o topo da hierarquia do panteão toraja.

A Aluk Todolo é uma religião henoteísta — no henoteísmo, há vários deuses, mas um deles ocupa posição de supremacia e é considerado o mais elevado, com autoridade sobre os demais. Se o grego Zeus tem cinco irmãos, Puang Matua tem sete. Entre eles, Pong Tulakpadang desempenha uma função de peso. É o senhor do mundo inferior e segura a Terra nas palmas das mãos. Mais importante para os mortais, todavia, é Pong Lalondong, que recepciona as almas na Puya. Por isso, é ele o destinatário de boa parte dos sacrifícios realizados durante o Rambu Solo.

III

Meu guia acaba de receber uma informação animadora. Mastudi Laedda, um muçulmano Bunisese de entusiasmo inesgotável — apesar disso, é capaz de adormecer profundamente tão logo nosso motorista assume o volante, a cabeça chacoalhando para os lados como um pêndulo zonzo —, ficou sabendo por intermédio de seus bons amigos Toraja que um Rambu Solo grandioso está em curso. Recebidas as coordenadas, rumamos para a zona rural de Rantepao. Nas imediações do complexo ritualístico não há mais lugar para estacionar. Paramos longe e seguimos a pé por uma estradinha de terra, ao lado de muitos dos moradores pobres do vilarejo próximo — nos funerais de pessoas de classes mais privilegiadas, como é o caso, a população carente da vizinhança costuma ser convidada e pode comer à vontade. Está para começar as solenidades em honra a Miska Timu Limbong, uma senhora que morreu cedo, aos 53 anos, e teve o corpo mantido em casa pela família por três anos. Na foto emoldurada em destaque num gazebo, em meio a ramalhetes de rosas vermelhas, Miska aparece num elegante vestido bege de mangas curtas, colar de pérolas, bracelete dourado no punho direito. O olhar é manso. Os cabelos pretos, curtos. O sorriso, de lábios fechados, apenas um ensaio.

Numa área um pouco menor que um campo de futebol, duas fileiras simétricas de tongkonans, alinhadas uma em frente à outra e com um pátio no meio, formam uma praça — chamemos assim — na qual há também galpões para abrigar os animais que serão sacrificados, palanque VIP para as autoridades e os familiares mais próximos da falecida, além de cozinha, de onde saem ininterruptamente pequenas porções de comida para os mais de 500 convidados. Apesar da manhã cinzenta e da garoa fina, o clima é festivo. Os parentes chegam e cumprimentam uns aos outros, em meio a sorrisos e abraços. Estão paramentados com o figurino tradicional. As mulheres vestem uma blusa bordada, muitas vezes com mangas compridas e gola alta, chamada baju; e, enrolado em torno da cintura, o lypa, um tecido colorido e brilhante similar a um sarongue, mas com padrões mais elaborados. Algumas usam também o sulap, um tipo de xale. O grupo uniformizado com baju rosa de mangas curtas é responsável pela gestão da cozinha. Quanto aos homens, a maioria está de camisa de mangas compridas de cor escura e celana, calças folgadas e confortáveis. O ikat, uma faixa larga com padrões geométricos, faz as vezes de cinto e complementa o traje.

Começam os pronunciamentos, reverberados pelo potente sistema de som. São muitas as mensagens. Gratidão àqueles que vieram de longe, relatos de conquistas da saudosa homenageada, agradecimentos a quem ofereceu búfalos e porcos de presente — amigos muito próximos trouxeram animais e, segundo fui informado, também algumas pessoas que querem fazer uma média com o viúvo, um homem influente de Rantepao. Os búfalos têm o nariz perfurado por um anel metálico, como um piercing gigante, por onde passa uma corrente de ferro presa ao chão ou ao teto de uma das edificações. No centro do pátio está uma opulenta urna cilíndrica de madeira, enfeitada com folhas de ouro e com detalhes em vermelho, uma peça exuberante que passaria por obra barroca. O corpo está nessa urna, que, por sua vez, encontra-se abrigada sob uma tongkonan proporcional ao seu tamanho, amarrada a vigas de bambu, como uma espécie de liteira fúnebre.

Nas exéquias, tudo tem uma simbologia, nada aparece arbitrariamente. O galo pintado com capricho numa fachada é a representação de Pong Lalondong, o porteiro da Puya. Cada chifre de búfalo afixado num enorme totem decorativo contabiliza o sacrifício de 24 animais — há 54 chifres; logo, 1.296 búfalos já foram oferecidos às entidades nesta praça. Quatro cores marcam a decoração dos ambientes: o vermelho simboliza o sangue, a vida; preto é luto; branco, pureza e santidade; e o amarelo, a prosperidade e a graça. Quando um grupo de dez mulheres idosas usa estacas de bambu para batucar de forma ritmada num comedouro de animais, um certo alvoroço se inicia. A percussão é uma forma de comunicação com os ancestrais, um meio de invocar a presença de espíritos benfeitores e pedir bênçãos para a alma da finada. O comedouro, por sua vez, utensílio do dia a dia comunitário transformado num instrumento musical, expressa os vínculos sociais de amizade e cooperação entre todos os presentes. Inebriados pela pulsação percussiva, cerca de trinta homens erguem as vigas de bambu amarradas numa estrutura do tipo jogo da velha, sobre a qual está a tongkonan com a urna funerária, e então se inicia o cortejo. É uma farra. O féretro é bem pesado, muitos se atrapalham, outros tropeçam em pernas e pés vizinhos, há os que não aguentam o peso, todos gargalham a valer. Amarrada à popa da tongkonan, um pano largo vermelho de uns cem metros de comprimento é levado por uma grande aglomeração feminina; parece flutuar, dado que as mulheres estão debaixo do tecido. Essa faixa vermelha alude à conexão entre os vivos e o mundo dos espíritos; as mulheres, por sua vez, representam a fertilidade e a continuidade da vida. Assim como os homens, elas também sorriem muito, desfilam fazendo fotos e vídeos com seus celulares. E assim o cortejo sai da praça ritualística para dar uma volta no vilarejo. O passeio simboliza a despedida de Miska Timu Limbong de sua comunidade.

A cerimônia prossegue, com mais discursos e muita comida. Quando a comitiva retorna, os homens estão exaustos, com as faces afogueadas, mas ainda divertindo-se um bocado. Eles escorregam na terra molhada, o féretro desaba no chão, mas felizmente não há danos. Na sequência, o viúvo é levado num andor. Ele está sentado dentro de uma pequena cabine de tecido preto, aberta na frente, de modo a permitir que acene para a multidão. A procissão, desta feita, é mais rápida. Em vinte minutos, o viúvo é trazido de volta, e chega o momento mais importante do dia: a tongkonan com a urna em que está o corpo será empurrada numa rampa até uma plataforma de quatro metros de altura. A tarefa não é simples. Muita gente está ali por perto para ajudar, amarram-se cordas para evitar que o aparato escorregue para baixo e se arrebente, discute-se a melhor forma de suspender, puxar, empurrar, apoiar isso, arrastar aquilo outro.

Enfim, a tongkonan funerária chega ao alto da plataforma. E somente agora, segundo a doutrina da Aluk Todolo, Miska Timu Limbong está realmente morta. Nesse instante em que nuvens púrpuras compridas se estendem pelo céu, acima do sol oblíquo, começa o sacrifício dos 41 búfalos, cuja carne irá ao fogo e será servida hoje e nos próximos seis dias de cerimônias. O encerramento oficial do Rambu Solo se dará quando a urna for depositada num túmulo escavado no alto de uma imensa parede rochosa — na região, em meio a silenciosos e intermináveis campos de arroz e plantações de café arábica de reconhecida qualidade, há escarpas nas quais são esculpidos nichos mortuários; quanto mais nobre a pessoa, mais alto é o local da sua tumba. Para essa etapa do funeral, é necessário mobilizar equipamentos e gente especializada para perfurar a rocha previamente e, depois, introduzir a urna funerária na cavidade da muralha montanhosa. Tudo isso aumenta a conta. Apuro com pessoas próximas à família Limbong que todo o ritual custará em rúpias indonésias algo em torno de 40 mil dólares. É um assombro, mas não chega perto do recorde de que se tem notícia na cidade de Rantepao, de 70 mil dólares.

Como seria de esperar, as famílias desfavorecidas não têm condições de realizar cerimônias suntuosas. É aceitável que sacrifiquem, em vez de búfalos, apenas um ou dois porcos. No entanto, seus mortos ocuparão na Puya um segmento menos privilegiado — a classificação social, portanto, continuará a existir no outro mundo, e não parece haver revolta quanto a isso. Um outro aspecto mundano em relação à Puya é sua localização. Ela não fica em coordenadas etéreas, mas em algum lugar no sudoeste distante, alcançável, dizem alguns, por meio de um túnel. A ideia não é assim tão estranha. Na cosmologia de diversos povos, o além é um território físico — e ilhas, em especial, inspiraram muitos mitos. Os finlandeses antigos acreditavam que Tuonela, o mundo dos mortos, ficava em uma ilha distante e inóspita, acessível depois da travessia do rio Tuoni. Para o povo Mapuche, grupo étnico do Chile e da Argentina, a Ilha Mocha, na costa chilena, era considerada um local sagrado para onde iam as almas dos guerreiros e heróis mortos. Mesmo o cristianismo teve seu momento de cravar no mapa as paragens do pós-vida — ou pelo menos de uma parte delas. Segundo a crença difundida na Idade Média, e popularizada por Dante Alighieri em *A divina comédia*, o purgatório ficava numa montanha íngreme, situada numa ilha no hemisfério sul, cercada por um vasto oceano, recorrentemente associado ao mar antártico.

A preponderância que a morte e o destino dos espíritos ocupam na Aluk Todolo chega a impactar até mesmo o léxico do idioma local, o toraja sa'dan, que pertence à mesma família de outras línguas do Sudeste Asiático, da Oceania e da Polinésia. Em toraja sa'dan não há, a rigor, uma única palavra que traduza "alma". É como "neve" em kalaallisut, principal idioma Inuíte da Groenlândia, no qual existem vocábulos específicos para neve fresca ou úmida, neve caindo ou já no chão; também ocorre o mesmo com as várias categorizações de "camelo" em árabe: um termo próprio para o animal jovem e saudável, ideal para corridas, outro para a fêmea leiteira, um terceiro para designar o macho adequado ao transporte de cargas pesadas, e assim por diante. De maneira que a alma, para os Toraja, é tão relevante quando a neve para os povos do Ártico ou o camelo para os beduínos do Saara. É, na verdade, um conjunto de conceitos, como documentou a antropóloga norte-americana Kathleen M. Adams, Ph.D. pela Universidade de Washington, que pesquisou em profundidade o assunto em Sulawesi.

O que pode ser entendido livremente como "força animadora", a professora Adams descreve, é a sumanga. Presente em todos os seres vivos, a sumanga é comparável a um pássaro, pode fugir por um tempo depois de um susto repentino ou ser apoderada por uma entidade malévola. São comuns frases como "minha sumanga voou" ou "a sumanga dele foi tomada". Existe ainda a alma que interage com os outros e é afetada pelo meio; é a "força vital social", chamada penaa. A penaa é a essência do indivíduo que responde às experiências cotidianas; cresce depois de uma refeição farta e diminui durante uma doença ou em fases de desassossego. Depois de beber vinho de palma muito além da conta, encarando uma dor de cotovelo braba, um jovem Toraja desabafou com a professora Adams: "Minha penaa está pequena". Diferente da sumanga e da penaa, o bombo é a alma que paira ao lado do corpo quando, para efeitos clínicos e burocráticos, a pessoa é declarada morta — mas, segundo a crença tradicional, ela ainda mantém uma centelha de vida. É com o bombo da mãe que conversa Hermon Pakku, a senhora que me recebeu em sua casa na cidade de Rantepao. Às vezes, bombos podem ser vistos, quase sempre vestidos de preto. Finalmente, deata é a alma dourada em que se torna o bombo que ascende ao mundo superior dos Deuses e transforma-se num ancestral merecedor de oferendas.

IV

Nem sempre as práticas ancestrais da Aluk Todolo puderam ser realizadas com plena liberdade. No final do século XIX, quando o governo colonial neerlandês começou a expandir seu controle para as áreas montanhosas de Sulawesi, onde os Toraja viviam com autonomia e relativo isolamento, missionários cristãos tentaram banir o Rambu Solo. Na Segunda Guerra Mundial, durante a ocupação japonesa, foram impostas restrições aos costumes tradicionais. Com a independência da Indonésia, em 1945, as adversidades não se extinguiram. O novo governo implementou uma política bizarra de regulação religiosa que permitia apenas cinco confissões: islamismo, cristianismo, hinduísmo, budismo e confucionismo. Não se tratava de uma formalidade estúpida sem consequências práticas. Os Toraja animistas enfrentavam dificuldades para registrar nascimentos, casamentos e mortes, pois esses atos exigiam afiliação a uma das religiões oficiais. Depois de anos de tensões, em 1969 chegou-se a uma solução mal-ajambrada: a Aluk Todolo acabou categorizada como uma vertente do hinduísmo, numa evidente distorção teológica. Somente em 2017 a Suprema Corte do país, em resposta a ações judiciais em favor da liberdade religiosa, determinou que os cidadãos não seriam mais obrigados a identificar sua fé para obter a carteira de identidade, o RG nacional, nem para registrar documentos em cartórios. Os ativistas julgaram uma importante vitória para os fiéis de mais de 200 religiões nativas animistas, praticadas em muitas das 17 mil ilhas que compõem a Indonésia.

Embora hoje apenas 5% dos 500 mil Toraja que vivem nas terras originais da etnia em Sulawesi se declarem seguidores da Aluk Todolo, a ampla maioria cristã continua realizando os rituais tradicionais, como o Rambu Solo e a Ma'nene. Historicamente, a grande adesão ao cristianismo se deu por razões pragmáticas, primeiro para facilitar acordos comerciais com os neerlandeses e depois pelas questões burocráticas. De todo modo, o cristianismo local não é nada ortodoxo, e a oscilação entre observâncias animistas e fidelidade a preceitos dos Evangelhos em versão free style produz um peculiar equilíbrio sincrético. As licenças doutrinárias vêm de longe. No início do século XX, quando missionários da Igreja Reformada dos Países Baixos constataram o fracasso das tentativas de proibir os costumes ancestrais, o jeito foi adaptar personagens e conceitos da Aluk Todolo. Assim, Puang Matua, o Deus número 1 do panteão Toraja, passou a ser apresentado como o Deus da Bíblia Sagrada; a Puya, por sua vez, tornou-se o paraíso — porém, com acesso restrito, mediante julgamento que separa os justos dos infiéis. Até aí, deu para encarar; muitos dos Toraja cristãos toparam essas reedições da narrativa original do seu povo. Mas não pegou a ideia de uma Puya destituída de hierarquia social, em que todas as almas salvas da danação eterna são iguais perante a Santíssima Trindade. Igualmente infrutíferas foram as orientações de pastores e padres para a eliminação do sacrifício de animais.

O triunfo da cristandade — ou, pelo menos, de uma modalidade para lá de customizada da fé cristã — é confirmado pelo Cristo Redentor da cidade de Makale, nas terras Toraja. A estátua, no alto de uma montanha, não é tão harmoniosa e elegante quanto a do Cristo que tem os braços abertos sobre a Guanabara, e por isso mesmo é muito menos famosa; no entanto, é maior: tem 40 metros, ou seja, dois a mais que o Jesus do Corcovado.

O certo é que o cristianismo não conseguiu moldar a centralidade que a morte ocupa no dia a dia dos vivos, materializada não apenas no Rambu Solo e na Ma'nene, mas também na prática de manter em casa os entes queridos mortos. Mesmo porque a morte, para os Toraja, não é um evento biológico ou clínico, atestado por um médico e cravado num documento. A morte é tratada como um processo familiar e social, por meio do qual quem parte é longamente homenageado e aqueles que ficam têm reforçados seus vínculos de amor, amizade e fé. Esses vínculos vão muito além do convívio terreno; são os alicerces de um ciclo contínuo de pertencimento que se estende além da última despedida.

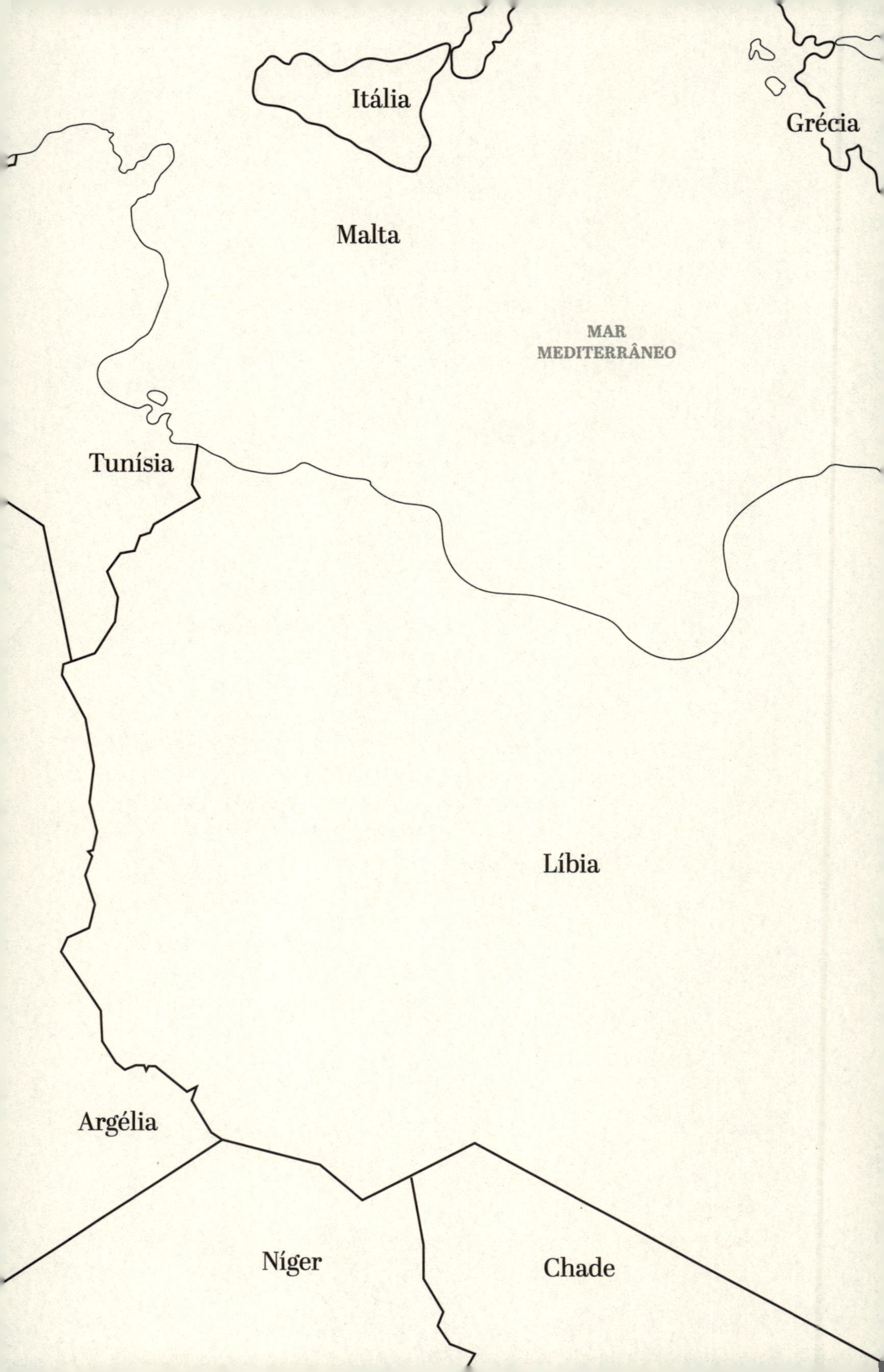
Itália
Grécia
Malta
MAR
MEDITERRÂNEO
Tunísia
Líbia
Argélia
Níger
Chade

CAPÍTULO 6

O OÁSIS DO ISLÃ SINCRÉTICO

A memória de Alexandre, o Grande, o misticismo do povo Amazigh e a magia africana no meio do deserto do Saara

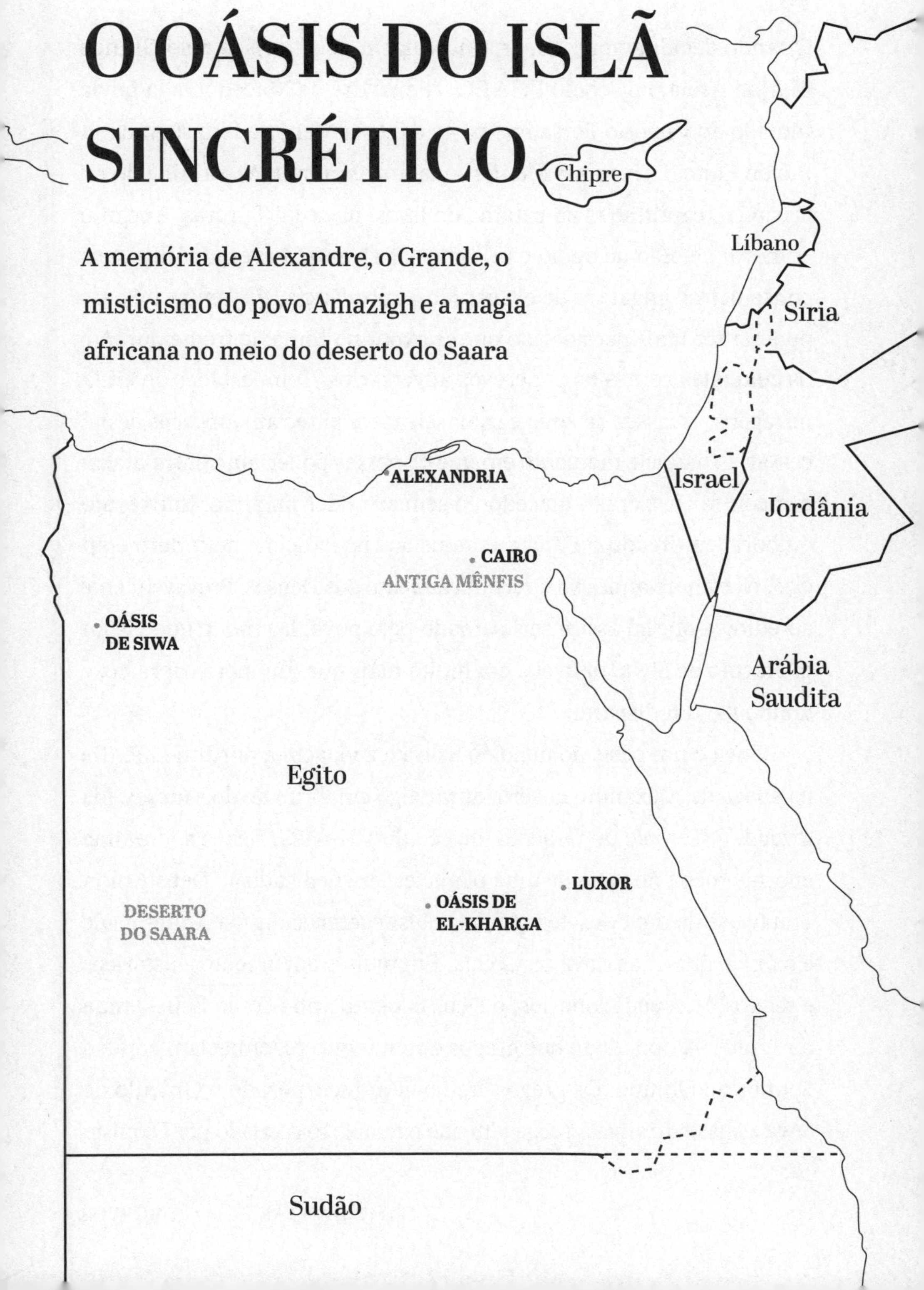

I

Quando decidiu empreender uma viagem de alto risco pelo Grande Mar de Areia, no século IV AEC, Alexandre da Macedônia já havia tomado do Império Persa boa parte da Ásia Menor e fora sagrado faraó do Egito. Deixou em Mênfis suas tropas, a mulher e a filha do rei Dario III, capturadas na batalha de Issos, na atual Turquia, e seguiu com um pelotão de apoio e os amigos fiéis numa aventura que seus conselheiros julgaram de exagerada imprudência. Enfrentar o Saara poderia ser mais perigoso do que se expor na linha de frente durante os combates contra os poderosos adversários. Tempestades de areia, miragens, escassez de água e calor selvagem pareciam ameaças desnecessárias naquele momento em que os persas poderiam contra-atacar e encontrar o exército macedônio sem seu líder máximo. Entretanto, embora legitimado politicamente pela aristocracia e pelo clero egípcios, Alexandre almejava o reconhecimento dos Deuses. Provavelmente acreditava que só assim seria amado pelo povo. De modo que visitar o Oráculo de Siwa, para ele, era muito mais que um mero capricho, e tampouco um disparate.

Siwa é um oásis no meio do Saara e a viagem a partir de Mênfis na época de Alexandre deveria durar algo em torno de dois meses, ida e volta. O Templo do Oráculo, do século VII AEC, ficava sobre uma enorme rocha no meio de uma planície e era dedicado ao Deus Amon. Tratava-se de um dos sete oráculos mais reverenciados da Antiguidade e o único que não ficava na Grécia. Em muitos documentos históricos e relatos de expedicionários, o Deus é identificado como Zeus-Amon ou Júpiter-Amon, dado que gregos e romanos o reconheciam como o Senhor do Olimpo. Os gregos até haviam incorporado o Oráculo de Siwa a suas narrativas. Alegavam que o templo fora criado por Dionísio, o Deus do vinho e do êxtase místico, e visitado pelos heróis Hércules e Perseu.

Alexandre conhecia bem a história de outro soberano que, 200 anos antes dele, também cobiçara as bênçãos do Oráculo para seu domínio sobre o Egito. No século VI AEC, o rei persa Cambises II despachou de Luxor um grupo de mensageiros para Siwa com o propósito de obter o endosso de Amon para suas ambições expansionistas. Os sacerdotes, no entanto, recusaram-se a interceder ao Deus. Rancoroso, Cambises decidiu enviar a Siwa uma parte expressiva de suas tropas, nada menos que 50 mil homens, com a missão de destruir o templo, matar os sacerdotes e escravizar toda a população. Depois de caminhar por sete dias no deserto, os soldados do rei persa foram vistos no oásis de El-Kharga, a 1.000 quilômetros de Siwa, de onde seguiram viagem. Seu destino final é um dos tantos mistérios do Saara. "Um vento se levantou do sul, forte e mortal, trazendo consigo vastas colunas de areia rodopiante, que cobriu inteiramente as tropas e as fez desaparecer totalmente", escreveu o historiador grego Heródoto. Maldição?

Como um sinal de deferência a Alexandre, o Grande, estabeleço a cidade de Alexandria como ponto de partida para Siwa. A viagem é uma canseira. São quase 600 quilômetros, a primeira parte margeando o mar Mediterrâneo na chamada Costa Norte do Egito — mas não o Mediterrâneo glamouroso europeu do aperol spritz e das praias da revista *Vogue* que encantam os ricos emergentes. É setembro, fim de verão e início de outono, e os hóspedes dos condomínios de veraneio já partiram. Vento forte, embalagens plásticas voando na beira da estrada, desolação, plataformas de petróleo no alto-mar, navios cargueiros. No começo, os condomínios têm nomes em francês ou espanhol, como Marseille, Le Rêve, La Vista, Hacienda. Depois, o inglês passa a predominar: Coral Hills, See The Sea, The View, Royal Beach. Todos os estabelecimentos têm uma pequena mesquita para que os religiosos possam cumprir os ritos mesmo de férias. E assim se passam seis horas de viagem, quando, na cidade de Marsa Matruh, deixo a costa para cruzar o Grande Mar de Areia. Em pouco tempo o deserto se afirmará de maneira avassaladora.

O asfalto corta o areal plano, sem contornos ou elevações, sem uma árvore ou um arbusto, durante mais três horas. E então sou surpreendido por uma série de bloqueios no trajeto. Como está próxima a fronteira com a Líbia, um Estado falido tomado por milícias em que praticamente não há governo, os check-points são frequentes. Militares conferem documentos e bagagens, usam espelhos de inspeção para verificar se há objetos suspeitos na parte de baixo dos automóveis. Numa das barreiras de segurança, uma picape que tinha deixado a Líbia e avançava no território egípcio é submetida a uma severa vistoria. A caminhonete, caindo aos pedaços, está carregada de gente; os soldados examinam malas e sacos que haviam sido colocados no chão. Um oficial se encarrega de manter na carroceria os passageiros atordoados que fazem menção de descer — os habitantes dos oásis líbios continuam sem entender muito bem a necessidade de fiscalizações; as fronteiras nacionais nunca fizeram sentido para os berberes, povos pré-islâmicos do Saara, habitantes originários do norte da África, que estão aqui desde muito antes do surgimento dos estados-nações.

Siwa enfim se apresenta onze horas depois do início da viagem. A Líbia está a apenas 50 quilômetros, e o Cairo, a oitocentos. Rodeado por extensas dunas e montanhas, o oásis tem vários lagos salgados e fontes naturais de água doce. A maior parte dos 33 mil habitantes vive da exploração do sal, do cultivo de azeitonas e das tâmaras produzidas por mais de 1 milhão de palmeiras frutíferas, que formam um jardim colossal em meio às dunas. Há mais de 20 variedades de tâmaras, algumas adequadas para serem consumidas frescas, outras apropriadas ao uso na pâtisserie, aquelas boas para secar e exportar. No centro de Siwa, casas e prédios baixos monocromáticos, do mesmo tom das dunas, compõem uma paisagem que poderia ter sido rascunhada na prancheta de um artista. Muitas das construções tiveram sal adicionado à liga cujo principal ingrediente é o barro, e o brilho dos cristais sob a luz do sol produz um efeito cênico arrebatador. Nas ruas de terra, burrinhos, carroças e motocicletas puxando carrocerias azuis levantam poeira por toda parte. O oásis foi um microcosmo semi-isolado até 1984, quando o governo inaugurou a estrada asfaltada. Não havia turismo e, além de negociantes e peregrinos, Siwa recebia apenas visitantes de regiões vizinhas uma vez por ano, no mês de outubro, para o evento mais importante do calendário, o Festival Amazigh. A grande festa, com muita música, rituais de louvores aos ancestrais, campeonatos, danças e comidas típicas, ocorre durante a colheita de tâmaras e celebra a herança cultural comum dos Amazigh, grupo étnico berbere do oeste egípcio, enraizado no deserto há mais de quatro mil anos. No idioma tradicional, Amazigh significa "povo livre" ou "povo nobre".

No século VII, a chegada de beduínos muçulmanos vindos da Península Arábica desencadeou uma série de transformações que marcariam radicalmente a história do Saara. O longo processo começou com o estabelecimento de laços comerciais, dado que os nativos tinham produtos valorizados pelos beduínos, negociantes nômades que percorriam as rotas saarianas em caravanas de camelos carregadas de preciosidades. Rapidamente os oásis, clãs e reinos do deserto integraram-se a uma ampla rede de comércio. Em Siwa, as transações se davam por meio de escambo. Os moradores do oásis trocavam tâmaras, azeitonas, sal, animais e belas cestas de folhas de tamareiras por café, tabaco, linho, seda chinesa, especiarias da Índia e utensílios de metal trazidos do porto de Alexandria pelos beduínos. Era, como se diz atualmente, uma relação "ganha-ganha". Mas certos grupos de beduínos também atacavam para saquear e raptar mulheres. Seus alvos preferenciais eram comunidades que se opunham à conversão ao islã. Místicos e politeístas, os Amazigh de Siwa precisaram se proteger. Depois de séculos de resistência, em 1203 EC eles acabaram tomando uma medida extrema ao iniciar a construção de um novo assentamento murado, uma espécie de fortaleza urbana. E então, quando a cidade ficou pronta, abandonaram o aldeamento de origem, perto do Templo do Oráculo. Além de contar com mais segurança, os Amazigh acreditavam manter distantes dos olhares intrusos suas práticas religiosas, que incluíam oferendas e preces aos antepassados, ritos mágicos e interpretação dos voos das aves como meio de prever o futuro. Quanto aos negócios, o comércio com beduínos não beligerantes seguia firme.

II

O deserto do Saara é uma imensidão maior que o Brasil e cobre quase um terço do continente africano. Não é um território pacífico. Há focos de risco elevado na maior parte dos países saarianos. A Mauritânia parece um palco permanente de golpes militares. Chade e Níger exportam a violência de milícias armadas. O Mali é assolado por conflitos étnicos e insurgência islâmica. As tensões, no entanto, não são propriamente um dado da realidade contemporânea. No século XVI, o viajante e diplomata andaluz Leo Africanus relatou sua percepção do que viu na atual região sudoeste da Líbia: "Os habitantes daqui são todos bandidos." Em sua obra renascentista *A Cosmografia e a Geografia da África*, Leo Africanus menciona que somente os berberes e os beduínos eram destemidos o suficiente para se aventurarem em áreas remotas do deserto, dada a possibilidade de ataques.

Apesar dos perigos que impõe, o Saara é o deserto por excelência que povoa o imaginário coletivo. É em meio a sua vastidão desconcertante que cai o avião pilotado pelo narrador de *O pequeno príncipe*. É no Saara que se dá a interminável e monótona angústia da espera pelo inimigo por parte do tenente Giovanni Drogo, no clássico *O deserto dos tártaros*, do italiano Dino Buzzati. Em *O alquimista*, bestseller mundial do escritor Paulo Coelho, o protagonista Santiago, na sua jornada de descoberta espiritual, encontra no Saara o personagem que dá título ao livro. O deserto tem seus momentos de beleza capazes de assombrar. O sol tingindo o céu crepuscular de púrpura e rosa quando o calor do dia cede espaço ao leve frescor vespertino; a noite cintilante sobre dunas infindáveis; a dança hipnótica das areias ao vento. Para os povos saarianos, entretanto, embora momentos sublimes possam eventualmente afagar o espírito, a rotina implica no enfrentamento de um dos mais severos desafios impostos pela natureza: a escassez de água. Cada poço cavado é uma batalha contra a secura impiedosa, o braseiro escaldante exige resistência obstinada.

A região que Alexandre da Macedônia e seu grupo teriam de cruzar no trajeto de Mênfis para Siwa era inabitável e conhecida pelo vento do meio-dia que se levantava impetuoso e revolvia “areias de extensão e profundidade infinitas”, na descrição do historiador grego Plutarco. Combinados, os relatos de Plutarco e do romano Quinto Curcio, ambos do século I EC, dão conta de uma peregrinação épica que equipara Alexandre a heróis mitológicos. Os primeiros dias foram fatigantes para o comandante e seu séquito, porém suportáveis. Mais tarde, quando todos estavam com as bocas ressequidas, completamente esgotados, e o estoque de água que os camelos levavam em odres já se extinguira, um evento extraordinário os fez julgar-se abençoados por bons presságios. Negras nuvens espessas cobriram o sol, o calor tornou-se tolerável, e depois uma chuva persistente desabou como um milagre. A comitiva pôde reabastecer-se de água e o ar ficou fresco. Alguns dias depois, na ausência de sinais geográficos que indicassem o rumo do oásis de Siwa, quando os homens erravam sem direção no meio do horizonte de dunas por todos os lados, corvos surgiram no céu para guiá-los. E se parte do séquito desgarrava-se e vagava à noite em desespero, o crocitar dos mesmos corvos conduzia os perdidos ao acampamento.

Alexandre chega finalmente em Siwa, onde encontra prosperidade e um certo refinamento — nada comparável às grandes cidades egípcias ou persas, mas algo sem dúvida excepcional para um oásis no meio do nada. O palácio é imponente, tem alas para as esposas do soberano local, para seus filhos e concubinas, e é cercado pelas edificações da guarda real. Em torno do complexo régio, entre os Amazigh há agrupamentos oriundos da África negra, muitas pessoas em cabanas dispersas ao redor dos lagos, piratas que negociam o butim de navios saqueados, e ainda aqueles chamados de "trogloditas" por viverem em grutas e cavernas. Decerto a chegada dos macedônios no oásis provoca um alvoroço e os comentários disseminam-se rapidamente. Alexandre então dirige-se ao Templo de Amon para consultar o Oráculo. Ele ainda não é "o Grande" — apesar das sucessivas vitórias em batalhas contra os exércitos de Dario III, a Babilônia e a Índia continuam sob o comando persa —, mas os sacerdotes do templo sabem muito bem de quem se trata e não parecem surpresos com sua chegada.

Não se sabe por quanto tempo o Oráculo manteve-se em atividade, mas é provável que tenha persistido até o início do breve período de cristianização, no século IV, quando a igreja de Alexandria chegou a designar bispos para Siwa — ou seja: teriam sido, ao todo,

1.100 anos de cultos, oferendas e profecias. Na fase da islamização do norte da África, o Oráculo já fazia parte do passado histórico do oásis, embora sua mística tenha sido mantida por adivinhos e videntes da comunidade Amazigh, que tentava não se submeter aos muçulmanos. De modo que Siwa conseguiu resistir ao islã até o século XII. A nova fé, entretanto, instaurou-se temperada com o misticismo ancestral. Para conservar a espiritualidade tribal, os siwanos fizeram uma reedição livre dos preceitos de Maomé, em parte amparados pela corrente do islã chamada sufismo, que permite algumas práticas sincréticas, como a peregrinação a túmulos de sábios e profetas para cultos em datas especiais.

As transgressões doutrinárias, no entanto, iam além daquelas toleradas pelo sufismo e do consumo eventual de haxixe e vinho de tâmara. "Na aparência, a comunidade tornou-se seguidora do Alcorão, mas na esfera privada vários dos costumes antigos eram preservados", diz Youssef El Khadir, estudioso da história local e comerciante de tapetes, bijuterias e cestos artesanais. Entre esses costumes, uma prática absolutamente impensável numa sociedade islâmica, um tema interditado entre os siwanos. "Nem todas as verdades têm de ser reveladas", responde El Khadir quando pergunto sobre as festas de casamento entre homens e a vida cotidiana tranquila que os casais gays tinham em Siwa até os anos 1950.

III

Entre o final do ano de 1926 e o começo de 1927, enquanto reunia o máximo possível de informações para uma pesquisa etnográfica, o antropólogo americano Walter Cline passou três meses vivendo numa cabana de barro em Siwa. Ele ficou impressionado com a forma como os locais lidavam com a homossexualidade — convém contextualizar o seu relato e lembrar que determinados termos considerados hoje inaceitáveis eram comumente utilizados por cientistas no início do século passado. Cline escreveu:

> *Todos os homens e meninos normais de Siwa praticam sodomia. Digo 'normal' deliberadamente, pois o vício raramente conota as maneiras e falas efeminadas que muitas vezes marcam os homossexuais em nossa própria sociedade.* [...] *Entre si, os nativos não se envergonham disso; eles falam sobre o assunto tão abertamente quanto falam sobre o amor pelas mulheres, e muitas de suas brigas, senão a maioria, surgem da competição homossexual. O medo do governo ultimamente tornou a sodomia um assunto mais secreto. Se os oficiais encontram um menino em circunstâncias suspeitas em um clube dos zagalas, eles prendem todo o grupo.*

Os zagalas eram homens e garotos que tinham as mais diversas funções subalternas e, quando havia oportunidade, se reuniam para recreação. Ao perguntar a um membro da confraria quem se juntava aos encontros zagalas, Walter Cline ouviu como resposta: "Quem quer um pouco de diversão." Depois, o antropólogo quis saber por que todos eles eram solteiros. "Dormimos nas casas de outros homens e frequentemente temos que trabalhar nos bosques à noite. [...] Como poderíamos manter nossas próprias esposas?".

Obrigados a permanecer à noite do lado de fora das muralhas da cidade para não importunarem as mulheres casadas, os zagalas eram também a principal força de segurança de Siwa, na medida em que podiam em pouco tempo criar um cerco de proteção à zona central do oásis e impedir o acesso de invasores. Cline prossegue:

Sua reclusão sem mulheres pode ter estimulado a sodomia, hábito ao qual todos se entregam. Embora atualmente tenham acesso a todos os bairros e a numerosas prostitutas, eles ainda se deleitam com a pederastia e frequentemente endereçam suas canções de amor aos meninos. Meu informante me disse que a polícia egípcia proíbe qualquer menino de entrar no clube zagala durante uma farra, e que antigamente o capitão do clube mantinha seu menino favorito ao lado dele nas festas como uma espécie de noiva simulada. [...] Os zagalas têm casas de veraneio nos bosques, onde podem brincar sem serem perturbados.

Não apenas os servos e trabalhadores braçais encaravam com naturalidade os relacionamentos homoafetivos. "Homens proeminentes emprestam seus filhos uns aos outros. Todos os siwanos conhecem os acasalamentos que ocorrem entre seus xeiques e os filhos de [outros] xeiques", relatou Cline. Uma década depois, o costume persistia. É o que se depreende a partir de um trecho do livro *In Quest of Lost Worlds* ("Em busca dos mundos perdidos"), de 1936. O autor, o arqueólogo amador e aventureiro profissional Byron Khun de Prorok, húngaro-americano nascido no México, comenta o que viu numa festa local:

Três copos [de bebida] deixaram os chefes [do oásis] numa esplêndida hilaridade. Tocaram-se tambores e música, as pessoas aglomeraram-se em volta e tivemos a primeira exposição da moral siwana. [...] Os dançarinos fizeram fila, homens e meninos. Cada dançarino tinha seu namorado. O entusiasmo não poderia ter sido alcançado nem mesmo em Sodoma, pois a moral de Siwa é única. [...] Os chefes tinham haréns de meninos. As mulheres ficaram frenéticas com a negligência demonstrada a elas. A homossexualidade não era apenas desenfreada, mas furiosa.

É provável que o isolamento geográfico tenha permitido aos Amazigh de Siwa criar e resguardar esse hábito iniciado bem antes da islamização. Assim, no que diz respeito às uniões entre homens, tudo seguiu em paz durante bastante tempo. A religião muçulmana se impôs, mas o povo deu um jeito de continuar tolerante em relação à homossexualidade. O oásis seguiu autogerido até 1820, quando a autoridade sobre o território foi reclamada por Muhammad Ali Pasha, vice-rei do Egito sob o domínio do Império Turco-Otomano. De todo modo, a presença do Estado era inexpressiva; as batidas policiais não davam muitos resultados. Também não teve consequências a visita do rei Fuad I, que em 1928 repreendeu a população e exigiu seu alinhamento à moral egípcia.

Somente a partir dos anos 1950 o poder central no Cairo passou a reprimir de modo mais firme, e então os siwanos tiveram de recuar. A liberalidade em relação a questões de orientação sexual, embora hoje disfarçada, continua presente como um traço da cultura local. Mas não existem mais as festas de casamento e os contratos de união entre homens, nem os clubes zagalas. Há um esforço por parte dos Amazigh, dos religiosos e até do governo para sepultar a história. Tanto que um importante estudioso nascido no oásis, o egiptólogo Ahmed Fakhry (1905–1973), foi instado a remover de um de seus livros a menção que fazia ao assunto. Autoridades do governo e o conselho de anciãos da cidade pressionaram com veemência e Fakhry teve de ceder.

Até hoje, a percepção que se tem ao perambular pelas ruas do oásis é de uma comunidade desproporcionalmente masculina. Nos espaços públicos, há muitos homens, crianças e adolescentes de ambos os sexos, porém poucas mulheres adultas. Elas costumam ficar mais em casa. Quando saem, cobrem-se de uma forma que eu nunca tinha visto antes; usam sobre a cabeça um pano que se estende até o meio do tronco, na maioria das vezes preto, algo como uma cortina, sem buraco ou rasgo para os olhos. Não é uma indumentária semelhante à burca, usada no Afeganistão, em que ao menos uma tela de malha entre a testa e o nariz permite a visão. Presumo que o tecido tenha uma mínima transparência; de que outra forma seria possível caminhar e movimentar-se?

Nenhuma regra corânica obriga a utilização da tal "cortina", adereço obrigatório para as mulheres casadas de algumas sociedades Amazigh do norte da África. As solteiras têm outro figurino. Jovens descomprometidas usam hijab, o véu que mantém cobertos o pescoço e a cabeça, deixando o rosto à mostra. As noivas adotam o niqab, que cobre todo o rosto, mas deixa uma pequena abertura para os olhos. O costume local é justificado como medida de segurança para as cidadãs, que seriam poupadas de assédio e de investidas violentas. O homem normalmente é visto como um ser com pulsões sexuais quase incontroláveis e a melhor forma de evitar que venham à tona é camuflar o alvo do seu desejo.

Talvez as tensões de uma época em que beduínos atacavam para saquear e raptar mulheres estejam na raiz da tradição, porque hoje Siwa é um local de notável tranquilidade. São raros os casos de violência física e de outros crimes. De tal modo que as lojas são mantidas de portas abertas durante o dia mesmo sem ninguém para atender quem chegar; proprietários e funcionários deixam os estabelecimentos para resolver seus assuntos certos de que não serão furtados.

Um passeio pela área central da cidade-oásis oferece um panorama da rotina diária. No açougue, vejo cortes de camelo, cabeça e pernas, uma carne muito escura, quase preta; vão para o abate apenas os camelos velhos, inúteis para o transporte. Nos fundos de uma loja de azeites, um grupo de homens almoça durante o intervalo. Comem sentados no chão, sobre tapetes, em torno de uma mesa baixa, de uns 30 centímetros de altura, com uma bacia de alumínio no centro, cheia de arroz, cercada de várias cumbucas com molhos, legumes, azeitonas e carne. Noto que o teto de palha trançada de muitas construções apresenta falhas, frestas enormes que expõem faixas do azul vibrante do céu do deserto; como chove muito esporadicamente, isso não é nem de longe uma preocupação. Numa oficina, quatro homens fumam haxixe depois do almoço, um hábito local sobre o qual nada se fala, é outro tabu.

Chega a hora das preces do fim da tarde, chamada no islã de Asr, e a voz do muezim é amplificada pelos alto-falantes do minarete da mesquita central: "Alá é grande! Alá é grande! Eu testemunho que não há outro Deus senão Alá! Eu testemunho que Maomé é o mensageiro de Alá! Venha rezar! Venha para o sucesso! Venha rezar agora! Alá é o maior! Alá é o maior! Não há outro Deus senão Alá!". Começa uma certa agitação enquanto muitas pessoas se dirigem à mesquita e aquelas que não podem deixar o trabalho estendem no piso o tapete de oração.

Há gatos, gatos e mais gatos. Nas ruas, nas casas, nas lojas. As sociedades islâmicas têm visto os cães como animais impuros. Gatos, por outro lado, são considerados limpos, têm permissão para entrar em residências e até nas mesquitas. Eram amados pelo profeta Maomé e valorizados pela habilidade de caçar ratos que destruíam livros — e, por essa razão, retratados em pinturas ao lado de sábios muçulmanos e bibliófilos. Em sua fidelidade às antigas superstições, os Amazigh acreditam que os gatos têm o poder de atrair anjos para o lar.

O sincretismo siwano não se extinguiu sob o islã. O governo local de viés religioso, com suporte do Cairo, baniu as festas zagalas e o consumo de bebidas alcoólicas, mas não tem meios de fazer desvanecer certas crenças e tradições arraigadas. A cidade continua contando com feiticeiros, chamados de “mágicos”, a quem muita gente recorre para afastar maus olhados e curar doenças leves. Segundo me diz o motorista e agricultor Hossam, há pelo menos uma dúzia de mágicos em atividade. É disseminado o uso de amuletos desde a infância e símbolos de proteção são colocados em currais e próximos a plantações, como crânios de burros erguidos em varas compridas. O culto a santos locais também vem sendo mantido. Sidi Sulayman é o principal deles. Conta-se que desde o nascimento ele foi destinado a uma vida grandiosa. Sua mãe estava pronta para dar à luz, mas não conseguia por causa de uma necessidade imperiosa de comer peixe. Não havia nenhum no oásis, parentes e amigos tentavam ajudar, aflitos, sem sucesso, enquanto a mulher desfalecia. “De repente, o milagre aconteceu. Um pássaro entrou voando na sala pela janela aberta e deixou cair um peixe, que foi imediatamente limpo, cozido e comido — e a criança nasceu”, narra o egiptólogo Ahmed Fakhry em seu livro *Siwa Oasis,* citando o *Manuscrito de Siwa*, um documento que registra a história da cidade desde sua fundação e é mantido em segurança por uma das famílias tradicionais. “Esta é a razão pela qual todas as mulheres grávidas em Siwa comem peixe salgado. Elas acreditam que assim poderão ter um menino como Sulayman”.

De acordo com o *Manuscrito*, Sulayman realizou milagres, curou pessoas, solucionou conflitos, ajudou desvalidos que apareciam esfomeados e mortos de sede depois de semanas de peregrinação pelo Saara. Certa vez, informado de que uma grande tropa armada da nação Tibbu, do Sudão Ocidental, estava a caminho para saquear o oásis, convocou o povo para orar na mesquita. E então todo o exército invasor foi soterrado por uma tempestade de areia, como num remake do que ocorrera com os soldados de Cambises no século VI AEC. A fama de Sidi Sulayman é de tal ordem que seu túmulo, ao lado da nova mesquita, na grande praça da cidade, tornou-se o local mais venerado de Siwa. "E isso só mudará se encontrarmos aqui o túmulo de Alexandre", provoca o historiador amador Youssef El Khadir.

Os siwanos argumentam que não é uma hipótese assim sem pé nem cabeça que o corpo de Alexandre tenha sido levado para o oásis. A localização da tumba do conquistador macedônio é um dos maiores enigmas da arqueologia. Sabe-se que ele morreu na Babilônia em 323 AEC aos 32 anos, teve o corpo embalsamado e transportado numa carruagem fúnebre dourada até Mênfis; e que Ptolomeu I, general do exército alexandrino e mais tarde faraó do Egito, desviou o cortejo para Alexandria, onde mandou construir um magnífico mausoléu para o chefe e amigo. O monumento tornou-se destino de peregrinações, foi visitado por personalidades eminentes e resistiu por alguns séculos. A suposição mais plausível é que os destroços do mausoléu, com a tumba e o corpo de Alexandre, estejam sob as ruínas da cidade antiga, que enfrentou terremotos e uma sequência de invasões e saques. Alguns pesquisadores, porém, acreditam que o esquife teria sido levado por fiéis devotos para Roma ou Constantinopla — a atual Istambul, na Turquia — para evitar a profanação do cadáver. E por que não considerar uma terceira possibilidade para o refúgio seguro do corpo do conquistador? A especulação anima rodas de debates em Siwa, sobretudo pelo componente metafísico presente na história de Alexandre no oásis. Afinal, quando chegou aqui, ele era um homem. Ao sair, sacralizado, era um Deus. Siwa é o marco dessa transformação. Haveria lugar mais adequado para seu túmulo oculto?

IV

Recebido com seu séquito pelo corpo sacerdotal no pátio em frente ao Templo de Amon, Alexandre segue adiante, sozinho, para consultar o Oráculo. E então, dentro da edificação sagrada, ele encontra o sacerdote mais velho, que o chama de "filho", assegurando que tal designação lhe foi dada pelo Deus Amon. Alexandre tem enfim a confirmação do que lhe revelara sua mãe, a Rainha Olímpia da Macedônia, segundo a qual ele era filho de Zeus — Zeus para os gregos, Júpiter para os romanos, Amon para os egípcios. O historiador romano Quinto Curcio, que viveu no século I EC, dá mais detalhes das cenas que se seguiram. Alexandre pergunta ao Oráculo se seu pai lhe reservara o comando sobre o mundo inteiro. O sacerdote, "disposto a bajulações", conforme Curcio, diz que ele será o Senhor da Terra e não conhecerá derrota até que venha a ascender à morada dos Deuses — noutras palavras, até a morte. Agora, já considerado uma divindade, Alexandre oferece um animal em sacrifício a Amon e distribui presentes valiosos aos sacerdotes, provavelmente ouro e marfim.

No alto de uma pequena colina, e acessíveis a partir de uma escadaria de degraus largos esculpida na rocha, as ruínas do templo testemunham sua grandiosidade. No que restou da estrutura principal, enormes blocos de pedra cortados com esmero mantêm a sustentação de vigas e de uma sequência de passagens retangulares que formam um corredor. As fundações do santuário, algumas colunatas e paredes com inscrições hieroglíficas no pátio circundante também resistiram ao tempo. O historiador que me conduz durante a visita informa que essas inscrições relatam detalhes de oferendas e rituais especiais realizados pelos sacerdotes de Amon, inclusive o sacrifício feito por Alexandre. Tudo aqui na colina é do mesmo tom das dunas. Abaixo de nós, entretanto, o verde luxuriante da floresta de tamareiras se impõe. É como se as palmeiras formassem uma monumental faixa compacta antes do Grande Mar de Areia ressurgir lá no horizonte, onde estão os montes de calcário e arenito do oásis, uma região que não se presta ao cultivo.

Num dos montes, os moradores da Antiga Siwa estabeleceram o cemitério da cidade. Há centenas de túmulos esculpidos nas rochas. Alguns se assemelham a túneis. Outros são apenas buracos no chão. Nas tumbas mais vistosas, pedras simétricas empilhadas nas laterais da entrada compõem uma espécie de pórtico. Estamos na Montanha dos Mortos e a atmosfera aqui é notavelmente sinistra. Quatro dos túmulos ainda guardam as cores originais e pinturas com referências religiosas. Numa das paredes de um desses túmulos há o desenho de um homem sentado — ele tem a pele marrom, barba, bigode e cabelos pretos encaracolados; poucos centímetros acima de sua cabeça, as garras de uma ave de rapina parecem aproximar-se. Além das garras, é possível ver apenas as asas do animal. Suponho que seja um falcão, uma das manifestações de Horus, o Deus egípcio da realeza, da cura e da proteção. Horus seria o condutor do morto para o Duat, o reino sobrenatural e misterioso das almas. Numa outra pintura, esta com fundo azul e vários detalhes em vermelho e bege, uma mulher é levada num barco por duas entidades. Ela segura uma cruz ankh, o símbolo da imortalidade, do equilíbrio e da harmonia cósmica.

Durante muito tempo, vaguear por aqui era interditado a estrangeiros. No relato de uma expedição de 1821, o professor da Universidade de Bonn e teólogo alemão Johann Martin Augustin Scholz, que viajava pelo Saara com propósitos antropológicos, conta que não conseguia obter dos moradores do oásis nem mínimas indicações de onde ficavam os locais de interesse, como o Oráculo do Templo de Amon ou a Montanha dos Mortos. "Eles são muito apegados à lei e odeiam mais ou menos todos os que não são de sua religião [o islã]. [...] Para mim, no entanto, os habitantes parecem menos suspeitos do que os vagabundos que vêm de todas as partes do norte da África para cá, e voltam para casa com seu butim junto com as caravanas", escreveu Scholz. Num outro trecho da narrativa, ele atribui a hostilidade silenciosa dos desconfiados Amazigh contra estranhos aos frequentes ataques perpetrados por bandoleiros. De modo que todo desconhecido representava um risco potencial. Um gesto de hospitalidade, porém, mereceu registro: "Tínhamos permissão para comer quantas [tâmaras] quiséssemos, sem pagamento". (Em 2019 pude constatar que essa licença tácita continuava em vigor.)

Na época em que Scholz e seus expedicionários viajavam, o percurso de camelo entre Alexandria e Siwa era feito em cerca de 12 dias. Por isso um detalhe chamou sua atenção: "Embora este oásis esteja separado da costa [mediterrânea] por um extenso deserto, o clima é quase o mesmo; os numerosos lagos, riachos e nascentes têm o mesmo efeito que a vizinhança do mar." A conjunção entre os ecossistemas do oceano e do Saara se materializa numa região do Grande Mar de Areia cujo cenário é decididamente intrigante. Estou numa zona um pouco distante da cidade-oásis, em que o solo é mais firme e compacto, e vejo uma profusão de fósseis marinhos. O ar é um forno bestial, bem diferente daquele predominante em torno das fontes de água, mas esqueço de vez o calor ao encontrar no chão petrificado estrelas-do-mar, ouriços, ostras, pepinos-do-mar e esqueletos de peixes fossilizados. Como tudo isso veio parar aqui?!

A explicação está no passado geológico. Há milhões de anos essa área fazia parte do Mar de Tétis, um corpo de água que cobria uma larga extensão do que hoje é o Norte da África e o Oriente Médio.

Com a sucessão das eras que redesenharam o planeta, as placas tectônicas se deslocaram, o Mar de Tétis recuou e a terra subiu. As rochas sedimentares e os estratos subaquáticos deixados pelo antigo mar preservaram fósseis de diversos organismos — evidências valiosas do ambiente pré-histórico que tornaram Siwa um importante local de pesquisa paleontológica.

O passado oceânico também está na origem das salinas que cobrem amplidões intermináveis, como espelhos gigantescos a reproduzir o céu anil luminoso, sem nuvens. Há lagos de salinidade tão extrema que nenhum peixe é capaz de sobreviver em suas águas. Os viajantes se divertem, boiando com facilidade, como no Mar Morto, sem jamais afundar. São mais de mil nascentes naturais efervescentes e piscinas quentes sulfurosas. A abundância de sais minerais também assegura à terra uma boa fertilidade. Tamanha exuberância justifica a presença humana na região desde praticamente o início do processo de sedentarização da espécie, há 12 mil anos.

Durante a maior parte da História, uma conjunção de fatores fez desse território rico em recursos naturais uma espécie de cidade-estado informal conduzida segundo o ordenamento criado na própria comunidade. O isolamento permitiu a formação de uma cultura com características de difícil compreensão tanto por parte de religiosos quanto por visitantes ocidentais. Um muçulmano fervoroso, por exemplo, ficaria surpreso ao saber dos contratos de casamento entre homens, das práticas de magia e do uso do haxixe numa sociedade que professa a sua fé. Da mesma forma, um europeu laico reprovaria com veemência a "cortina" que cobre metade do corpo das mulheres casadas e a rotina excessivamente doméstica à qual elas são submetidas. Esses são temas sobre os quais os siwanos preferem desconversar. É possível vê-los como exemplos de sábia dissimulação — em determinadas ocasiões, em vez de tentar explicar ou convencer, a melhor alternativa talvez seja preservar as próprias tradições e, frente ao mundo, dissimular.

O visitante mais ilustre de Siwa foi, ele próprio, um grande mestre da dissimulação. Nas batalhas, Alexandre fingia fragilidades e encenava recuos para atacar de surpresa. Simulava ataques numa determinada frente para desnortear o inimigo e entrar com a cavalaria, aí sim, num flanco desguarnecido. Disfarçava-se para se infiltrar no campo adversário e obter informações valiosas. Ao deixar Siwa, parece ter introjetado com convicção a ideia de que era realmente um Deus — e assim foi reconhecido pelos egípcios. A profecia do Oráculo do Templo de Amon acabou se cumprindo. Ele jamais perderia uma batalha. Consolidou seu controle sobre a Grécia após subjugar as cidades-estado que resistiam ao seu domínio. Conquistou a Anatólia — a atual Turquia —, a Mesopotâmia, a Pérsia e o Egito. Estendeu seu império a vastas regiões da Ásia Central e a territórios que hoje fazem parte da Índia e do Paquistão. Tornou-se, como anunciou o Oráculo, o Senhor da Terra.

A memória de Alexandre, o Grande, é louvada com reverência no oásis de Siwa, quase como um elemento imaterial de culto. Nossa tendência é imaginar que, entre culturas em que predominam religiões monoteístas, apenas sob a tradição cristã há espaço para o sincretismo. Mas aqui, nesse canto remoto no deserto do Saara, o islã emerge com notável colorido místico. A devoção a Alexandre, o esoterismo ancestral amazigh, a veneração aos antepassados e a magia africana compõem um amálgama irreproduzível e difícil de ser entendido. Siwa, no entanto, não está preocupada em se explicar.

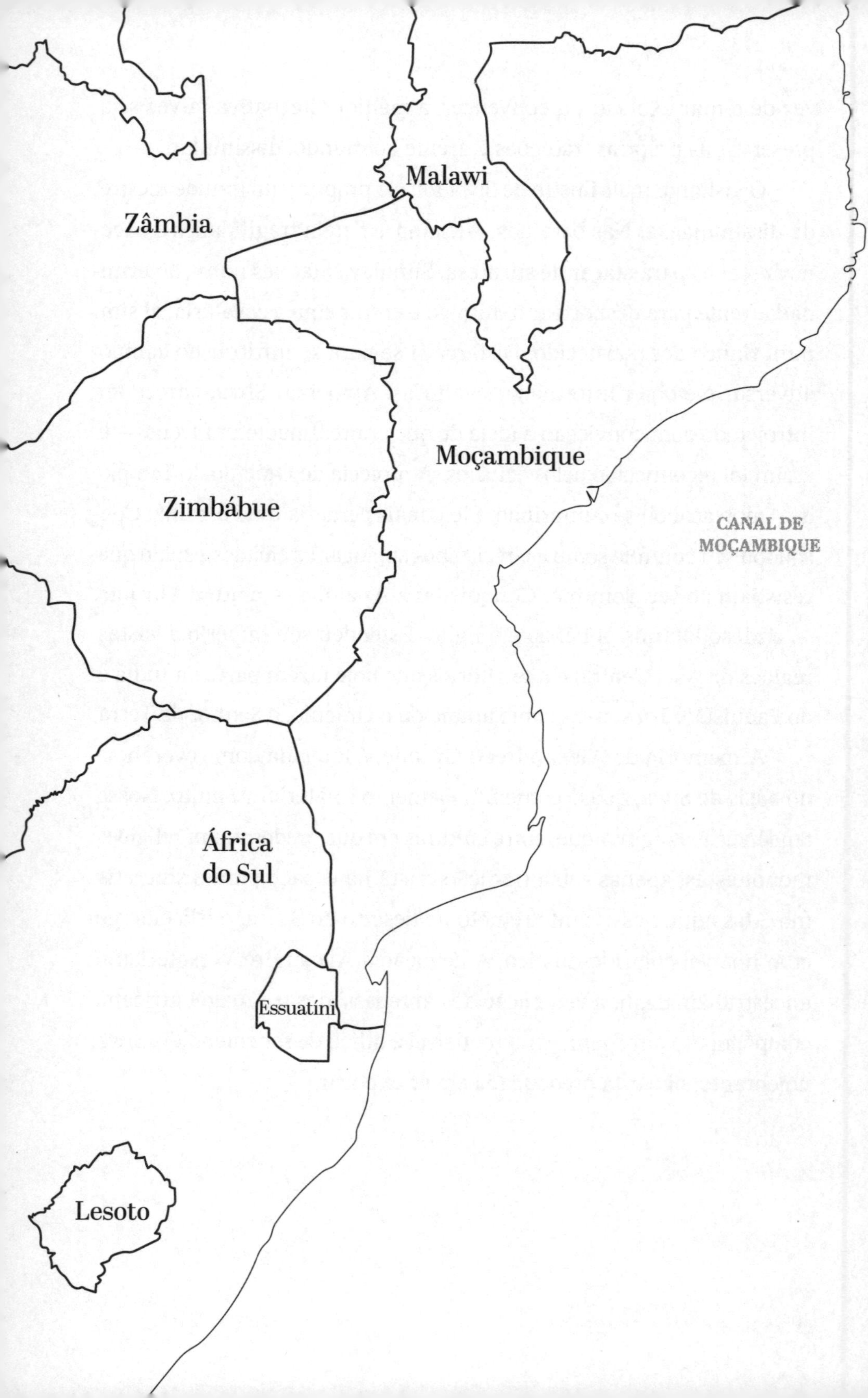
Malawi
Zâmbia
Moçambique
Zimbábue
CANAL DE
MOÇAMBIQUE
África
do Sul
Essuatíni
Lesoto

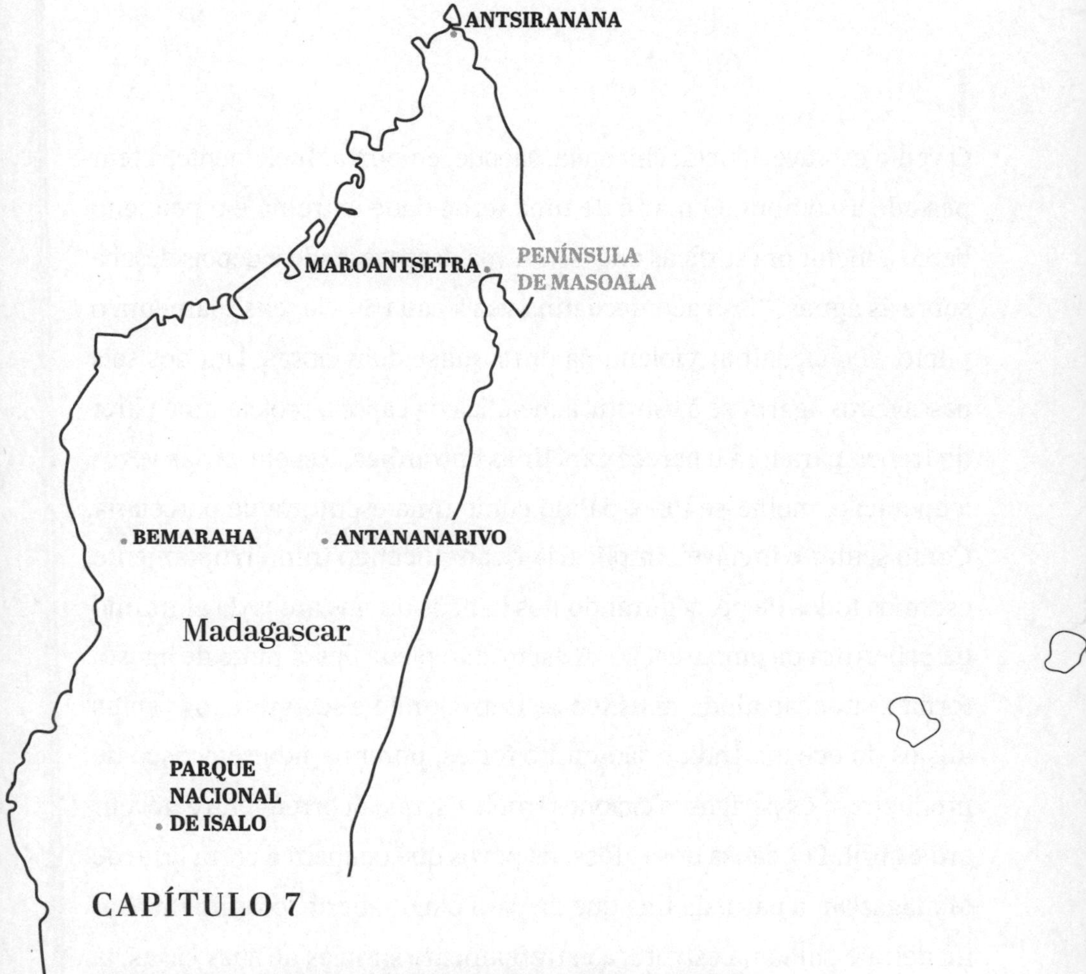

CAPÍTULO 7

COMO DANÇAR COM OS MORTOS

Em Madagascar, os códigos de conduta e o ritual que compreende a retirada dos cadáveres de suas tumbas compõem uma cultura que foca o mundo dos espíritos

I

O vento esbraveja, urra, chicoteia, sacode, empurra. Inclemente, a tempestade assombra. O mar é de uma ferocidade extrema e o pequeno barco a motor ora surfa as ondas, ora voa desgovernado e depois desaba sobre as águas. "Isso acontece uma vez a cada 50 viagens", lamenta o piloto. O chacoalhar violento já dura quase duas horas. Um dos seis passageiros agarra-se à estrutura metálica da capota, projeta uma parte do tronco para fora e parece expelir as entranhas. Repete várias vezes a operação, molha-se todo, pálido como uma escultura de porcelana. Como sentar é inviável, implicaria ficar quicando ininterruptamente, estamos todos de pé, segurando nos bancos ou nos arcos de alumínio da cobertura da embarcação. A escuridão plena dessa noite de agosto torna a situação ainda mais tensa. Entre junho e setembro, os ventos alísios do oceano Índico são muito fortes, porém ainda sem risco de produzirem os perigosos ciclones tropicais, que ocorrem entre novembro e abril. Por causa dos tufões, os povos que ocupam a costa leste de Madagascar, a parte da ilha que dá para o mar aberto, costumam usar madeira e palha na estrutura extremamente simples de suas casas, já contando que serão destruídas e a reconstrução terá de ser rápida e prática. É nessa costa que estamos navegando. Deixamos o porto da cidadezinha de Maroantsetra, aonde chegamos num combalido avião bimotor DHC-6 de 20 lugares, e nosso destino agora é a península de Masoala.

A manhã seguinte é solar, o mar está sereno, o vento colérico tornou-se uma brisa afável, os vestígios da tempestade são apenas os galhos de árvores na areia branca da praia. A menos de 100 metros da orla, observo corpos imensos movimentando-se no sentido sul-norte. Dá tempo de pegar o caiaque, remar apressadamente e chegar perto das baleias-jubarte. As gigantes, conhecidas por seus saltos espetaculares e pela canção melódica que os machos entoam para atrair as fêmeas, frequentam a costa índica da África nessa época do ano.

A faixa litorânea entre os estados de São Paulo e Rio de Janeiro tem um cenário com certas similaridades ao que encontramos em Masoala. Montanhas revestidas de floresta abundante, rios, ilhas, muitas cachoeiras, praias cristalinas e areia macia como talco. Com algumas diferenças. A paisagem aqui é totalmente selvagem; não há vestígio de urbanidade. As águas do Índico são quentes, mais até que as das praias do Nordeste brasileiro. Há várias espécies endêmicas de animais e plantas, como costuma ocorrer em ecossistemas insulares. E na selva podem ser vistos aqueles primatas cenográficos de olhar sempre assustado, os lêmures, símbolo do país desde o sucesso mundial do filme *Madagascar*, de 2005. A mata edênica que se estende por boa parte de Masoala é uma das demonstrações da soberba diversidade de biomas presentes no país. Numa área correspondente à do estado de Minas Gerais, além da selva tropical, Madagascar tem savana, cerrado, recifes de coral, zonas úmidas com lagos e pântanos, florestas espinhosas e deserto.

Culturalmente, a multiplicidade de tradições dos 22 grupos étnicos do país parece espelhar a exuberância da natureza. Cada povo tem seu próprio código de costumes e os fady, como são chamados os tabus, superstições e interdições. Muitos dos fady consolidados ao longo de séculos de história têm elementos metafísicos e configuram-se em destacados marcadores. Entre os Antanosy, por exemplo, os coveiros não devem usar roupas enquanto estiverem escavando uma tumba. Para os Mahafaly, é inaceitável que as crianças durmam na casa dos pais. Os Antankarana não apenas permitem que as mulheres cobrem por sexo como até esperam delas esse comportamento, sem por isso considerá-las prostitutas ou de má reputação.

Da maioria dos fady não se sabe a origem, de tão antigos que são. De alguns poucos é possível retroceder na linha do tempo. É o caso da proibição de comer gansos que vigora entre os Merina da zona metropolitana de Antananarivo, a capital. No século XVIII, ladrões tentaram invadir sorrateiramente o que era então uma pequena aldeia. Os gansos criados pelos moradores fizeram um tremendo alvoroço e os malfeitores, assustados, acabaram fugindo. Desde então não se pode abater gansos nessa região do país.

Apesar das muitas diferenças de costumes e restrições entre as comunidades étnicas, há pelo menos quatro importantes semelhanças compartilhadas por todas. Primeira, o idioma malgaxe, uma língua austronésia de origem sul-asiática temperada com influências africanas. Segunda, a diligente veneração aos razana, os ancestrais, considerados benfeitores; se ignorados ou abusados, podem se tornar angatra, fantasmas capazes de provocar pragas nas plantações, doenças e calamidades naturais. Uma terceira semelhança entre os povos autóctones de Madagascar é a ideia da morte como o evento mais relevante da vida, quando a pessoa abandona sua forma corporal transitória para tornar-se um ancestral poderoso no mundo dos espíritos. Por essa razão, vive-se com a ideia da morte sempre presente no cotidiano, em gestos simples e nos rituais, sem que isso tenha como consequência o trato com o medo ou a tristeza. E, finalmente, há um Deus comum da religião malgaxe, Zanahary, chamado de "O Senhor Criador" ou "O Senhor dos Espíritos".

A narrativa de origem começa com Zanahary criando a Terra a partir do nada. Mas a Terra era vazia e desolada. Então, algo surpreendente acontece: um novo Deus brota do solo num processo de geração espontânea. É Ratovantany, "O Autocriado", e ele usa o barro para moldar estátuas de animais e seres humanos. Curioso, Zanahary desce do céu para entender o que se passa, e encontra Ratovantany frustrado por não conseguir dar vida às suas esculturas. O Deus supremo se oferece para ajudar, faz com que as estátuas ganhem alma, e fica tão feliz com o resultado que pede para levar consigo os seres, agora vivos, para o céu. Ratovantany não gosta da ideia; ama suas criaturas e não quer vê-las distante. Por fim, os dois Deuses chegam a um acordo. Como Zanahary deu a vida, a ele caberá a vida quando a criação morrer; o espírito, portanto, seguirá para o céu. O corpo, porém, permanecerá na Terra com Ratovantany.

Mas Zanahary continuou curioso, quis chegar junto dos homens, entender as dores desses desventurados mortais. Assim, como pode tudo, dada sua condição de Deus número 1 do panteão malgaxe, Ele adota uma manifestação menos incandescente para relacionar-se com os humanos: Andriamanitra, que significa "Doce Senhor" ou "Senhor Perfumado", é uma versão afetuosa de sua temível divindade; não por acaso, Andriamanitra é o nome pelo qual boa parte dos cristãos de Madagascar refere-se a Jesus.

"Existem ainda Deuses secundários e espíritos que habitam árvores, rochas e animais", explica o tangalamena da aldeia em que mo hospedo na península de Masoala — a região onde vi de perto as baleias-jubarte. O tangalamena, título conferido ao chefe religioso, é um senhor amável de quase 70 anos, cabelos curtíssimos e olhos negros fulgurantes. "Todas essas entidades são dignas de respeito e devoção", diz ele, que atende com prontidão quem busca prescrições para encantamentos, mas também, quando necessário, repreende os descuidados dos deveres com as entidades. Sob seu comando estão 200 pessoas da etnia Betsimisaraka — literalmente, "a multidão inseparável".

Os Betsimisaraka são o grupo originário mais numeroso de Madagascar, com uma população estimada em 5,3 milhões. Ocupam parte do litoral que dá para o oceano Índico, a costa leste; a costa oeste, do lado oposto, é banhada pelas águas do Canal de Moçambique. Aqui em Masoala, no meio da floresta, vive-se com um grau elevado de organização. O café plantado em linhas retas, além servir para o consumo, delimita as fronteiras entre as propriedades. Cada família tem seu pedaço de terra atrás de casa. Criam-se galinhas e patos. As aves têm marcações de cor no pescoço, e assim sabe-se a quem pertencem. Os homens pescam, cortam lenha, fazem o trabalho pesado, constroem as casas de madeira com telhados de folhas de palmeira habilmente trançadas. As mulheres cuidam da alimentação, da casa e dos filhos — embora aqui, em contraste com a típica África negra, os homens também participem da educação das crianças. A canela e a baunilha colhidas na mata virgem são usadas na culinária cotidiana e sobretudo comercializadas. Cultivam-se ainda lichia, arroz e inhame. Os aldeões levam o excedente para uma vila maior não muito longe e para Maroantsetra, onde vendem ou fazem escambo. Voltam com açúcar, remédios, roupas, utensílios domésticos e... DVDs. Sim, este é um dos itens essenciais.

Um empreendedor local improvisou o que chama de "cinema" na sala de casa — entenda-se por sala o único ambiente além dos dois quartos. Enquanto passeio pela aldeia, uma TV de 20 polegadas, ligada a uma bateria por um emaranhado de fios e conectada a um aparelho de DVD, exibe *Leão Branco – O Lutador Sem Lei*, de 1990, com Jean-Claude Van Damme. Filmes de luta com Van Damme e Bruce Lee são os mais pedidos pela audiência. Uma vez por semana, os clientes acomodam-se em quadrados de espuma amarela cortados à faca, da espessura de 15 centímetros, para assistir aos grandes sucessos da pancadaria vintage hollywoodiana. Adultos pagam 600 ariarys, o equivalente a 17 centavos de dólar, e crianças, 300 ariarys. Mas o cinema não é a única diversão.

Num galpão do tipo palhoça junina os jovens e adolescentes se encontram para dançar e namorar. Casa-se cedo, por volta dos 18 anos.

Como as demais comunidades étnicas de Madagascar, os Betsimisaraka são muito ciosos de seus fady. Fantasmas a vagar pela selva e sereias que emergem do mar em noites de lua não são histórias para entreter crianças. Quando quase não consigo segurar a gargalhada ao ouvir os relatos, sou repreendido por Nabé Cyrille, um jovem articulado que estuda a história dos povos malgaxes: "Isso não é brincadeira. Esses seres realmente existem e nós não temos dúvidas disso. Vocês, ocidentais, desconectaram-se da natureza e por isso não conseguem vê-los, assim como não identificam na mata camaleões, cobras e lêmures que se escondem." Desfeito o mal-estar, Cyrille fala, então, dos kalamoros, homenzinhos da floresta, com cerca de 65 centímetros de altura, cabelos longos e esvoaçantes. "Existem os kalamoros do bem e os do mal. Os do bem vivem tranquilos nas matas, comem, dormem muito e brincam. Os do mal são capazes de arrancar árvores e maltratar animais", explica Cyrille, com sua voz gutural e mãos em permanente posição de prece. Todos os kalamoros, no entanto, independentemente do caráter, gostam de entrar nas casas para roubar o arroz da panela.

Entre os Betsimisaraka, há muitos fady relacionados a atividades do dia a dia. Não é permitido, por exemplo, comer carne de porco e depois lavar as mãos nos rios ou lagos. Os homens não podem cumprimentar as irmãs com aperto de mão. O garoto que usar um calçado enquanto seu pai estiver vivo cometerá uma ofensa grave — poderá usar apenas ao tornar-se adulto ou depois da morte do pai.

A etnia faz uso cerimonial do rum artesanal, o betsa, fabricado a partir de suco de cana fermentado. O betsa é consumido em quantidades colossais nos rituais de bênção, purificação e renascimento, em que ancestrais e espíritos da natureza são invocados. Quando pergunto como são essas solenidades, o tangalamena anuncia que contará uma história: "Aqui na aldeia, um casal teve um filho e a criança morreu aos 5 anos. Os pais, então, fizeram uma promessa. Quando o próximo filho completasse 12 anos, eles ofereceriam uma cerimônia a Zanahary e às entidades. E assim foi feito. A celebração seguiu o roteiro tradicional." E então o tangalamena faz uma pausa teatral, para em seguida explicar como é uma típica festa litúrgica: "Começa com a família abençoada servindo betsa e café a toda a aldeia, em grandes baldes. A bebida dedicada a Zanahary e aos antepassados é colocada dentro de bambus. As pessoas cantam, dançam muito, invocam os espíritos e bebem a noite inteira. No entanto, se algum atrevido der sinal de que vai fazer bobagem, brigar ou passar mal, no mesmo instante as mulheres servem-lhe café. Ao nascer do sol, o ancião da família anfitriã autoriza a caça ao zebu, um boi previamente escolhido para a ocasião. E então os jovens ocupam-se do ataque ao touro. Mesmo tontos por causa do betsa, eles armam-se de facas e cutelos e vão para cima do animal. É uma correria! Uma vez morto, o zebu é retalhado e cozido. Os pedaços são todos misturados, metidos num caldeirão, sem distinção entre as partes nobres e aquelas menos apreciadas. Depois, é hora de comer a carne, com bastante arroz. Mas a festa não acaba. Os cânticos, as danças e o culto às entidades podem durar até três dias".

II

Vizinhos ao norte dos Betsimisaraka, os Antankarana ocupam o "bico" de Madagascar que aponta para as ilhas Seychelles. Os hábitos mudam, assim como os fady. Entre várias normas, é vedado a uma jovem lavar a roupa de seus irmãos e, numa refeição familiar, apenas o pai pode comer os pés de galinhas, tratados como preciosas iguarias. Mas o costume que mais intriga os ocidentais tem a ver com sexualidade. Aqui nos domínios dos Antankarana as mulheres podem cobrar por sexo, principalmente — mas não exclusivamente — as solteiras. A prática não as estigmatiza nem as torna malvistas na comunidade.

É possível que esse tópico tão peculiar do código de conduta tenha surgido como forma de compensar as mulheres pelos prejuízos impostos pela estrutura social patrilinear. Ao casar, a mulher passa a fazer parte da família do marido; herança e propriedade da terra são definidas pela linhagem paterna e elas têm pouca influência nos processos de tomada de decisão. De modo que a "compensação" pelo sistema desfavorável se daria mesmo antes do casamento, e às vezes durante, tendo em mente que a mulher precisa de alguma maneira assegurar um nível mínimo de tranquilidade financeira.

A antropóloga norte-americana Lisa L. Gezon, da Universidade do Alabama em Birmigham, morou em Madagascar e estudou o fenômeno. No artigo *Marriage, Kin and Compensation* ("Casamento, parentesco e compensação"), Gezon descreve como um contingente expressivo de mulheres Antankarana ganha a vida por meio de "uma combinação de trabalho agrícola diário e venda de relações sexuais com homens". A prática não é velada e as muitas mulheres que a adotam são chamadas de manangy taovo — no idioma malgaxe, literalmente, "vem me visitar". Apenas as adolescentes que nunca foram casadas nem tiveram filhos são orientadas a evitar essa atividade.

Mas não é porque a sociedade aceita a prática e até a estimule que não surgem fofocas. Se uma manangy taovo é visitada repetidas vezes pelo mesmo homem, sua família ou a vizinhança podem insistir que ela exija dele o título de sipa, "namorada". A mudança de categoria do relacionamento o obrigaria a aumentar o valor do cachê ou dos presentes em troca de sexo. "Mas ela pode ser sipa do homem que a visita com frequência e manangy taovo de outros", explica a cozinheira Ravoniarisoa Andrianarivelo. "Uma mulher casada cujo marido não garanta seu bem-estar também pode buscar uma renda adicional como manangy taovo. Ninguém vai criticá-la por isso". Andrianarivelo viveu uma experiência curiosa. Soube que o esposo andava em visitas a uma jovem numa cidade não muito distante. Como, segundo sua auto-avaliação, não tinha mais idade para ser manangy taovo, informou ao marido que passaria a cobrar dele pelas relações sexuais que tivessem. Ou a questão poderia ser resolvida com uma bem-fornida cota mensal de joias. O marido preferiu não responder na hora e recorreu a um aforismo Antankarana: "A noite traz sabedoria". Assim, no dia seguinte, propôs uma outra solução: deixaria de se encontrar com a manangy taovo para dedicar-se integralmente ao casamento. Como prova do compromisso, jurou pelos ancestrais. É o tipo de juramento inquebrantável. Transgredi-lo significaria a danação eterna. "Então, deu tudo certo, nosso relacionamento voltou à normalidade", conta Andrianarivelo.

Entre os Antankarana, a reverência aos ancestrais é manifesta no ritual em glorificação aos espíritos de Nosy Lonjo, um ilhéu cônico de 122 metros de altura e de origem vulcânica na Baía de Antsiranana. Em Nosy Lonjo estão sepultados antigos soberanos, antepassados ilustres e guerreiros. Na segunda metade do século XIX, centenas de pessoas deixaram a costa para refugiar-se na ilhota durante um ataque do povo Merina e atribuíram à proteção dos espíritos ali presentes o fato de terem escapado — os Merina sempre foram o grupo étnico mais poderoso de Madagascar.

As oferendas aos espíritos de Nosy Lonjo devem ser feitas aos sábados. Por um feliz acaso, chego em Antsiranana bem no dia reservado às cerimônias. Passo parte da manhã a observar um bom número de pessoas executando a mesma coreografia ritualística, em pequenos grupos ou individualmente, sempre em silêncio absoluto. Todos estão com o típico figurino litorâneo, o sarongue, e com o torso nu, inclusive as mulheres. É necessário descobrir a cabeça, e os homens removem seus chapéus e bonés.

Vejo três moças deixando a praia para caminhar no leito da baía em direção a Nosy Lonjo. Elas avançam até a água ficar acima dos joelhos e, numa árvore com parte do tronco submerso — presumo que fique exposto por inteiro durante a maré baixa —, amarram em alguns galhos o que à distância parecem bolotas. Depois, derramam no tronco da árvore parte do conteúdo de pequenas garrafas plásticas. A liturgia ainda não chegou ao fim e os que estão na praia, às margens da baía que se assemelha a uma lagoa, aguardam pacientemente a vez. As moças seguem adiante, até a água chegar no meio do torso. E então param, juntam as mãos num gesto de oração, e assim ficam durante três ou quatro minutos. Em dado momento, elas mergulham sete vezes. Começam a retornar, porém sem dar as costas à ilhota de Nosy Lonjo. Somente uns dez metros depois de passar pela árvore, com a água nas canelas, as três jovens viram-se para ficar de frente para a praia ornamentada com baobás e acácias.

Enquanto as moças vestem suas blusas, um homem solitário inicia o mesmo roteiro, levando nas mãos um saco e uma garrafa. Não há conversas entre aqueles que esperam sua vez; a atmosfera é de contrição. Apuro mais tarde que as "bolotas" são sacos com arroz cozido. E o que se derrama no tronco da árvore é mel. O arroz é considerado um alimento sagrado, símbolo de vida plena, harmonia e prosperidade. O mel, por sua vez, é a representação do poder e da sexualidade. Oferecidos aos ancestrais, os dois elementos proporcionam as mais diversas bênçãos pessoais e coletivas.

III

O culto aos antepassados é o traço mais distintivo da cultura malgaxe. Eles são invocados por ocasião de nascimentos e mortes, festividades e doenças, plantio e colheita, secas e furacões. Em todas as casas em que entrei, e não foram poucas, vi um canto dedicado aos mortos da família, uma espécie de altar com velas e fotografias, às vezes remendadas com pedaços de fita Durex. Para alguns antropólogos, essa veneração tem sua raiz na migração sul-asiática. Os primeiros habitantes da ilha vieram de muito longe, provavelmente não voltariam a ver seus pais, tios e avós, e por isso criaram uma série de ritos alusivos aos que tinham ficado na Indonésia e na Malásia. Em todo caso, a origem dessa tradição não é assunto entre os malgaxes. Honra-se os ancestrais tão somente porque a eles se deve oferecer todas as honras. E também porque a maior aspiração que se pode ter na existência física é tornar-se um ancestral respeitado no plano transcendente.

"Quem não lembra todos os dias de onde veio, não sabe quem é e nem para onde vai", diz Nabé Cyrille, o estudioso dos costumes locais que conheci na península de Masoala. "Vocês, ocidentais, tratam das suas angústias nos consultórios dos psicólogos ou tomando medicamentos, quando poderiam solucionar vários problemas apenas rememorando a vida de seus antepassados. Como seus pais, avós e bisavós viveram? De que forma enfrentaram os infortúnios? Se entre animais e plantas o código genético é o elemento determinante, por que seria diferente entre os humanos, que fazem parte da mesma natureza? Quem faz de nós o que somos são os que vieram antes de nós".

É essa a ideia que está na essência do ritual mais importante para os povos de Madagascar, a retirada dos mortos de seus túmulos para um novo sepultamento. O Famadihana acontece normalmente entre cinco e sete anos depois do falecimento — é aceitável aguardar mais tempo, de modo a reunir várias famílias que tenham antepassados a celebrar; daí, são convidados parentes que vivem em outras regiões do país e até no exterior. No Famadihana, os familiares dançam com os seus mortos antes de reenterrá-los. Mesmo grupos de cristãos da etnia Merina praticam o ritual — no caso, em eventos sincréticos nos quais cânticos de louvor a Jesus Cristo e à Virgem Maria misturam-se a danças de convocação aos espíritos dos ancestrais.

O Famadihana começa com um grande almoço que reúne as famílias e os amigos dos mortos homenageados. Os mais abastados chegam a montar enormes barracões com teto de lona, mesas e cadeiras de plástico, e até cardápio impresso. Mas, no geral, num país pobre como este, a refeição consiste exclusivamente de arroz, com a água em que o cereal foi cozido servida em jarras; quem quiser, pode usá-la para regar o prato ou mesmo beber — não convém desperdiçar, dado que ali há nutrientes. O rum artesanal, o betsa, é servido de maneira copiosa e a música marcada por cornetas, apitos e tambores não para jamais. Depois do almoço, todos saem em cortejo, dançando, para buscar os cadáveres.

Em relação aos costumes funerários, algumas etnias fazem tumbas subterrâneas fechadas por placas de pedra; outras erguem criptas familiares de tijolos; entre os Betsimisaraka do norte do país, como os que me receberam em Masoala, o costume é armazenar os caixões em abrigos, de modo a facilitar o manuseio. A maneira de preparar o defunto é a mesma entre todos os povos: o lamba, o tecido artesanal típico malgaxe, é utilizado para envolver o corpo e amarrá-lo com firmeza, criando uma espécie de pacote de formato cilíndrico.

Na sequência do Famadihana, depois de removidos do caixão, os cadáveres embrulhados são dispostos sobre esteiras de palha, envoltos em novas camadas de lamba e amarrados com mais faixas do mesmo tecido. Seus nomes são escritos no novo pano, num sinal de que eles sempre serão lembrados. E então é o momento em que familiares e amigos, alegres e sem dúvida alvoroçados por causa do alto consumo do rum caseiro, agarram os cadáveres para dançar com eles. Frequentemente, de modo um tanto atrapalhado, grupos disputam a vez de segurar os mortos. Enquanto carregam os corpos sobre suas cabeças, as pessoas dão voltas em torno das tumbas antes de recolocá-los nos caixões e, finalmente, fazer um novo sepultamento. Certas aldeias acreditam que, ao envolver os corpos com novas camadas de lamba, seus espíritos ficarão aquecidos e passarão os próximos invernos sem apertos.

Ao dançar com os mortos, os vivos se reconectam de modo festivo aos seus predecessores, relembram histórias dos que já se foram e preservam os laços com a comunidade. Sentem-se parte de um tipo sólido de eternidade que se contrapõe à ordem líquida e volátil em vigor nas sociedades ocidentais contemporâneas. Eles estão certos de que um dia serão honrados, cuidados e lembrados por muitas e muitas gerações.

IV

Afinal, quais circunstâncias foram definidoras para a criação de sistemas de valores e crenças tão complexos administrados pelos 22 grupos étnicos e, ao mesmo tempo, de marcantes características que os entrelaçam, como o Famadihana? Um exame no processo de formação do povo malgaxe pode ajudar a esclarecer a questão. Madagascar foi um dos lugares do mundo em que a ocupação humana ocorreu mais tardiamente, bem depois das Américas e da Austrália, e antes apenas da

Nova Zelândia e de alguns arquipélagos do oceano Pacífico. A quarta maior ilha do mundo — fica atrás apenas de Groenlândia, Nova Guiné e Bornéu — era desabitada até por volta do ano 700 EC. Foi quando desembarcaram na sua costa leste indonésios que viajavam em canoas com flutuadores. Esses barcos, antecessores do contemporâneo trimarã, começaram a ser desenvolvidos no Sudeste Asiático a partir de 3000 AEC e tornaram-se estratégicos para longas travessias. Com um flutuador fixado a uma certa distância da canoa por duas hastes de madeira — ou dois flutuadores, um de cada lado —, os junkungs permitiam uma certa estabilidade mesmo em águas ferozes. A longa e sem dúvida atribulada viagem de 7 mil quilômetros até Madagascar justificava-se por interesses comerciais — os indonésios empenhavam-se em explorar novas fontes de commodities para seus clientes chineses e indianos. A hipótese mais aceita por estudiosos é a de que os intrépidos marinheiros partiram de Bornéu. Podem ter navegado sem escalas, auxiliados por ventos alísios, monções ou por uma corrente marítima encontrada em algum ponto do oceano Índico. Ou talvez a rota tenha incluído escalas no Sri Lanka, nas Maldivas e em Seychelles.

Os indonésios possivelmente optaram por criar os primeiros assentamentos na costa leste de Madagascar em razão das similaridades com seu ambiente tropical de origem. Sabiam lidar com florestas pluviais e sem demora introduziram espécies do Sudeste Asiático que logo chegariam ao litoral oriental do continente africano, como o coco, a banana, o cará e o inhame indonésio; mais tarde, os árabes seriam fundamentais para a disseminação dessas culturas no Oriente Médio, no norte da África e no Mediterrâneo, e no século XVI portugueses e espanhóis as levariam com sucesso para as Américas. Mas Madagascar mostrou-se também uma robusta fonte de produtos de alto valor, como ferro, ouro, canela, baunilha, essências medicinais e plantas aromáticas. E então chegaram novas levas de migrantes indonésios, assim como malaios, e a ilha integrou-se às rotas do comércio marítimo.

Sabe-se que em algum momento grupos de africanos do continente juntaram-se à nascente população da ilha. Porém, não é certo como isso aconteceu. Uma possibilidade é que tenham cruzado os 400 quilômetros do canal de Moçambique em pequenos barcos a vela — nem tão eficientes quanto as canoas asiáticas — e assentaram-se na costa oeste da ilha. É possível ainda que indonésios já estabelecidos em Madagascar tenham ido ao continente fazer negócios e, ao retornar, convidaram famílias negras para viver e trabalhar na auspiciosa terra recém-ocupada. Ou quem sabe os africanos ingressaram na ilha como escravos, comprados de povos que faziam tráfico humano desde tempos imemoriais. Essas hipóteses não são excludentes; tudo pode ter acontecido mais ou menos ao mesmo tempo ou em períodos próximos.

O fato é que, mesmo tendo havido intensa miscigenação, a costa oeste de Madagascar tornou-se, por assim dizer, um pouco mais africana. E a costa leste, mais asiática. Até hoje é possível observar certas peculiaridades. Na parte da ilha que dá para o Canal de Moçambique, cultiva-se mandioca, agricultores trabalham com foices nas plantações de milhete, e as aldeias, no passado, eram protegidas por paliçadas. Do outro lado, há arrozais irrigados como na Ásia, casas de madeira apoiadas em estacas e fossos que eram utilizados no sistema de proteção das aldeias, ao estilo indonésio.

Tão logo ficou evidente para o trade global da época que um novo fornecedor de commodities de primeira linha estava emergindo, negociantes árabes acorreram à ilha. Não demorou para que navios piratas passassem a percorrer com indisfarçável cobiça as águas mornas do Índico entre as latitudes 8 e 26 graus sul; numerosos bucaneiros acabaram se fixando em Madagascar, aqui casaram e formaram famílias. E dessa maneira foi sendo gestada uma nova cultura, desenvolvida sob a influência de indonésios, malaios, africanos, árabes e piratas; uma cultura com seu próprio idioma, organização social baseada em estruturas de clãs, religião forjada no culto aos ancestrais, música em que se destacam tanto os timbres metálicos e cristalinos do xilofone vindo da Ásia quanto as notas de longa sustentação do africano urucungo, no Brasil conhecido como berimbau.

O idioma malgaxe é uma notável expressão dessa cultura. A impressão que se tem é a de ter sido criado com o propósito de simplificar a comunicação entre as comunidades, que nasciam a partir dos clãs — e também, tudo indica, para agilizar as negociações comerciais. Primeiro, no malgaxe há uma relação direta entre a pronúncia e a ortografia, o que torna mais fácil para os aprendizes ler e falar de modo adequado. Depois, a gramática é considerada por linguistas de uma clareza estupenda, sem mistérios, exceções e regras especiais, comuns em tantos idiomas — o português entre eles. Tem mais: o tempo verbal é indicado por meio de sufixos simples adicionados ao verbo. Um europeu que vive no país há cinco anos me diz que é possível se virar com desenvoltura em malgaxe dominando apenas 1.000 palavras. Ao ouvido, identifico sobretudo sequências de sílabas "avogaladas", como no tailandês ou no coreano.

Quando os primeiros europeus chegaram no início do século XVI, o país já tinha um idioma, uma identidade constituída e formas sofisticadas de governo. Nossa tendência é presumir que antes do contato com o Ocidente a África cambaleava sobre arranjos rudimentares de organização. É um engano: no continente havia monarquias estáveis e prósperas cidades-estado. No caso de Madagascar, desenvolveram-se até estirpes aristocráticas e uma burocracia para a gestão administrativa. Quando se faz um retrospecto da história política do país, um nome em especial é sempre mencionado com destaque, Ratsimilaho, filho de um pirata e de uma rainha malgaxe. Ratsimilaho é tido como brilhante empreendedor político-militar e estrategista competente. Sua epopeia é narrada numa espécie de *Ilíada* malgaxe — assim como Agamêmnon, rei de Micenas, reuniu os reinos gregos contra Troia, Ratsimilaho congregou as comunidades Betsimisaraka em uma confederação e liderou grandes batalhas contra grupos étnicos então adversários. Ele criou no século XVIII uma síntese criativa da governança pirata, segundo a qual todo homem tinha direito a expor seu ponto de vista e os chefes de aldeias lideravam os seus com autonomia, sem interferência do poder central. Em decorrência dessas medidas que Ratsimilaho implementou como rei no comando da confederação, ele é apontado por historiadores como um iluminista *avant la lêttre*.

Na época de Ratsimilaho o tráfico humano já era uma realidade enraizada em Madagascar. Iniciara-se provavelmente no século X, com a venda de escravizados para árabes, indianos e negociantes de Zanzibar; não se sabe, entretanto, se a maioria dos cativos era da própria ilha ou se provinha da África continental. O que mudou nas transações com europeus nos séculos XVII e XVIII foi a contrapartida exigida pelos soberanos malgaxes, inclusive pelo herói Ratsimilaho. Antes de vender os cativos, eles requeriam uma licença de comércio válida para todos os seus produtos. Havia ainda a imposição de uma severa etiqueta diplomática. Os europeus eram obrigados a respeitar os rituais determinados pelos reis malgaxes; precisavam oferecer presentes e prestar homenagens, tanto em voz alta quanto por escrito. Em algumas regiões, os estrangeiros eram recebidos por dignatários locais enquanto aguardavam, às vezes por mais de um dia, a chegada do soberano. Em suma, as comitivas de mercadores da Europa tinham de observar regras equivalentes àquelas que membros do Itamaraty devem respeitar numa visita ao rei Charles III.

A exploração dos recursos naturais para o comércio e para a sobrevivência, e principalmente a expansão agrícola descontrolada, produziram transformações radicais no meio ambiente. Depois de desmatadas, terras antes cobertas por vegetação nativa demonstraram-se viáveis para o cultivo apenas durante algumas décadas — como se sabe, não existia então a avançada tecnologia do agrobusiness. Assim, surgiram áreas desérticas no planalto central e no sul. Ainda no tempo das primeiras levas de migrantes sul-asiáticos, a megafauna já havia sido extinta. Rapidamente, desapareceram da paisagem bichos como o pássaro-elefante de 3 metros e o lêmure gigante de 1,80 metro e quase 200 quilos. Em que pesem esses impactos, Madagascar segue como um precioso e raro ecossistema, com uma biodiversidade única e endêmica: 70% das 250.000 espécies já registradas na ilha são nativas. Esse fenômeno se deve ao longo período de isolamento ao qual o bioma esteve submetido.

As condições para a gestação dessa cápsula biológica começaram a se estabelecer há 90 milhões de anos, quando o pedaço de terra que veio a se tornar Madagascar separou-se da Índia e passou a navegar no oceano Índico, solitário, em direção à África. A partir de uma série de movimentos tectônicos, impactos geológicos e atividades vulcânicas, a natureza produziu aqui uma geografia extraordinária. Em Bemaraha, no oeste, por exemplo, está a maior concentração do mundo de tsingys. Os tsingys — palavra malgaxe cuja tradução livre é "onde não se pode andar descalço" — são raríssimas "florestas" de agulhas de pedra com imensos picos calcários pontiagudos; há formações semelhantes também no norte, no território Antankarana, povo cujo nome significa "aqueles das rochas". A costa oeste também é marcada por numerosas falésias proeminentes. Na região central estão as extensas planícies e planaltos, intercalados por colinas e montanhas. No sudoeste, os cânions de Isalo exibem em camadas sedimentares coloridas a história geológica da região. Por sua vez, a costa leste tem longas praias, lagoas, manguezais, estuários e selva tropical.

Nas matas, diversas espécies de lêmures podem ser observadas com facilidade, desde os minúsculos lêmures-rato até os maiores, indri e sifaka. Eles passam o dia na copa das árvores, comendo folhas, frutos e flores com um apetite urgente e infindável. Saltam de um galho a outro em voos hábeis, de até 7,5 metros. Vivem até 50 anos em famílias de quatro a seis indivíduos e, quando se deslocam, sempre há um que puxa a fila da trilha arvorística. Os que seguem, pulam e agarram os mesmos troncos, os mesmos galhos. Em repouso, parecem bichos-preguiça, totalmente imóveis. Algumas variedades descansam do meio-dia ao fim da tarde, quando o calor costuma ser implacável. Os lêmures são animais sagrados para a maioria das comunidades de origem — assim, é claro, não se pode caçá-los. O predador natural desses primatas é a fossa, um mamífero carnívoro de aparência felina, também endêmico, capaz de escalar as árvores com rapidez para caçar. A fauna nativa é vasta. Metade das 150 espécies de camaleões já identificadas no mundo é endêmica de Madagascar. Alguns bichos podem assustar os incautos, como o sapo-tomate, que é vermelho ou laranja e produz secreções tóxicas, e a barata sibilante, cujo tamanho chega a quase 8 centímetros e seus sons se assemelham a buzinas ou apitos.

Numa jornada de seis horas dentro da mata fechada, além de me apresentar um belo panorama da fauna, meu guia do grupo étnico Betsimisaraka mostra vários recursos da flora. A ramy é a árvore utilizada para fazer canoas, a madeira tem boa flutuabilidade, e ela libera uma resina branca que é uma cola muito eficiente. O chá do tzotrobato serve para acelerar a coagulação e é muito consumido por mulheres no período pós-parto, para evitar sangramentos. O longoza, um tipo de gengibre silvestre, tem propriedades antitetânicas e dá energia para as longas caminhadas de caça. As folhas da vakuna parecem espadas de lâminas largas; depois de secas e cortadas verticalmente em tiras finas, são trançadas para formar grandes painéis. Vendidos em beiras de estradas e nas feiras, esses painéis são usados como biombos ou divisórias no interior das casas. A ravenala é a palmeira-leque cujas folhas entrelaçadas dão origem aos elegantes telhados de palha vistos em todo o país. Símbolo da companhia aérea estatal, a Air Madagascar, a ravenala é conhecida como palmeira do viajante por sua capacidade de salvar a vida de quem se perde na floresta e fica sem água; exploradores em árduas jornadas pelas matas malgaxes descobriram que podiam fazer um pequeno buraco na base das folhas coletoras de orvalho e água da chuva e, assim, matar a sede. Nativa de Madagascar, a ravenala foi introduzida em várias regiões tropicais do mundo, incluindo o Brasil, como planta ornamental em jardins botânicos e parques.

V

Na essência, a biodiversidade e as tradições culturais preservadas pelos 22 povos, que hoje partilham sem hostilidades o território, são o grande patrimônio da nação malgaxe. O país permaneceu à margem dos ciclos de desenvolvimento do século XX, está entre os mais pobres do mundo, a agricultura é sobretudo de subsistência, a infraestrutura é dramática, a política é um circo de bizarrices — em 2009, por um período, o governo foi liderado em paralelo por dois presidentes. O império colonial francês, *comme d'habitude*, deixou uma herança de exploração, desrespeito cultural e burocracia desvairada — além do idioma até hoje utilizado na administração pública, nos contratos entre empresas e nas papeladas jurídicas. A França expropriou terras indígenas, levando a conflitos e deslocamentos. Impôs medidas para suprimir a língua local. Obrigou milhares de malgaxes a trabalharem em plantações e fábricas em sistemas de semiescravidão. Em 1960, Madagascar por fim obteve sua independência, depois de um longo e doloroso processo, mas desde então não foi capaz de construir instituições democráticas modernas estáveis, desenvolver sua economia e lidar com demandas pós-coloniais.

Os franceses conquistaram a ilha em 1896 do Império Merina, o último grande reino nativo, que teve seu auge no século XIX e chegou a controlar dois terços do país. Os Merina estabeleceram um Estado eficiente, com administração organizada em distritos, exército bem-treinado, e um modelo mais tarde denominado "economia hidráulica". Obras massivas de irrigação e drenagem e a adoção de tecnologias agrícolas avançadas na época, como o cultivo de arroz inundado, resultaram num expressivo aumento da produção de alimentos. O Império Merina também promoveu a alfabetização de seus súditos, de modo a facilitar a comunicação e o intercâmbio de ideias.

Como ocorre em todos os empreendimentos imperialistas, os Merina subjugaram à força grupos que não aceitavam tornar-se tributários. No entanto, ao contrário dos franceses cujo domínio se instituiria mais tarde, o Império Merina não impôs sua cultura puritana e cristianizada às etnias subalternas. Não houve nada que remotamente possa ser qualificado como evangelização. Os Sakalava, que vivem no noroeste, por exemplo, não tiveram que rever seus costumes no que diz respeito à sexualidade. Falar de sexo, do parceiro da noite passada, inclusive com alusões morfológicas aos geniais, é hábito cotidiano entre os Sakalava. Quando grupos se sentam para conversar, ou mesmo durante as assembleias para tratar de temas comunitários, as jovens sentam-se em frente aos homens com os quais desejam fazer sexo naquela noite. É um jogo claro, aberto, todos sabem o que significa, e não há recriminações.

Do mesmo modo, o povo Antandroy, do sul de Madagascar, manteve o conceito negativo acerca da virgindade mesmo durante o controle imperial Merina. Os membros da etnia constroem casas para que as filhas adolescentes possam morar sozinhas durante um tempo e ali receber com liberalidade os homens com os quais terão experiências íntimas. Conversei com um líder Antandroy sobre esse costume, que segue em vigor, e ele enfatizou que inexiste na prática sinais de deterioração moral ou de objetificação da mulher — que seria, no que ele define como "preconceituosa visão ocidental", colocada a serviço dos machos desejosos de explorá-la. Na comunidade, uma pessoa sem experiência sexual é considerada em desvantagem. Assim, é imperativo que a jovem, antes do casamento, adquira compreensão sobre os mecanismos do prazer, saiba como estabelecer conexões emocionais e físicas, e aprenda a tomar decisões autônomas. Entende-se que a fase de aventuras sem compromisso contribuirá para que a adolescente se torne uma cidadã plena.

As pequenas casas de madeira das meninas, normalmente de apenas um cômodo, são erguidas sempre a leste da casa da família. Há uma razão metafísica para isso. Os Antandroy creem que a energia vital dos ancestrais é absorvida mais fortemente na direção do leste, onde o sol nasce e traz luz e calor ao mundo. Fazer sexo e realizar as preces diárias às entidades no sentido leste indicam respeito pelo ciclo natural da vida e harmonia entre os seres humanos, o ambiente e os espíritos.

A celebração máxima desse equilíbrio transcendental se dá no Famadihana. O ritual que honra os mortos é também um conforto para os vivos. Afinal, todo malgaxe sabe que seus descendentes os convidarão para dançar. E, de certo modo, essa dança não deixa de ser um lampejo de eternidade.

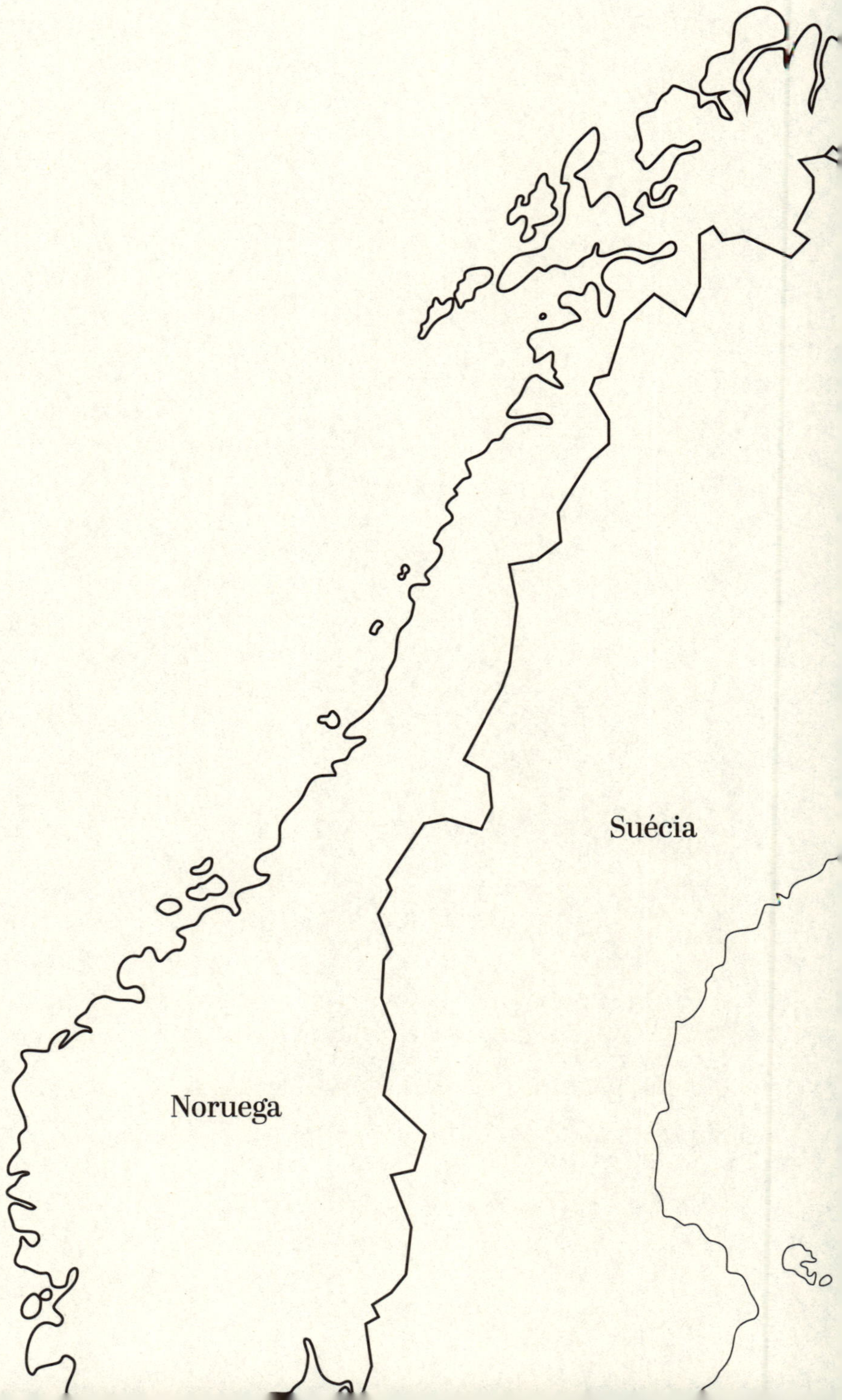
Suécia
Noruega

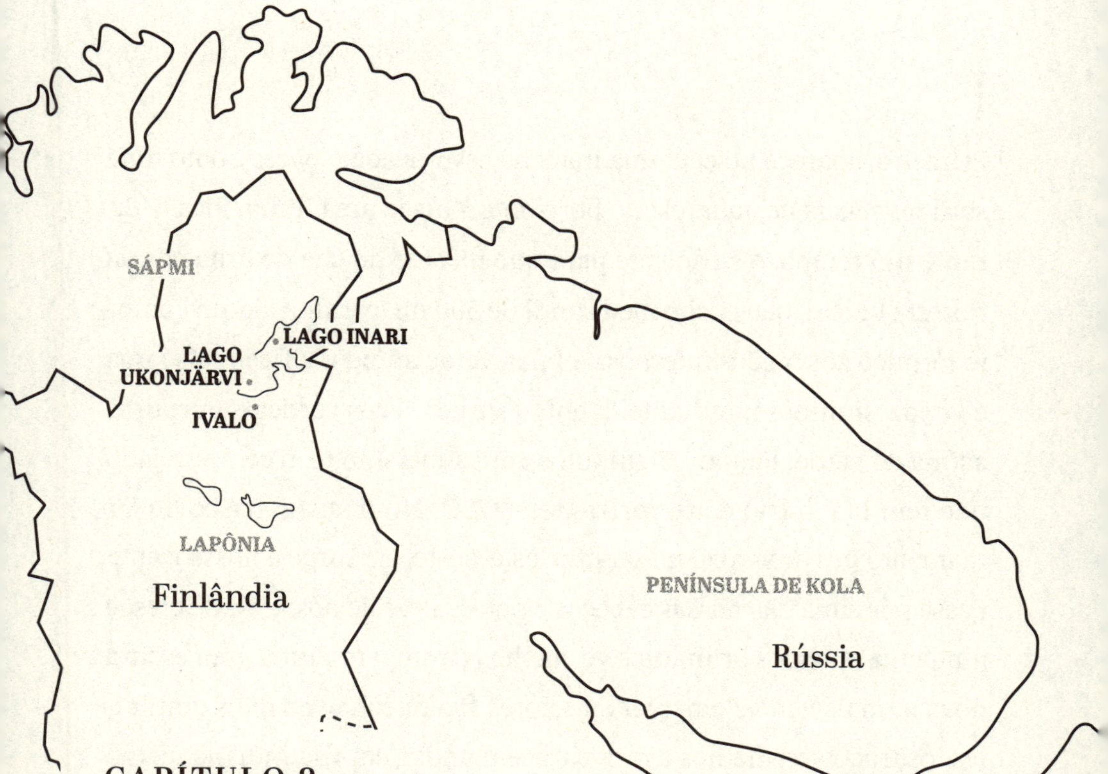

CAPÍTULO 8

OS FILHOS DO VENTO E SUA MÃE ANCESTRAL

Na Lapônia, os Sámi reverenciam a natureza, considerada uma entidade feminina, enfrentam com resiliência os rigores do Ártico e seguem um calendário de oito estações, regido pelas renas

I

Primeiro, aparece no céu uma mancha esverdeada, opaca. Como uma sutil pincelada de aquarela no horizonte. Quase uma linha. Fica lá durante um tempo, o suficiente para que metade do chá de arbustos da floresta boreal, que enche meu cantil de 500 ml, garanta algum conforto térmico aos órgãos internos. A faixa verde aumenta, fica mais larga e vívida, luminosa, radiante. E então surgem véus verticais púrpuras acima do verde. Faltam 20 minutos para a meia-noite, o céu estrelado não tem lua, o frio é aterrorizante, –27ºC. Num susto, nasce no firmamento um arco roxo no sentido leste-oeste, ele surge à nossa frente, passa por cima das nossas cabeças e pousa atrás de nós, o verde cresce ainda mais, riscos brilhantes vermelhos irrompem numa área escura do céu, mais verdes emergem, as cores ficam cada vez mais cintilantes, os traços vermelhos agora parecem andar em fila indiana, como chamas em movimento, e aí o arco púrpura e todos os reflexos, listras, fulgurações e ondas passam a bruxulear, as cores bailam no céu, tudo se move, e isso dura bastante, até 2h50 da madrugada. Meus anfitriões Sámi contam que, segundo sua tradição, as luzes da aurora boreal são manifestações dos espíritos dos ancestrais. Eles estariam dançando e jogando no céu. O mito torna pálida a explicação científica. Ninguém quer saber de partículas magnéticas do vento solar produzindo cores ao colidir na ionosfera com átomos de oxigênio e nitrogênio.

É noite polar em Ivalo, uma vila que faz parte do município de Inari, na Lapônia finlandesa, a pouco mais de 200 quilômetros ao sul do Círculo Polar Ártico. Nesse dia de janeiro, a palavra "dia", por assim dizer, é uma mera convenção, dado que, a rigor, não há dia. O sol não aparece nunca. O manto de escuridão e gelo é um peso sobre a alma, suprime até os pensamentos, e a fogueira em torno da qual nos reunimos torna-se nossa obsessão, a única coisa a nos lembrar de que ainda estamos vivos. No alto verão, é o inverso: o Sol está permanentemente no céu e na madrugada tinge o horizonte de dourado-açafrão e de tom róseo. É o tal sol da meia-noite. A natureza aqui não esconde que este é um mundo de extremos, uma região austera que exige habilidades extraordinárias de sobrevivência, onde o frio pode chegar a -45ºC; um ambiente selvagem que diariamente desafia a resistência humana e não concede nada sem exigir porções adicionais de força, foco e coragem. Há milênios os Sámi vêm honrando essa exigência. Eles são o povo que por mais tempo vive no Ártico. As evidências arqueológicas dão conta de que estabeleceram-se como um grupo étnico com cultura própria há pelo menos 8 mil anos, e seus antepassados caçadores-coletores descendem dos primeiros humanos que povoaram o norte da Europa após a última Era Glacial. Originalmente caçadores de renas selvagens, os Sámi deslocavam-se em busca de manadas por um território do tamanho do Paraguai, que se estende pelo norte da Noruega, da Suécia e da Finlândia — incluindo toda a Lapônia — e avança pela Península de Kola, no noroeste da Rússia europeia.

Parece dissonância cognitiva a ideia de um povo originário que tenha recursos e viva com prosperidade. Como as sociedades tradicionais em todo o mundo em geral equilibram-se de forma temerária na linha da subsistência, soa um disparate pensar numa população autóctone rica, com a melhor educação formal do planeta e um sistema de saúde pública além de qualquer parâmetro já estabelecido. É verdade que o povo Sámi, como diversos grupos étnicos, foi vilipendiado no passado, teve sua autonomia subtraída e seu território foi violado. No entanto, como nenhum outro grupo, os Sámi majoritariamente tornaram-se cidadãos de países que exibem os mais elevados indicadores de qualidade de vida — da população de cerca de 80 mil pessoas, apenas duas mil vivem na Rússia, portanto, fora dos enclaves nórdicos de bem-estar pleno. De modo geral, os Sámi estão integrados à economia escandinava, têm bons empregos, muitos tocam grandes negócios, todos falam inglês com fluência. Ainda que o pastoreio de renas seja a prática tradicional mais associada à identidade do povo, a atividade é quase sempre administrada de forma empresarial.

As renas são tão relevantes para os Sámi que se tornaram marcadoras do calendário. Em razão do ciclo natural a que elas estão submetidas, os pastores e suas famílias contam oito estações anuais, em vez das clássicas quatro: cada estação "normal" é dividida em duas fases, com cada fase determinada pelas necessidades das renas naquela época. Na primeira primavera, por exemplo, que ocorre entre abril e maio, a neve começa a derreter, os rios descongelam e a vegetação retorna, proporcionando alimento fresco para os animais. É quando os pastores fazem manejo do rebanho e rotação de pastagens para proteger os filhotes de parasitas. As temporadas vão se sucedendo: primeiro verão, verão tardio e assim por diante. As nevascas que cobrem o solo e limitam o acesso das renas à vegetação chegam no outono tardio, entre novembro e dezembro — tempo de recolher os animais, abater alguns, preparar peles e estocar carnes. Agora, no início de janeiro, estamos no primeiro inverno, o período mais desafiador do ano, com temperaturas radicais. As renas dependem de líquens e musgos que ficam enterrados sob a neve. Até são capazes de resistir na natureza bravia, mas acabariam perdendo muito peso, por isso são alimentadas com líquens recolhidos previamente. Esta também é a época da noite polar, cujo início nunca é fácil. Minha guia, Johanna, uma mulher cujo olhar severo parece contrastar com os movimentos alados das mãos, admite que sempre bate uma *deprê* nos primeiros dias de zero luz solar. "O começo é sem dúvida muito melancólico, as pessoas ficam mais silenciosas, não dá vontade de sair da cama, você precisa se obrigar a fazer as coisas e a manter uma rotina medianamente saudável, que não te faça perder o juízo", diz ela. Mas depois de uma semana sem sol, Johanna faz questão de enfatizar com firmeza, todo mundo se acostuma e passa até a se divertir.

Para uma criatura de DNA tropical é mais difícil. Eu já havia experimentado invernos tresloucados na Noruega, na Suécia e no Alasca, com nevascas coléricas, mas sempre com luz solar durante algumas horas do dia. A escuridão permanente desregula a produção de serotonina, dopamina e cortisol, e isso causa fadiga, redução do apetite, desmotivação, baixa de energia e excesso de sonolência. Na propriedade rural em que me hospedo em Ivalo, as tarefas simples que preciso cumprir para garantir banho na sauna e temperatura adequada na cabana tornam-se desafios excruciantes. Quebrar a lâmina de gelo do lago, encher os baldes d'água e levá-los até a sauna. Depois, abastecer o recipiente conectado à chaminé, de onde mais tarde tirarei a água quente. A fornalha da sauna e a lareira da cabana exigem vigilância constante. O fogo precisa ser alimentado com pedaços de madeira ou toras mais robustas. Eventualmente, sou obrigado a buscar mais lenha do lado de fora, sob sensação térmica de -20ºC. Essas atividades me devastam, tornam-me imprestável. Lembro-me da antítese dessa situação, o sol da meia-noite, que testemunhei na Islândia e na Groenlândia. Aquilo foi estimulante, vívido, fazia a adrenalina correr quente nas veias, era uma propulsão para passeios, trilhas e escaladas, a qualquer hora do dia ou da noite — uma noite luminosa.

Apesar de haver uma correlação entre a noite polar e o aumento de transtornos depressivos, não há evidências de que o fenômeno desencadeie um aumento de casos de suicídio — e, a propósito, é mito que as taxas de mortes autoinfligidas nos países nórdicos estejam entre as mais altas globalmente. Para mitigar os efeitos da escuridão prolongada, os Sámi usam lâmpadas de fototerapia, que simulam a luz solar, promovem eventos comunitários para combater o isolamento — a feira de artesanatos que visitei foi de fato entusiasmante —, e aumentam o consumo de peixes gordurosos, queijos e grãos integrais, alimentos que elevam os níveis de serotonina no organismo. Atividades físicas também ajudam a melhorar o humor e a recuperar a energia. E as pessoas aqui estão sempre envolvidas com tarefas que exigem esforço muscular: têm de cortar lenha, remover o excesso de neve das trilhas, caminhar longas distâncias sobre esquis seguindo pegadas de ursos e lobos, para tentar afastá-los, e, claro, alimentar cães e renas. É um cotidiano que assombra o sujeito urbano habituado à rotina academia/escritório/home office.

II

A origem dos Sámi é tema de inúmeros mal-entendidos. Eles frequentemente são vistos como europeus do norte que migraram para latitudes árticas em busca de um novo modo de vida ou ainda como "descendentes" dos vikings. São ideias plenas de equívocos. A raiz do povo Sámi não pode ser reduzida a uma única geografia, e o termo viking não designa uma etnia distinta, mas sim uma ocupação — os vikings eram escandinavos que se dedicavam a incursões marítimas de comércio e conquista entre os séculos VIII e XI EC. Os Sámi, por sua vez, são um grupo étnico com identidade própria. Embora a ciência ainda não tenha cravado sua origem precisa — várias pesquisas com análises de DNA foram inconclusivas —, estudos genéticos indicam que sua ancestralidade resulta de uma fusão de linhagens euroasiáticas, incluindo caçadores-coletores do norte da Europa, e populações da Sibéria. Algumas dessas linhagens podem remontar aos chamados paleossiberianos. O palavrão técnico utilizado na antropologia e na arqueologia se refere às primeiras populações que migraram para a Sibéria há aproximadamente 30 mil anos, vindas da Ásia Central ou do norte da Ásia, impulsionadas por mudanças climáticas e pela busca por caça e pesca.

Há outros dados que reforçam a "Tese Siberiana", como as semelhanças entre os Sámi e grupos indígenas norte-americanos. Os antepassados remotos das chamadas Primeiras Nações começaram a migrar da Sibéria há cerca de 20 mil anos, quando o nível do mar era significativamente mais baixo, o Estreito de Bering ainda não existia, e uma faixa de terra conectava o leste da Rússia ao Alasca, formando uma ponte natural. Essas correntes migratórias indicam que práticas surgidas na Sibéria foram preservadas pelos Sámi e por povos como os Dene, da Colúmbia Britânica, no Canadá, e os Haida, do Alasca, nos Estados Unidos. As tendas móveis e os rituais de transe místico com tambores xamânicos são parecidos. A organização social ancestral baseava-se em clãs de quatro a seis famílias. As roupas tradicionais, feitas de pele e couro, têm motivos geométricos. E durante milênios a caça a animais de grande porte garantiu a subsistência dessas sociedades.

Finalmente, análises linguísticas do idioma sámi apontam para a mesma direção. Vestígios da língua dos ancestrais siberianos são identificados nos dez dialetos do sámi moderno, classificado como integrante da família urálica, da qual fazem parte também o finlandês, o estoniano e o húngaro. O idioma foi ganhando a forma atual à medida que os Sámi ocupavam partes do norte da Escandinávia e estreitavam a convivência com povos oriundos dos Montes Urais, a cordilheira que separa a Europa da Ásia. No entanto, palavras sem correspondentes nos idiomas aparentados são marcadoras da raiz paleossiberiana. Os múltiplos termos para "branco" exemplificam bem: viehtalan é o tom brilhante e reluzente; čuvges, a variação mais luminosa; vieskas designa um branco fosco ou pálido; já loddičuvges refere-se ao branco acinzentado das penas de aves. O mesmo ocorre para "neve", com termos específicos para indicar variações de textura, reflexo e outras condições. O idioma sámi seguiu um processo semelhante ao do basco, que resistiu na Península Ibérica apesar da expansão das línguas que originaram o português, o espanhol e o francês.

Assim como a língua sámi indica um modo de vida profundamente conectado à paisagem ártica, certos traços anatômicos da população refletem a seleção natural que favoreceu características adequadas ao frio severo. A baixa estatura e o corpo compacto contribuem para a conservação de energia; a largura do rosto ajuda a dissipar menos calor, enquanto o nariz pequeno reduz a perda de umidade e aquecimento do ar inalado; a pele, os olhos e os cabelos claros auxiliam na produção da vitamina D, sintetizada no organismo por meio da exposição à luz solar. Ao sentir o gelo paralisante nas veias, posso comprovar o quanto uma estrutura longilínea com baixo teor de gordura pode ser inadequada nesse ambiente — inadequação que se evidencia ainda mais quando meu corpo, depois de um voo desgovernado, aterrissa de forma embaraçosa sobre a neve. Aconteceu o seguinte: ao tentar limpar os óculos enquanto pilotava um trenó puxado por quatro cães, perdi o equilíbrio e num instante se deu a queda patética. Na ocasião, eu seguia Niilo, o marido da minha guia, Johanna, um sujeito que se move na escuridão como uma raposa-do-ártico e não faria feio no elenco de *Game of Thrones*. No trenó à frente, ele me conduzia por uma trilha numa montanha nevada em meio à taiga.

A taiga, a floresta boreal, parece desenhada em prancheta por um arquiteto obsessivo por ordem e simetria, com pinheiros, abetos e outras coníferas dispostas geometricamente. É bem diferente das florestas tropicais, muito mais miscigenadas, com plantas abraçando-se umas às outras, espécies carnavalescas atravessando o samba. O padrão organizado da taiga, com árvores que crescem quase como colunas paralelas, garante que cada uma receba luz suficiente, já que o Sol incide em ângulos baixos por grande parte do ano. A copa cônica e as folhas em forma de agulha das coníferas reduzem o acúmulo de neve nos galhos, evitando quebras. Essas árvores são fundamentais para a cultura Sámi; provêm madeira para utensílios, trenós e abrigos, e os líquens que crescem em suas cascas e galhos são a principal fonte de proteína da dieta das renas.

Depois de reassumir o controle do trenó e de continuar por mais duas horas na rota que cruza a taiga — desta feita, sem acidentes —, estaciono onde Niilo determina. Mantenho os dois pés firmes sobre o freio, de modo a cravar no chão os ganchos que impedem o movimento do veículo. Os cachorros querem continuar a correr, puxam as cordas, o trenó dá uns trancos, mas não avança. Niilo amarra num tronco a linha de ancoragem do trenó dele, passa a mão na cabeça dos animais, que se acalmam. Em seguida, ele vem ancorar o meu trenó. E então os cães entendem que é hora de descansar. São huskies do Alasca ágeis e afáveis, treinados para correr até 80 quilômetros num dia. Eles conquistaram precedência em relação aos huskies siberianos por serem mais velozes, mais fáceis de treinar e por sua pelagem menos espessa, que evita o superaquecimento durante corridas prolongadas. Paramos aqui para encontrar um amigo de Niilo que pastoreia um rebanho de 27 renas. Recebo um grande saco de estopa cheio de líquens. Devo ajudar a prover o almoço dos animais e, ao manusear a ração natural extraída da taiga, percebo que os líquens têm um sutil perfume resinoso, lembrando madeira macia. Os mais frescos exalam um aroma ligeiramente mineral e úmido. Quando secos, seu cheiro se torna mais concentrado, porém ainda assim suave e equilibrado, próximo à fragrância de cogumelos secos. Há algo de poético nos líquens, Niilo explica: "Veja bem: eles não são vegetais, animais nem minerais. Não são exatamente fungos, nem musgos. Surgem em regiões de ar puro. E garantem o alimento das renas que, por sua vez, garantem o nosso. Ou seja: nós somos filhos do ar, somos filhos do vento."

Na cosmologia sámi, Bieggolmai, o Deus dos ventos, é representado como um homem de duas faces voltado para direções opostas, pois controla tanto os ventos suaves que trazem o degelo da primavera, quanto os ventos furiosos capazes de devastar pastos e enterrar aldeias sob a neve. Uma das histórias mais lembradas sobre Bieggolmai começa com dois irmãos discutindo se deveriam ou não invocá-lo para ajudar a amolecer a neve endurecida que impedia os animais de cavar o solo e encontrar os líquens. O irmão mais velho acredita que Bieggolmai mandará um vento quente. O mais novo, por sua vez, teme que surja uma ventania descontrolada. O primogênito decide, à revelia, subir um penhasco e fazer uma oferenda ao Deus. Pendura num galho de árvore tiras de gordura de rena e implora pela intervenção de Bieggolmai. Naquela mesma noite, o vento começa a uivar. No início, é um sopro morno, que amolece a neve, e os animais conseguem escavar o chão e comer os líquens encontrados. Mas o vento não para. Fica mais forte, e logo vem uma tempestade feroz, que arranca tendas, cobre a paisagem com neve revolta e faz o rebanho se dispersar. Se foi lírico antes, Niilo agora apresenta uma interpretação pragmática: "A lenda nos lembra que a natureza é uma força imprevisível e também faz referência a um fenômeno real, o degelo súbito na primavera causado por ventos quentes do sul. Mas, quando esses ventos são fortes demais, provocam turbulências tão difíceis de lidar quanto as do inverno pesado". Continuamos na taiga, os trenós ancorados, enquanto o rebanho alimenta-se vagarosamente, sem disputas, embora as renas com chifres maiores tenham primazia sobre as demais. Ainda que os machos tenham chifres mais vistosos, são as fêmeas que os mantêm por mais tempo durante o inverno — detalhe que resulta numa curiosidade folclórica: as renas do trenó do Papai Noel, todas com chifres, são todas fêmeas.

Não obstante o personagem ter raízes na história no bispo cristão São Nicolau de Mira, que viveu no século IV na atual Turquia, mitos nórdicos como Odino e sua Caçada Selvagem influenciaram na Idade Média a construção da imagem do velho de barba branca que viaja pelos céus. A releitura moderna popularizada pela Coca-Cola nos anos 1930 consolidou a figura do bom velhinho gordo, que usa roupas vermelhas e pilota um trenó voador puxado por renas. E renas, é claro, são a especialidade dos Sámi. Daí a Lapônia ter sido adotada como o "lar oficial" do personagem — e por essa razão o maior fluxo de turistas ocorre na temporada natalina. É particularmente divertida a versão segundo a qual Papai Noel é um Sámi e o voo em seu trenó é na verdade uma viagem alucinógena, resultado do consumo do cogumelo *Amanita muscaria*, aquele de chapéu vermelho com pontos brancos. O cogumelo era utilizado em raras ocasiões pelos noaidis, os xamãs Sámi, e produzia, segundo relatos, sensações de leveza, êxtase e "voo espiritual".

III

Nas comunidades tradicionais Sámi, o papel de maior destaque era exercido pelo noaidi. Nem todas as aldeias tinham um noaidi residente, mas elas podiam buscar assistência em regiões próximas. Ele era o guia espiritual que, manejando seu tambor e conduzindo cânticos e oferendas, estabelecia a comunicação com antepassados e divindades. Quando surgiam conflitos e impasses, era conveniente consultar Radien-attje, o governante do cosmos, o Deus ancião garantidor da ordem, conselheiro e supervisor da moralidade. Ao mesmo tempo, seres malignos não podiam ser ignorados. Ruohtta, o senhor da morte, associado a doenças epidêmicas e à decadência, precisava ser apaziguado com presentes rituais. Em algumas aldeias, o noadi trabalhava em grupo. Podia ser auxiliado por sábios especializados na interpretação de sonhos e por indivíduos considerados sagrados, como videntes, parteiras e mestres do joik, o canto ancestral usado tanto para evocar espíritos quanto para estimular transes místicos. Ainda que mortais, essas pessoas eram reverenciadas como divindades.

O noaidi e os curandeiros dominavam os elementos dos biomas árticos e os recursos disponíveis solucionavam a maior parte das enfermidades: angélica no trato de infecções e de problemas digestivos, fumo de junípero para vias aéreas e pulmões congestionados, chá de artemísia para dores e febres, gordura de rena e outros ungüentos para ferimentos, queimaduras e doenças da pele. Populares até hoje, as saunas tradicionais sámi eram usadas nos rituais de cura, em que pedras aquecidas regadas com essências de ervas medicinais produzem um vapor terapêutico.

Como a maioria dos povos indígenas, os Sámi tinham tarefas cotidianas bem demarcadas por gênero. Aos homens cabiam a caça, a construção de tendas e trenós e a manutenção do fogo, que precisava ficar sempre aceso — a lareira era considerada uma área sagrada, e perto dela residia o espírito protetor da família. As mulheres se encarregavam das crianças e dos idosos, da confecção de roupas e da comida. O processamento da carne e da gordura de rena variava de acordo com a estação do ano. A carne podia ser cozida logo após o abate, em geral fervida em grandes caldeirões para sopas e ensopados; ou cortada em tiras finas e secada ao ar, o que permitia a conservação por meses; ou ainda armazenada em buracos no solo, para uma fermentação lenta. Pude experimentar as três formas de preparo e constatei que esta última é a mais pungente, com um sabor terroso-úmido e um final inesperadamente adocicado.

A divisão do trabalho por gênero não implicava inferiorização da mulher. Os casamentos, por exemplo, podiam ser dissolvidos por decisão da esposa, sem nenhum processo formal, nem consulta aos líderes do clã. A guarda dos filhos dependia das condições econômicas de cada parte. Se o pai possuía um rebanho de renas maior, era aceitável que os filhos ficassem com ele, mas a mãe podia manter a guarda se ela e sua família tivessem mais recursos. Assim como o divórcio, a virgindade também não era tabu, e o noivado representava uma fase de experimentação, durante a qual o casal podia conviver e fazer sexo. Isso permitia que as famílias dos noivos avaliassem a compatibilidade antes de formalizar a união.

Seminômades, os clãs deslocavam-se por seu território à procura de caça transportando tendas cônicas feitas com troncos delgados de pinheiros e cobertas por grama ou tecido grosso, chamadas lavvus. O lavvu é fácil de desmontar e ainda hoje é utilizado por várias comunidades como abrigo temporário durante o pastoreio. Os Sámi deixaram de ser caçadores de renas para cuidar de rebanhos depois de uma lenta transição ao longo dos séculos. A mudança ocorreu em fases e de forma diferente nas diversas comunidades. Os arqueólogos descobriram que, na pré-história, os caçadores seguiam as migrações sazonais dos animais, utilizavam armadilhas e fossos imensos para capturar manadas inteiras, e ainda faziam emboscadas organizadas com arco e flechas. Era completo o aproveitamento da caça: carne para alimentação, peles para roupas, ossos e chifres para ferramentas. Entre os séculos IX e XII, os Sámi começaram a capturar e a manter pequenos rebanhos para garantir carne e leite em tempos de escassez e para uso como força de tração e carga. A partir de 1500 e até mais ou menos 1700, com a crescente demanda por carne de rena no comércio com suecos, noruegueses e russos, os Sámi adotaram rebanhos maiores e mais controlados — os pastores acompanhavam seus animais entre as pastagens de verão e de inverno. A relação com as renas tornou-se mais simbiótica: elas continuavam a fornecer os insumos de sempre, mas agora os Sámi garantiam proteção contra predadores e serviam de guias pelas rotas migratórias.

Todo esse modo de vida tradicional quase desapareceu depois de um longo processo de violação da soberania e de desmonte cultural. As primeiras ameaças à autonomia territorial se deram com o avanço de escandinavos e russos em direção ao extremo Ártico, movidos pelo interesse na exploração de recursos naturais e na taxação das populações nativas. Em vários momentos entre os séculos XIII e XVII, os Sámi foram obrigados a pagar impostos a três Estados dominantes: os reinos da Noruega e da Suécia e a República da Novogárdia, que controlava uma vasta região do que é hoje o noroeste da Rússia. Os ataques não se limitaram ao território. Com a expansão da Reforma Protestante na Escandinávia, os reinos locais intensificaram a cristianização. Igrejas luteranas foram construídas em terras indígenas e houve total interdição a práticas como oferendas a deuses ancestrais e adoração a montanhas e lagos sagrados. Noaidis chegaram a ser queimados em fogueiras e a mera posse de tambores ritualísticos tornou-se crime punível com pena de morte. A repressão religiosa não deu trégua e impôs um código comportamental puritano que contrariava profundamente os costumes tradicionais, com regras como a abstinência sexual antes do casamento. Mais tarde, já entre os séculos XIX e XX, como parte das políticas de assimilação compulsória, os governos baniram as línguas sámi de escolas, igrejas, tribunais e instituições públicas. Muitas famílias viram-se forçadas a adotar nomes escandinavos ou russos, e crianças eram despachadas para internatos de reeducação, onde sofriam punições severas se falassem a língua materna.

Um alegado ideário civilizatório legitimava os europeus a tocar sua missão de aculturar "povos selvagens" e livrá-los da "barbárie". Nomes que formularam conceitos sobre os quais o Ocidente construiu sua estrutura de pensamento fizeram coro nessa toada, segundo a partitura do Zeitgeist, o "espírito do tempo". No *Segundo tratado sobre o governo*, de 1689, o filósofo britânico John Locke postula que a propriedade é justificada pelo trabalho nela investido. A ideia foi usada como um dos pretextos para a colonização, sob o argumento de que os povos indígenas não investiam esforço nas terras em que viviam; dedicavam-se apenas a caça, pesca e coleta. John Stuart Mill, considerado um dos pensadores mais influentes do século XIX, defende que a liberdade é aplicável apenas a sociedades "civilizadas", sugerindo que povos "menos desenvolvidos" podem necessitar de tutela até atingirem a maturidade necessária para a autogovernança. Mesmo o francês Voltaire, expoente do Iluminismo e crítico de alguns aspectos do colonialismo e da escravidão, descreveu diversos povos não europeus como primitivos e incapazes de governar a si mesmos. Essa matriz de pensamento eurocêntrica durou um bocado. Premiado com o Nobel da Paz de 1952, o médico e teólogo alemão Albert Schweitzer entendia que alguns povos eram como "crianças que precisavam da tutela dos europeus". No caso específico dos Sámi, além da miopia histórica que embaçava a forma como grupos originários eram vistos, uma série de narrativas discriminatórias escritas por exploradores, aventureiros e missionários contribuiu para consolidar uma imagem preconceituosa. O relato mais antigo é do ano 98 da Era Comum. O autor, o historiador romano Tácito, colheu informações de mercadores germânicos e celtas que faziam comércio com povos do norte, e de legionários e oficiais romanos estacionados nas fronteiras do Império. Em sua obra *Germania*, Tácito menciona os Fenni, que muitos estudiosos não têm dúvida tratar-se dos Sámi. A visão imperialista é evidente, apesar de um indisfarçável vestígio de encantamento:

> *Os Fenni levam uma vida de espantosa selvageria. Não têm armas, cavalos ou lares fixos. Alimentam-se de ervas, vestem-se com peles de animais e dormem no chão. Sua única defesa contra as feras e contra as intempéries é um abrigo feito de ramos e folhas. Os homens e as mulheres vivem da caça; as crianças não têm outro abrigo além do seio materno e, ao crescerem, acostumam-se rapidamente à vida selvagem. Para eles, o destino mais feliz é não precisar se preocupar com propriedades ou posses, livres de ansiedades e do fardo de defender terras e riquezas. Consideram a pobreza uma bênção. Ninguém os submete a ordens, ninguém os oprime. Tudo isso, para nós romanos, é uma condição miserável; mas para eles é uma forma de felicidade.*

IV

Se ontem o céu era um negro lago sideral sem nuvens, e por isso mesmo a aurora boreal foi tão festiva, agora o Ártico exibe seu temperamento irascível. De repente, uma sequência de rajadas cortantes cruza a taiga e densos flocos de neve começam a rodopiar sem parar, não sei se vêm do alto ou do solo, e para mim é impossível identificar uma rena a cinco metros de distância. Se fosse possível arrebentar os pulmões dos ventos, talvez tivéssemos algum sossego. Desorientar-se nesse cenário é um grande risco. E ainda há um agravante: estamos bem próximos da fronteira com a Rússia; precisamos ter enorme atenção ao nos deslocarmos para evitar encrencas com drones ou eventuais patrulheiros do Exército de Vladimir Putin. Tenso como uma corda de violino, procuro seguir a luz da lanterna de Niilo, que vai devagar no trenó adiante, e felizmente os cães são peritos em distinguir o traçado oculto da trilha sob a nevasca.

"Os russos estão aqui perto desde sempre. Sabemos lidar com eles", diz Nina Sámi, bibliotecária de gentis olhos de alecrim, com quem converso quando retornamos à fazenda. "Putin é um narcisista ressentido e alucinado, mas não acredito que vá mexer conosco. Agora, que nossos irmãos Sámi do outro lado têm dificuldades enormes, aí não dá para negar". Nina se refere aos Sámi que vivem na Península de Kola. Na Rússia, a etnia é bastante marginalizada. Não conta com representação oficial, suas conferências acontecem sob fiscalização de militares, e seus líderes não são consultados antes de o governo conceder licenças para exploração de minérios e petróleo nas terras ancestrais. Autoridades e empresários putinistas agem como se não houvesse restrições à pesca industrial, à devastação da floresta boreal e à poluição dos rios. A Rússia também não assinou o tratado que garante a pastores e seus rebanhos o direito de cruzar livremente as fronteiras sem cumprir formalidades burocráticas. Os governos da Finlândia, da Noruega e da Suécia, por outro lado, reconheceram que os Sámi ocupam a região muito antes que os Estados nacionais tivessem traçado seus domínios nos séculos XVIII e XIX. Nesses países, o povo Sámi tem uma voz institucional de potentes decibéis políticos. A

Universidade Sámi, na Noruega, oferece educação acadêmica e pós-graduação baseadas no conhecimento tradicional. O Museu Sámi de Inari, na Finlândia, o Siida, é um colosso; em 2024, recebeu o título de Museu Europeu do Ano. Um outro organismo estratégico é o Conselho Sámi, que coordena na ONU e na União Europeia políticas comuns e acordos transnacionais. Como poucos povos originários em todo o mundo, os Sámi souberam aproveitar a onda em favor dos direitos humanos e da preservação de grupos étnicos tradicionais que se iniciou nos anos 1970. Ainda não têm um território autogovernado, como os Inuit da Groenlândia ou os Maori da Nova Zelândia, mas obtiveram proteção cultural e reconquistaram parte dos direitos sobre a terra e os recursos naturais. É essa a questão essencial, segundo Nina: "Sem a terra, não adianta falar a língua, relembrar os rituais dos antepassados e a mitologia formadora do nosso povo. A terra é a conexão com a parte ancestral de nós mesmos".

A terra, aqui em Inari, onde estamos, é de vastidões comparáveis às amazônicas: a área do município equivale a todo o Vale do Paraíba — região do Estado de São Paulo que compreende 39 cidades; e, também como na Amazônia, a densidade populacional é rarefeita: são 7.200 habitantes, um para cada 2,4 km². Nessa geografia nativa, Nina acredita que é pertinente, sim, cultivar certas tradições, e faz um gesto de extrema cordialidade ao me convidar para um encontro ritualístico que acontecerá no Lago Ukonjärvi, a 11 quilômetros a leste do centro de Inari — devo me comprometer apenas a não filmar nem fotografar. E então, no dia seguinte, rumamos para o lago sagrado, cujo nome homenageia o Deus Ukko, uma divindade ligada ao trovão e à fertilidade, semelhante a Thor na mitologia nórdica. Cercado por montanhas não muito altas e pela floresta boreal, e totalmente congelado, o lago é um espelho do céu amável nessa tarde em que a luz solar reaparece como uma discreta coadjuvante, num fulgor delicado, porém vívido e expressivo, uma insinuante sombra ametista lá no fundo do palco da natureza primitiva. Em breve será o fim da noite polar, que oficialmente ocorre no momento em que o Sol ultrapassa o horizonte pela primeira vez após o período de escuridão total. Em três pontos do lago, bem distantes um do outro, alguns homens cortaram buracos circulares na camada de gelo de 50 centímetros de espessura e ali colocaram as iscas de suas pequenas varas de pesca. Nina me conta que não é difícil capturar belos exemplares de peixes como truta-do-ártico, perca-europeia e lucio-do-norte.

As 14 pessoas que encontramos compõem um curioso grupo multigeracional. O mais jovem da turma é um garoto de 16 anos, com esvoaçantes cabelos longos — algo raro entre os Sámi, que preferem mantê-los curtos. Aila é a mais velha, tem 78 anos e uma presença que expressa o significado do seu nome, "portadora de luz". Todos vestem roupas típicas, coloridas, feitas de pele de rena, lã grossa ou tecidos industriais resistentes ao frio. Os gáktis, como são chamados, têm bordados elaborados, franjas, e três membros do grupo incrementaram o figurino com ornamentos prateados aplicados na parte superior. Os padrões geométricos em cores vivas incendeiam as pupilas. Azul, vermelho, amarelo e verde formam variadas combinações indicadoras do clã de origem. Os gáktis destacam-se e podem ser vistos à distância em meio ao branco da neve e às cores frias da paisagem boreal, o que é útil tanto para a identificação em deslocamentos quanto para a segurança, pois uma pessoa perdida não fica camuflada no cenário. Uma vez concluídos os cumprimentos, sentamos em toras de madeira arrumadas em círculo, e um homem de gestos aéreos segura seu tambor com uma mão e usa a outra para percutir a pele com um batedor feito de chifre de rena. O som do goavddis é grave e reverberante, com um sustentado natural, visto que a pele de rena esticada vibra de forma mais solta do que a de tambores ocidentais afinados com alta tensão. Para os Sámi, o goavddis é mais do que um instrumento de percussão — é um meio de evocação espiritual e indução ao transe.

Logo dá-se início ao canto joik. Embora a execução individual seja a forma mais autêntica — a expressão da essência da pessoa que canta —, é comum joikar coletivamente em contextos cerimoniais e festivos. É o caso de hoje. Como acontece em diversas comunidades Sámi, o grupo reunido agora é ligado ao movimento de revitalização cultural e o encontro é tido como uma pequena "festa". Após um instante de silêncio, o joik surge como um murmúrio disperso, quase imperceptível, as vozes misturando-se aos assobios do vento. Depois, ouço ondas irregulares, como se cada um buscasse encontrar sua própria frequência dentro do coro ancestral. O primeiro joik é suave, conduzido por uma voz grave que marca o ritmo de uma melodia ainda em formação. Outras vozes entram aos poucos, algumas mais roucas, outras agudas, criando camadas sonoras que se entrelaçam e se afastam, como se cada cantor estivesse convocando um espírito adormecido. Na sequência seguinte, o joik se intensifica e as vozes evoluem juntas num só fluxo contínuo que oscila entre cadências robustas e macias. Porém, como no jazz, há os momentos de solos individuais. Alguns cantores repetem sílabas curtas e ritmadas, como o trotar de animais na neve; outros prolongam os sons em notas arrastadas, evocando a brisa nas montanhas. A repetição hipnótica do canto se instala e dissolve a noção de tempo, enquanto o tambor goavddis ressoa de forma cardíaca. Os olhos dos cantores estão agora semicerrados, os corpos balançam levemente, acompanhando o compasso. Divagando no cântico, na estrutura que contempla um conjunto de repetições, é possível notar que algo está sendo chamado.

No lago em cujas margens estamos, dá para ver a ilha de Ukonsaari, onde eram depositadas oferendas para garantir boas caçadas, pescarias abundantes e proteção espiritual. Durante a cristianização da Lapônia, os missionários criminalizaram as práticas religiosas sámi e a tradição das oferendas se perdeu. Contudo, a ilha ainda merece reverência; é um ponto turístico, barcos levam visitantes até suas proximidades, mas o desembarque é proibido para não integrantes do povo Sámi, por respeito ao seu caráter sagrado. Hoje, o luteranismo tem procurado, em certa medida, reconciliar-se com a tradição indígena. Certas adaptações, por exemplo, foram incorporadas aos ritos funerários, como enterros em cemitérios próximos a antigos lugares de adoração. Do mesmo modo, entrou em desuso o veto a símbolos pré-cristãos nas lápides, como o sol sámi, divindade feminina de destaque no xamanismo dos antepassados. Além disso, alguns pastores luteranos Sámi têm comandado cantos joik durante as cerimônias fúnebres que oficiam.

Os costumes antigos quanto a joikar em funerais variavam entre as comunidades. Para algumas, o canto ajudava a alma a seguir em paz para o Sáivu, o mundo dos espíritos. Noutras, considerava-se que a alma poderia ficar agitada ao ouvir o joik, resistir à partida e atormentar os vivos. Para minimizar esse risco, uma prática comum era evitar caminhos previsíveis na condução do cadáver. Aqui e acolá o cortejo mudava de direção e, volta e meia, tomava rumos sinuosos até encontrar um local adequado para depositar o corpo — assim, o espírito não conseguiria voltar à aldeia. Envolto em pele de rena ou panos, o cadáver podia ser deixado sobre rochedos ou em cavernas, exposto à ação de animais selvagens; ou era depositado em cova rasa, coberto por ramos de pinheiro e líquens, e enfim por uma camada de terra e outra de pedras; em algumas regiões, sobretudo nas tundras — um bioma frio e sem árvores, caracterizado por solos permanentemente congelados —, os mortos eram colocados sob montículos de pedras. Em muitos clãs, o corpo precisava ser disposto em posição fetal, numa alusão a um retorno ao ventre da terra.

Depois de uma pausa para um café, o grupo decide joikar em homenagem às Deusas-mães. Na mitologia sámi, as divindades femininas têm um papel central. A mãe primordial é Mattarakka, que envia o espírito dos bebês ao útero. Ela protege mulheres e crianças. Sarakka, Deusa da fertilidade e do parto, cuida das gestantes. A Deusa do arco, Juksakka, zela pelos meninos e acompanha os caçadores. Uksakka, por sua vez, vigia as entradas das casas, afastando os maus espíritos. O culto a divindades femininas indica uma visão de mundo em que o feminino não é passivo, mas essencial e atuante na ordem cósmica — e, por conseguinte, na sociedade. Diferente de muitas mitologias indo-europeias, na tradição sámi as entidades femininas não são apenas esposas ou auxiliares de Deuses masculinos. Elas têm autonomia, poder e liberdade de ação.

A própria natureza é vista pelos Sámi como uma entidade feminina maternal e acolhedora. Sacralizada pelos filhos do vento, não pode ser explorada, e com ela é necessário estabelecer um relacionamento baseado em respeito e reverência. É nessa atmosfera que o joik ascende e o transe mítico vai se aproximando...

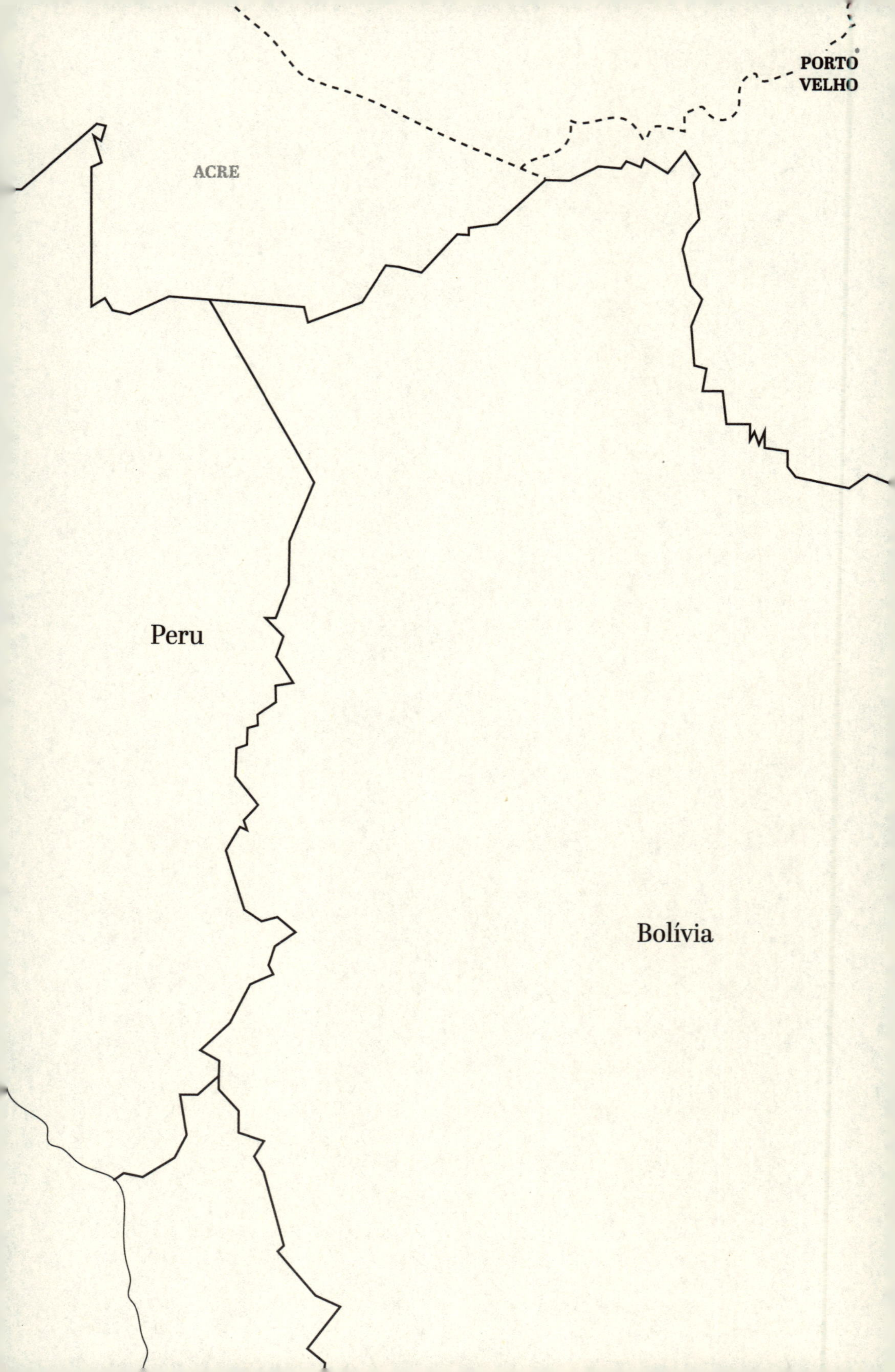
PORTO
VELHO
ACRE
Peru
Bolívia

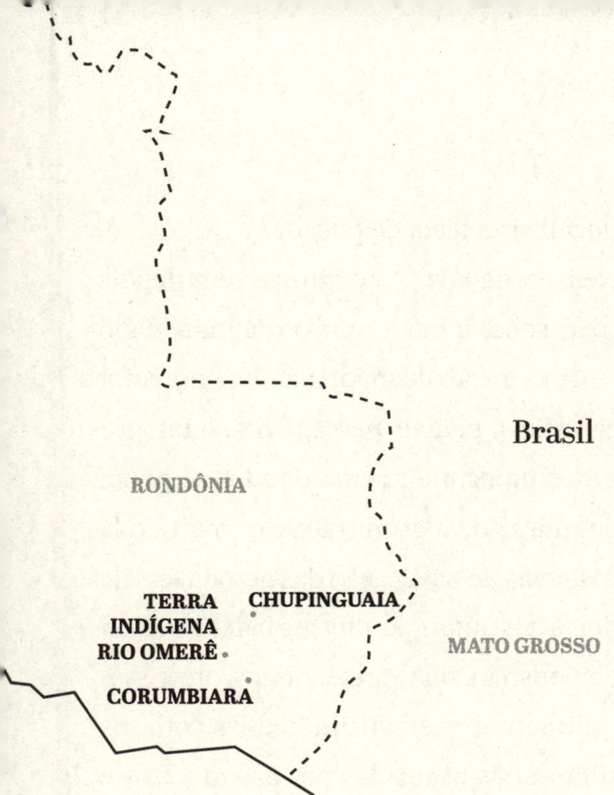

CAPÍTULO 9

SABERES E FEITIÇOS NO VERDE PROFUNDO

Como dois grupos indígenas isolados na floresta amazônica preservaram sua identidade cultural mesmo sob ataques e obrigados a viver em fuga permanente

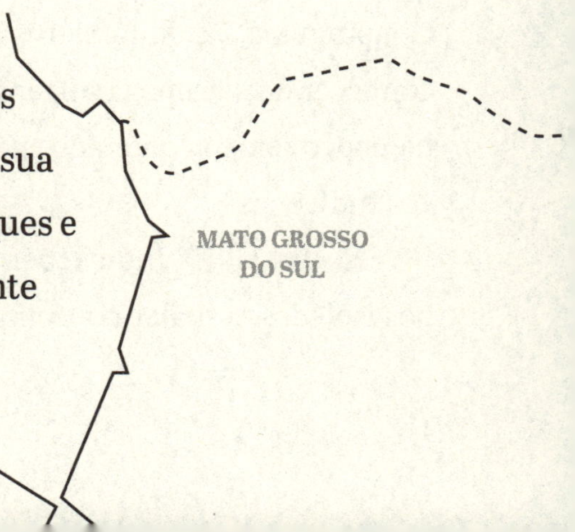

I

— Vocês podem nos ajudar a localizar a pista de pouso?

O piloto não disfarça a tensão na voz. A pergunta vem depois de dez minutos de círculos no ar sobre a mata, um verde manchado com cicatrizes de queimadas e de extração de madeira. O monomotor turboélice Caravan de 14 lugares leva poucos passageiros, o fotógrafo Valdemir Cunha e eu estamos na primeira fila, e todos se põem a esquadrinhar a paisagem em busca de algum traçado simétrico lá embaixo. É início de 1996, os sistemas de navegação das aeronaves são tecnologicamente muito inferiores aos atuais, as nuvens baixas complicam a visibilidade, e a pista de pouso na qual pretendemos aterrissar é uma daquelas estruturas rudimentares e malsinalizadas comuns na floresta amazônica — muitas delas utilizadas por garimpeiros e traficantes. Valdemir encaixa uma lente teleobjetiva na sua Nikon f3 e começa a inspecionar a superfície. Mais 15 minutos de respiração presa, piadas e risos nervosos.

— Talvez seja aquilo lá à esquerda, mais ou menos na posição nove horas — arrisca meu companheiro, no que é confirmado por um senhor que grita mais atrás. Enfim, num entardecer quase-noite, pousamos em Corumbiara, no chamado Cone Sul de Rondônia, a 730 quilômetros de Porto Velho, a capital do Estado, e já na fronteira com o Mato Grosso. No dia seguinte partimos de carro pela BR-364 para Chupinguaia, 72 quilômetros a oeste. O propósito da nossa viagem é conhecer dois grupos indígenas até recentemente isolados e somente há pouco tempo contatados pela Funai, a Fundação Nacional dos Povos Indígenas.

No Brasil há indicações da existência de pelo menos 114 grupos isolados, a maior concentração em todo o mundo. Em respeito à autodeterminação dessas pessoas e ao direito que têm do uso do território — e sobretudo em razão de numerosos episódios catastróficos do passado —, a Funai estabeleceu em 1987 a política do não contato. A aproximação com indígenas que vivam em isolamento passou a ocorrer apenas em situações de risco — e este é precisamente o caso do qual no momento nos ocupamos. Localizados nas proximidades do rio Omerê, afluente do rio Corumbiara, os indígenas que Valdemir e eu viemos encontrar são sobreviventes de aldeias atacadas por garimpeiros ilegais e pistoleiros pagos por fazendeiros. À medida que tratores e armas de fogo avançavam sobre a selva, eles recuavam, fugiam, e os que tentavam resistir eram mortos.

Numa extensão de mata fechada que faz parte da reserva legal de uma fazenda, o acampamento em que nos instalamos consiste em redes abrigadas sob lonas plásticas amarelas, cozinha improvisada e mesa de trabalho cercada por poucas cadeiras. Na Amazônia, as propriedades rurais devem preservar 80% da sua área de vegetação nativa — é o que se chama de reserva legal —, e foi exatamente numa dessas áreas que se deu a abordagem aos indígenas. Os chefes do acampamento-base da Funai são os sertanistas Marcelo dos Santos e Altair Algayer, responsáveis pela operação de contato. Depois das boas-vindas, Marcelo mostra as redes em que Valdemir e eu dormiremos e faz um retrospecto da sucessão dos eventos.

Em 1985, quando conduziam uma inspeção numa fazenda para emitir uma certidão de que ali não havia presença indígena — documento necessário para obtenção de financiamento bancário —, os sertanistas descobriram nas matas das imediações duas malocas e oito roças destruídas. No chão, abandonados, arcos, flechas e machados de pedra. Outras pistas indicavam a gravidade do que se passara: várias cápsulas de balas disparadas. Convocada, a Polícia Federal reuniu evidências de crimes e a área foi interditada. No entanto, os agentes não acharam corpos; a interdição foi derrubada, e de imediato uma frota de tratores e cerca de 400 homens eliminaram todos os vestígios e iniciaram obras de expansão — muito tempo depois, já encerradas as investigações, trabalhadores rurais comentariam que os cadáveres haviam sido jogados numa represa.

Não se esperava que Marcelo e Altair dessem prosseguimento às apurações extraoficialmente. Além do trabalho de campo, passaram a analisar fotos de satélites. Nas imagens, avaliavam as clareiras que apareciam nas matas. Algumas, até pelo tamanho, eram sem dúvida resultado de atividades de latifundiários. Mas às vezes surgiam pontos isolados de dimensões reduzidas no meio da floresta, sem conexão com nenhuma outra área desmatada, nem trilha de acesso. "Havia chances de serem pequenas plantações", diz Marcelo — mais tarde, se constataria que um dos grupos isolados cultivava várias roças, distantes umas das outras, para garantir a sobrevivência depois das fugas. A dupla de sertanistas também colhia depoimentos. Lavradores contaram que certa vez um trator foi alvejado por flechas e, em outra ocasião, indígenas desconhecidos e sem roupas tinham sido vistos correndo em direção ao matagal denso. Durante uma década Marcelo e Altair empenharam-se obstinadamente, com paciência inesgotável e coragem além dos limites da prudência; escaparam por absoluta casualidade de uma emboscada armada na ponte que cruza o rio Omerê, foram inúmeras as ameaças de morte contra eles e suas famílias. Mas enfim, com os testemunhos reunidos e um conjunto de fotos de satélites, em setembro de 1995 eles obtiveram da Justiça autorização para iniciar a operação de contato.

Após quatro dias perscrutando o território definido para a pesquisa, a pequena equipe montada pelos sertanistas chegou a um terreno desmatado de não mais que um hectare, a 25 quilômetros daquelas ruínas de malocas encontradas dez anos antes. Ao lado de duas cabanas de galhos de árvores e palha, conhecidas como tapiris, um roçado de milho, e ninguém à vista. Os pesquisadores passaram um bom tempo por ali, deixaram facões de presente na entrada dos tapiris e já se preparavam para dar meia-volta, com planos de retornar no dia seguinte, quando vozes ressoaram nos arredores. Uma moça de uns 25 anos e um rapaz mais novo, talvez de 20, aproximavam-se e, assustados, ensaiaram passos de fuga. O pessoal da Funai botou no chão tudo o que carregava e recorreu à linguagem universal do sorriso — e foi esta a chave da abordagem. Com mímicas e gestos de gentileza, a comunicação não evoluiu muito, mas foi possível descobrir que os jovens eram irmãos. Ela se chamava Tiramãtu e ele, Operá. O restante do grupo apareceu depois: a mãe dos dois irmãos, Mariututuá, de mais ou menos 45 anos, e sua sobrinha, Oaymoró, de estimados vinte e sete. Depois de estabelecido um relacionamento amistoso — e isso levou vários dias —, Marcelo e Altair convocaram antropólogos e linguistas para tentar identificar a etnia daquela família. A descoberta impressionou os estudiosos: os quatro falavam um idioma que se considerava quase extinto, o Kanoê — por não pertencer a nenhum tronco linguístico, o Kanoê é classificado como "isolado" pelos especialistas.

Um mês e meio depois do contato, ali por fins de outubro de 1995, Oaymoró e Tiramãtu levaram os sertanistas até um outro grupo, que ocupava malocas a cerca de dois quilômetros. Foram necessários três meses de estudo para concluir que esta segunda comunidade, de sete pessoas, falava um idioma da família Tupari, pertencente ao tronco Tupi; poderia ser um idioma detectado somente naquela ocasião ou uma língua cujo registro se perdera. Como a tipificação da etnia é feita com base no idioma, e aquele idioma não fora categorizado, o grupo acabou sendo chamado de Akuntsú, o nome pelo qual os Kanoê o designavam, cujo significado é "outro índio".

É a essa altura que Valdemir e eu chegamos ao acampamento-base da Funai na região do rio Omerê: janeiro de 1996, quatro meses depois do contato com os quatro Kanoê e dois meses e meio depois do encontro com os sete Akuntsú. "A interação com eles ainda é recente, a confiança está em construção", alerta Marcelo dos Santos. "Não saiam sozinhos. Não sabemos o que pode acontecer."

II

O que aconteceu nos três primeiros dias foi decepcionante. Começávamos de manhã cedo percorrendo um quilômetro no meio da mata até um igarapé tributário do rio Omerê, e depois quase o dobro, às vezes com lama no meio das canelas, até a clareira dos Kanoê. De lá, mais dois quilômetros de trilha nos levavam às malocas dos Akuntsú. Ninguém nos dois pequenos descampados. Nada. Zero sinal de vida. Havia panelas, facas, brasas ainda esfumaçando de fogueiras recém-utilizadas. Mas os indígenas andavam por outras bandas. Talvez em caçadas, alvejando pacas e cotias, ou coletando pupunha, mel e castanha. Ou quem sabe estivessem nos observando, os dois novos agregados à equipe da Funai, antes de se permitirem uma aproximação. Ficávamos horas à espera de alguém, desfalecendo de calor e desistindo de contar as picadas de insetos quase invisíveis. No meio da tarde, retornávamos ao igarapé, para o banho que marcava o fim das atividades do dia. E então era quando ouvíamos risos que vinham da mata. Pelo tom das vozes, provavelmente três ou quatro pessoas nos espiavam despidos, enquanto nos lavávamos.

Mas eram infrutíferas nossas insistentes tentativas de identificar um ser humano entre as folhagens e os troncos das árvores.

No quarto dia, em vez de voltar para a base, e contrariando a norma de que tínhamos obrigatoriamente de nos locomover sempre acompanhados dos indigenistas, dissemos que precisávamos fazer fotos da flora local e voltamos sozinhos à região das malocas. No fim da trilha que dava na clareira Akuntsú, subitamente surge do matagal um rosto masculino coberto por um gorro em forma de cuia. E então o jovem emerge por inteiro. Tem no alto dos bíceps braçadeiras de palha e, no tórax, duas faixas largas de couro decoradas com conchas e sementes; estão dispostas em X, do pescoço para o meio das costelas. Usa estojo peniano e franjas de palha cobrindo os genitais. Sorrimos para ele, que faz com a mão direita o sinal de "venham comigo".

Uma vez na clareira, a próxima pessoa que aparece é um homem maduro, pele cor de cumaru, com mais ornamentos do que o jovem que nos recepcionou. Ele usa sobre o gorro um disco de palha com quadrados pretos pintados simetricamente e uma pena de arara afixada. Tem no nariz um piercing horizontal fino, de madeira, e cobre o sexo da mesma forma que o rapaz. O sorriso largo e os gestos afáveis não o impedem de demonstrar autoridade. Fica claro para mim e para Valdemir que estamos diante do cacique Konibú, cujo nome já nos havia sido informado pelo pessoal da Funai. Enquanto curvamos a cabeça em reverência, o restante da família Akuntsú vem chegando: uma senhora idosa com um cajado em que está empoleirado um papagaio, e duas mulheres com duas meninas — cada uma dessas quatro traz nas costas um cesto de fibra de tucum, um tipo de palmeira, apoiado na testa por meio de uma cinta. Todas estão totalmente despidas, usam os cabelos curtos, quase raspados, e exibem vários adereços: colares, faixas, braceletes e pulseiras.

Embora sejamos incapazes de compreender sequer uma sílaba da dicção acelerada do cacique, seu tom de voz indica não haver oposição à nossa presença. Quando lhe damos um pacote de bolachas de água e sal, e comemos uma para comprovar que não há riscos, Konibú inicia o que deduzimos ser um ritual de purificação. Põe o pacote no chão, sacode os braços ao redor, em movimentos rápidos, e passa a aspirar o ar ao mesmo tempo em que leva as mãos à boca; depois, virando a cabeça para o outro lado, sopra com energia, várias vezes, enquanto agita os braços para longe. Entendemos que está removendo qualquer mal porventura ali existente. O procedimento é repetido por uns dois minutos, até que, como começa a chover, ele nos convida a entrar em sua maloca. É escuro no interior da cabana, não há nada além de brasas sobre as quais algo está sendo tostado; um filete de fumaça sobe até o teto cônico de palha de açaizeiro. Konibú rasga com as mãos três bocados do assado carbonizado para compartilhar conosco a comida — apesar do aspecto, é uma carne surpreendentemente macia, embora insossa; soubemos mais tarde tratar-se de porco-do-mato.

De volta ao ar livre, somos submetidos pelas mulheres a um reconhecimento corporal. Elas riem muito enquanto nos apalpam — panturrilhas, pernas, braços, tronco... tudo é inspecionado. Uma flauta é entregue a Valdemir, que arrisca notas de *O Trenzinho do Caipira*, de Villa-Lobos. Konibú pega meus óculos, quer ficar eles, mas consigo explicar, sempre com mímicas, que não enxergo sem as lentes. Mesmo assim, o cacique só concorda em devolvê-los quando lhe dou minhas meias em troca. Risos e conversas com sequências intermináveis de gestos avançam pela tarde. Eles nos mostram o roçado com milho, mandioca, fumo e amendoim; explicam como é preparado o mingau, prato de resistência cotidiano; e apresentam as plantas que usam para curar os males a que estão sujeitos, como picadas de cobras venenosas, machucados, cortes, mordidas de bichos. Oferecem-nos uma porção de gongo, as lavas de besouros comestíveis e ultraproteicas cultivadas em pedaços de troncos de palmeiras em decomposição. Ao que tudo indica, passamos no teste dos Akuntsú. Então, o crepúsculo se aproxima e Pupák, o jovem que nos deu as boas-vindas — agora sabemos o nome dele — faz questão de acompanhar-nos até o acampamento.

Nos dias seguintes, constataríamos que os Akuntsú e os Kanoê guardam grandes diferenças, além do idioma. O próprio figurino é a primeira distinção. Os Kanoê usam camisetas, calções, botas, bonés e enfeites de plástico, o que levou fazendeiros a acusarem a Funai de ter declarado isolados indígenas já aculturados. A explicação é prosaica: a família Kanoê costumava observar à distância a movimentação dos peões das fazendas e praticava pequenos furtos quando estes deixavam os barracões. Brincos e colares coloridos foram confeccionados com pedaços de bacias, copos e baldes. Frigideiras e caçarolas de alumínio tornaram-se itens de uso diário. Outro contraste entre os dois grupos tem a ver com a forma de se relacionar com o mundo dos não indígenas. Os Kanoê demonstram extrema curiosidade: querem aprender português e, por exemplo, não se satisfazem apenas ao usar uma faca amolada; precisam entender como funciona o afiador. Eles são metódicos e gostam de manter as malocas e as trilhas sempre limpas. Os Akuntsú, ao contrário, não se importam com nada disso, o que aborrece tremendamente Oaymoró, a Kanoê que exerce uma liderança de notável aspereza. Ela chega na clareira dos Akuntsú falando alto, gesticulando de um modo que parece dar ordens; é inútil, ninguém dá bola. No entanto, a distinção mais impactante talvez seja de caráter subjetivo. O bom humor de uma comunidade opõe-se à melancolia da outra. Os Akuntsú falam todos ao mesmo tempo, riem, brincam nos igarapés, tocam flautas e cantam, enquanto os Kanoê são contidos e chegam a chorar ao desfiar lamúrias.

A convivência forçada se estabeleceu no Vale do Omerê, que funcionou como uma zona de refúgio, onde as duas comunidades inesperadamente se encontraram ao tentar escapar de ataques e distanciar-se das queimadas e do barulho das motosserras. Sem ignorar as divergências culturais, instituíram um sistema de cooperação pragmática, com trocas baseadas nas habilidades específicas. Os Kanoê entravam com utensílios furtados dos barracões das fazendas, caça e chapéus de palha trançada; os Akuntsú, com cereais e tubérculos, flautas e pajelança para cura física e espiritual. Ao longo dos anos, acabaram forjando um vocabulário básico comum mínimo para conseguir se comunicar, alternando palavras das duas línguas.

Ao observar uma conversa conflituosa, Valdemir e eu notamos que o diálogo tropeça a cada frase, mas resolve o essencial. Operá, o rapaz Kanoê de presumíveis 20 anos, está gastando uma prosopopeia sem fim com Konibú ao revelar interesse em futuramente se casar com a filha mais velha do cacique, que tem cerca de 13 anos. Konibú é inflexível: não haverá casamento de jeito nenhum. Operá não poderia unir-se a Oaymoró, poucos anos mais velha, e assim manter a linhagem Kanoê? É o que queremos saber. Com exaustivas mímicas, Operá se altera; nervoso e irrequieto, despeja o verbo durante vários minutos. "Não tenho dúvidas de que essa união só não acontece por absoluta impossibilidade cultural", avalia a antropóloga Virgínia Valadão, do Centro de Trabalho Indigenista. "Talvez eles sejam primos-irmãos e as convenções proíbam esse tipo de casamento".

A insistência de Operá resulta num rompimento de relações. Só com um grande esforço diplomático a Funai intermedia um pacto de paz. Agora, de modo mais sutil, os Kanoê retomam as investidas com outra estratégia. Para poupar o candidato a noivo, quem assume o posto de porta-voz nas negociações é a irmã dele, Tiramãtu. Konibú segue irredutível. Normalmente bem-humorado, fecha a cara quando a questão entra em pauta. O líder Akuntsú dá sinais de que deseja preservar ao máximo a frágil cultura do seu povo e evitar que o idioma e os costumes sejam impregnados por tradições dos Kanoê ou dos "brancos". Não recusa a proteção dos sertanistas, até porque o novo arranjo possibilitou a interrupção da fuga permanente, mas traça uma linha demarcatória implícita, como a dizer "daqui, ninguém passa".

III

Em 1948, o etnólogo suíço Franz Caspar passou uma temporada de quatro meses numa aldeia do povo Tupari, no Território Federal do Guaporé, renomeado como Rondônia na década seguinte. Em seu livro *Tupari – entre os índios, nas florestas brasileiras*, Caspar menciona em poucas linhas uma etnia que seus cordiais anfitriões consideravam perigosa. O grupo, denominado "Wakontsón", vivia a leste de onde estavam e jamais fora visitado pelos Tupari — era prudente guardar distância. Caspar descreve o que ouviu: "Eram sujeitos selvagens que não conheciam uma habitação coberta nem o arco e flecha. Em vez de atirarem, paralisavam sua presa por esconjuramentos e a golpeavam com um porrete. Do mesmo modo, exterminavam seus inimigos: esperavam-nos dentro da mata, lá os paralisavam com suas rezas mágicas e os matavam." Este é supostamente o único registro sobre os Akuntsú antes do contato em 1995. E são bastante concretas as evidências de que eles tinham boas razões para manter a agressividade e o isolamento. Entocados na floresta, camuflados, observando de longe o que se passava nas imediações, testemunharam o tamanho risco ao qual estavam suscetíveis os indígenas mais expostos.

Entre 1943 e 1947, o Serviço de Proteção ao Índio (SPI), instituição que precedeu a Funai na execução da política indigenista, implementou um programa de realocação forçada de várias aldeias. A estratégia gestada pelo governo autoritário de Getúlio Vargas era consolidar a soberania nacional em regiões de fronteiras com a inserção de populações tradicionais, atividades econômicas, como extração de borracha, e presença estatal, com escolas e postos de saúde. Foi um "deus nos acuda". Povos indígenas do Vale do Rio Branco, em Roraima, foram despachados para as proximidades da Venezuela. Grupos étnicos do Amapá acabaram empurrados para os limites com a Guiana Francesa. No caso da região em que estamos agora, o Vale do Corumbiara, os indígenas foram cadastrados e transferidos para o Vale do Guaporé, a cerca de 300 quilômetros, perto da Bolívia. Em defesa da megaoperação, o governo Vargas apresentava uma justificativa adicional, pretensamente humanitária: os povos originários deixariam territórios em que estavam à mercê de ataques de madeireiros e garimpeiros ilegais para viver em segurança, amparados pelo Estado, em regiões de terras férteis. Na época, a maior parte dos indígenas impactados ignorava o que era um "país", bem como a existência de um "governo" ao qual estavam sujeitos — foram apresentados a esses conceitos por ocasião do reassentamento compulsório.

A primeira consequência da transposição populacional não foi alvissareira: as contaminações por doenças comuns de "brancos", como gripe, sarampo e coqueluche, fizeram disparar a mortalidade. Além disso, ao misturar várias etnias diferentes e submetê-las a uma educação formal em português e de orientação cristã, eventualmente até com missionários como professores, idiomas tradicionais foram extintos e muitas das práticas de pajelança, esquecidas. A cultura seminômade foi abandonada e os indígenas tiveram de trabalhar como operários, carpinteiros ou peões de obras. E assim sucumbiu boa parte do patrimônio imaterial daqueles povos.

Ao reunir depoimentos de pessoas que no passado foram levadas para o Vale do Guaporé, pistas obtidas no trabalho de campo e relatos fragmentados dos Kanoê e Akuntsú localizados em 1995, os especialistas puderam traçar a linha dos acontecimentos. É quase certo que os Kanoê de hoje sejam remanescentes de um pequeno contingente que conseguiu escapar da migração forçada. Quanto ao povo Akuntsú, este não chegou a ser realocado nos anos 1940 simplesmente porque sua existência era ignorada.

Os indígenas tocaram a vida no isolamento amazônico por algumas décadas. Depois, com a expansão dos pastos, da exploração de madeira e do garimpo, eclodiu uma onda de violência. Certa vez, três homens Kanoê que saíram para caçar foram mortos. Entre os Akuntsú, a aldeia em que moravam 19 pessoas enfrentou uma investida de pistoleiros, 12 morreram, Konibú e Pupák foram feridos — as cicatrizes de bala comprovam —, e a única alternativa dos sete que escaparam foi viver em fuga, imersos no verde profundo, mastigando o desespero dia após dia. A reconstituição dos fatos não deixa dúvidas: a tal aldeia em que ocorreram os crimes era justamente aquela cujas ruínas Marcelo e Altair encontraram em 1985.

Dadas as circunstâncias, preservar as tradições tornou-se uma tarefa de extrema complexidade. Konibú teve de acumular as funções de cacique e pajé. As mulheres, que antes permaneciam na aldeia durante as expedições de caça, passaram a acompanhar os homens para ajudá-los. Apesar de tudo, o "banco de sementes" foi conservado, com uma boa variedade de grãos para cultivo — entre eles, milhos de origem andina, pretos e vermelhos, indícios do contato entre incas dos Andes peruanos e povos da floresta tropical. Os Akuntsú cuidaram também dos rituais mais importantes de sua cultura, como as danças durante a lua nova, que preparam a comunidade para um novo ciclo e, segundo creem, eliminam as energias negativas. As atividades se iniciam com o local para a cerimônia sendo limpo e preparado metodicamente. Todos pintam os cabelos com tinta de urucum, como referência à crista vermelha do pica-pau. Em seguida, a intervalos curtos e durante um bom tempo, Konibú cheira rapé de pó de angico, que tem propriedades psicoativas e, em certas quantidades, funciona como um alucinógeno do tipo triptamina — substância presente, por exemplo, em alguns antidepressivos e antipsicóticos. Em transe, ele incorpora entidades sobrenaturais e espíritos de animais, às vezes mimetizando bichos nativos; curva-se e abre os braços como a emular um pássaro em voo. Cantos e danças circulares, marcados por batidas vigorosas com o pé direito no chão, podem durar a noite inteira. As mulheres servem, a todos, copiosas quantidades de chicha, o fermentado de mandioca, milho, cará ou pupunha com graduação alcoólica entre 2% e 6%. O cacique-pajé segue aspirando pó de angico e executa sequências de sopros enquanto agita mãos e braços para longe, como que expulsando forças do mal.

Entre os rituais tradicionais, o funeral é notavelmente o mais complexo e demanda atenção rigorosa. Na maloca em que a pessoa vivia, prepara-se a cova na qual o cadáver é depositado e coberto com folhas de bananeira brava; sobre as folhas, mantém-se durante até dez dias um fogo sempre aceso — o que exige monitoramento constante —, enquanto são realizadas práticas xamânicas, semelhantes àquelas do ritual da lua nova. Depois, os pertences do defunto são queimados e a comunidade se distancia daquela maloca. O tabu de não pronunciar o nome do falecido é com frequência interpretado como uma espécie de “apagamento” daquele que se foi. Não se trata disso. Antes de tudo, é uma forma de mostrar respeito e reverência; acredita-se que falar o nome pode perturbar o espírito ou impedi-lo de partir para o próximo estágio de sua existência. Pode ainda atrair sua atenção indesejada ou até mesmo provocar sua ira. Assim, o tabu é também uma maneira de proteger os vivos de possíveis represálias ou influências espirituais negativas, além de ajudá-los a gradualmente aceitar a perda e seguir em frente. Estudioso de processos de luto, e autor de um livro sobre o tema, o psicanalista paulistano Christian Dunker considera que os indígenas que mantêm esse costume procuram lidar com a dor, o quanto possível, de um modo equilibrado. Para eles, diz Dunker, “o bom luto não se dá quando você incorpora e canibaliza o outro; dá-se quando você dissolve seu eu, suspende a sede de apego e, em vez de guardar o outro dentro de si, deixa que o outro guarde você infinitamente de forma indeterminada.” Nessa chave analítica, aquele que se foi leva para a eternidade um pouco dos seus amados que ficaram. Por óbvio, não se trata aqui de desmerecer a forma de elaborar o luto em muitas das tradições ocidentais; ater-se à reverência da memória, falar, lembrar e celebrar são maneiras diferentes de homenagear os mortos queridos, porém igualmente repletas de significados poderosos.

No rito funerário Akuntsú, os mínimos detalhes precisam ser observados para assegurar que o espírito do morto volte à terra e descanse em paz no subsolo, sem riscos de mergulhar em rios profundos, onde poderá se transformar em cobra, serpente ou jacaré. A concepção do subsolo como um domínio de segurança e serenidade é central nos mitos de criação de diversas etnias do sul de Roraima. Embora ainda não se conheça a cosmogonia Akuntsú, em razão das persistentes dificuldades nos diálogos acerca de temas mais subjetivos, não é um disparate imaginar que se assemelhe à dos povos vizinhos, para as quais a espécie humana surgiu da terra através de um buraco. Este elemento está presente, por exemplo, na narrativa Kanoê.

O mito de origem Kanoê se inicia com a floresta — para todos os efeitos, a Terra — habitada apenas por espíritos e animais. Daí, um evento decisivo ocorre quando um pica-pau ancestral perfura uma pedra, criando um enorme buraco. Dali, emerge primeiro o povo Kanoê, falando a língua do pica-pau, ele próprio um integrante da nação primeva. O pássaro então designa o território para seu povo. Depois, saem os Tupari, que também recebem instruções para ocupar uma determinada área. O mesmo ocorre com os Aikanã, e assim por diante, até que todas as nações indígenas tenham saído. Finalmente, o pica-pau Kanoê, responsável por definir as terras, vê que homens brancos começam a sair do buraco. Assustado, o pássaro voa para longe sem delimitar um território para eles. Por isso os homens brancos estão por todos os lugares, nas florestas e nos campos, nas cidades e nas montanhas, sem respeitar limites, ávidos por ocupar todos os espaços.

É presumível que o mito, ou alguma variação dele, explique um detalhe importante do comportamento do homem que ficou conhecido como o Índio do Buraco. Último sobrevivente de uma etnia não identificada, ele vivia sozinho e isolado no território que atualmente integra a Terra Indígena Tanaru, em Corumbiara, a mais ou menos 15 quilômetros do Rio Omerê. Escapando de ataques de invasores, madeireiros e garimpeiros, ele ocupou durante as décadas de 1980 e 1990 uma série de cabanas de palha improvisadas, nas quais a única parte elaborada com cuidado era um buraco de três metros de profundidade em que se abrigava. Para o indigenista Marcelo dos Santos, as evidências são claras: “Não tenho dúvidas de que a cosmogonia que lhe foi ensinada na infância o fez entender que o subsolo representava a segurança de uma era ancestral”.

IV

A suposição de que todos aspiramos aos confortos e à segurança do que comumente se define como "civilização" parece um tanto equivocada. Embora longe de serem hegemônicas, as alternativas possíveis ao modelão ocidental no mínimo colocam em pauta o tema da equação trabalho / estresse / qualidade de vida. Em geral, os indígenas precisam trabalhar diariamente em média seis horas, não têm necessidade de produzir excedentes, não desperdiçam parte do dia no trânsito e dispõem de muito mais tempo do que nós para o lazer e o exercício de atividades relacionadas à espiritualidade. Além desses fatores, numerosas populações autóctones estão determinadas a salvaguardar sua identidade cultural. De modo que são fartos os registros de povos que tiveram contato com os "brancos", até estabeleceram trocas esporádicas, mas optaram pelo isolamento em seu habitat original. Há casos em todo o mundo. Os Korowai, de Papua Ocidental, na ilha da Nova Guiné, foram contatados nos anos 1970 por uma expedição holandesa, depois visitados por antropólogos, missionários e até turistas; puderam conhecer genericamente o modo de vida ocidental, mas têm preferido ficar na floresta e conservar os costumes ancestrais. Na Colômbia, o povo Nukak Maku, isolado até 1981, foi compelido a viver sob proteção do Estado, dado o avanço de guerrilhas socialistas em seu território; ainda assim, a maioria dos indígenas escolheu retrair-se para zonas mais profundas da selva. Na Ásia, os fatos relacionados aos Sentinelese, de tão pitorescos, já se tornaram folclóricos. Eles vivem na Ilha Sentinela do Norte, no Arquipélago de Andaman, que é território indiano, embora esteja mais próximo da costa de Myanmar. Desde o século XVIII, quando foram identificados à distância, os Sentinelese têm sido extremamente hostis a todos os que arriscam uma aproximação. Já dispararam saraivadas de flechas contra marinheiros que tentavam resgatar um navio naufragado. Mataram dois pescadores que dormiam em um barco à deriva que chegou perto demais de uma das praias. Em 1974, de nada adiantaram os presentes oferecidos por uma equipe de filmagem interessada em produzir um documentário; o diretor acabou flechado na coxa e a equipe teve de fugir apressadamente. O último episódio que ganhou manchetes na imprensa internacional e reacendeu debates globais sobre a ética do contato com povos isolados ocorreu em 2018. Contrariando todas as recomendações, o missionário norte-americano John Allen Chau foi à Ilha Sentinela do Norte com o propósito de converter os habitantes ao cristianismo. Para surpresa apenas do próprio Chau, ele foi morto por flechas ao tentar desembarcar.

Embora sem adotar um comportamento belicista como o dos Sentinelese, muitas comunidades da Amazônia brasileira têm escolhido recuar para a floresta após breves períodos de contato. Localizados em 1988 nas matas da divisa entre Mato Grosso e Rondônia, os Piripkura foram vacinados, não recusaram presentes, como facões e panelas, mas a maior parte deles decidiu dar as costas aos "brancos" para mergulhar de novo na selva inexpugnável. Grupos dos povos Awá-Guajá, do Maranhão, e Kawahira do Rio Pardo, da fronteira do Mato Grosso com o Amazonas, também se distanciaram dos postos de apoio montados pela Funai. No Vale do Omerê, por pouco o mesmo não aconteceu com os Akuntsú. Dois anos depois do contato, o cacique Konibú botou fogo nas malocas e rumou com os seus mata adentro. Não conseguiram ir longe. Tomavam uma direção, caminhavam alguns dias e se deparavam com uma enorme área de pasto. Mudavam de curso, mais caminhadas, e acabavam numa fazenda. Cercados por imensos perímetros desmatados, eram obrigados a dar meia-volta para permanecer nas matas fechadas, onde se sentiam menos inseguros.

O motivo do afastamento foi um crime. Oaymoró, a líder autoritária Kanoê que queria mandar também nos vizinhos, foi morta pelos Akuntsú. Além de ser tradição entre eles distanciar-se de locais em que houve mortes, é provável que tenham procurado ficar longe dos Kanoê para evitar represálias. O indigenista Altair Algayer, um catarinense que, em razão do tempo que fica na floresta, contabiliza 28 malárias, passou quase todo o ano de 1997 embrenhando-se nos matos para tentar encontrá-los. "Se não existissem atividades ilegais na região, tudo bem, não teria problema deixá-los ir para onde quisessem. Mas havia ainda madeireiros e garimpeiros que poderiam atacá-los", diz Algayer. Onde identificava vestígios da presença dos Akuntsú, o sertanista deixava presentes. Era uma forma de comunicar que o retorno deles seria pacífico. O grupo acabou voltando por causa de um acidente. Uma árvore atingida por um raio, ao cair, matou uma das meninas e quebrou uma perna de Konibú. A fatalidade foi interpretada pelos Kanoê como uma punição perpetrada pelos espíritos da floresta em consequência do assassinato de Oaymoró. A desconfiança instalou-se no Omerê e as duas comunidades evitaram relacionar-se durante alguns anos. A muito custo, os ressentimentos foram domados e a paz, reinstituída com uma longa sessão de inalação de pó de angico, pajelança e músicas. Ao menos a aproximação entre Konibú e a Kanoê Tiramãtu foi além das meras formalidades diplomáticas. Embora não tenham se tornado publicamente um casal, eles tiveram um filho, Bukwá, que nasceu em 2002.

Tanto para os Kanoê quanto para os Akuntsú, acontecimentos dramáticos ou decisivos na trajetória pessoal são ocasiões que permitem a mudança de nome. Depois do homicídio de Oaymoró, Operá, o rapaz Kanoê que queria casar-se com a filha do cacique Konibú, informou que dali em diante seria chamado de Purá. Nos anos seguintes, devido a outros eventos de elevada carga emocional, Tiramãtu, a irmã de Purá, adotou o nome de

Txinamãty; e Mariututuá, mãe dos dois, autodenominou-se Tutuá. Entre os Akuntsú, as mulheres também mudaram de nome, e Konibú já fora chamado de Kwatin — literalmente, "cobra"; ao narrar lembranças amargas, ele ressalta: "Kwatin chorava. Eu, não." Tornar-se outro é uma libertação. O passado não precisa ser ignorado, mas é como se a própria história, até determinado ponto, tivesse sido protagonizada por outro indivíduo, com o qual não se tem o compromisso de compartilhar toda a responsabilidade pelos erros cometidos. Para a linguista Carolina Coelho Aragon, a maior especialista no idioma Akuntsú — e a única pessoa não indígena que fala a língua — "o novo nome marca um novo ciclo, a formação de uma nova pessoa, construída a partir de uma nova energia vital".

Embora atualmente ocupem a área protegida da Terra Indígena Rio Omerê e não estejam mais sujeitos a ataques, os dois grupos parecem destinados ao desaparecimento. Estão entre as menores etnias do mundo e não há indícios de que no futuro possa ocorrer uma recuperação populacional. Com as mortes que aconteceram desde que o fotógrafo Valdemir Cunha e eu os visitamos, em 1996, restam hoje (agora estamos em 2025) apenas três mulheres Akuntsú e os irmãos Kanoê Txinamãty e Purá — precisamente os dois que foram os primeiros contatados em 1995. Melancólico e enfático ao afirmar que não quer se envolver com ninguém, Purá não se configura numa esperança de sobrevivência da etnia. Talvez o jovem Bukwá represente algum tipo de continuidade. Meio Akuntsú, meio Kanoê, ele é a personificação do encontro entre os povos e da superação das hostilidades. Fala os dois idiomas, além do português, e é prestativo e afetuoso com sua mãe e com as mulheres Akuntsú, que trata como tias. No entanto, como na comunidade não havia opções viáveis de casamento, Bukwá casou-se com uma mulher da etnia Arua e com ela teve um filho. E assim deu-se uma miscigenação bem brasileira, já que não existem mais Kanoê "legítimas" — nas terras indígenas de Rondônia, há pouco mais de 300 falantes de um Kanoê trôpego, pessoas que são filhas ou netas de realocados nos anos 1940 e viram seu idioma e etnia misturarem-se a outros.

Na ausência de crianças, as três mulheres Akuntsú se referem às aves que criam como “filhos”. Os mais queridos são os maracanãs, um tipo nativo de papagaio. Eles são conduzidos para todos os lugares, apoiados nos ombros ou em pedaços de pau. Pugapia, Aiga e Babawro brincam de levá-los ao peito, fingindo amamentar. Elas vivem numa maloca tradicional, não aprenderam português, nem se interessam pelos programas exibidos na televisão instalada na base da Funai, acompanhados com avidez pelos Kanoê. Apesar das adversidades e do fim praticamente inexorável do seu povo, as Akuntsú continuam bem-humoradas, recebem os visitantes de forma calorosa, fazem piadas. Bukwá cuida para que tenham sempre caça fresca à disposição e um dos pratos mais apreciados é cozido de milho com carne de macaco-preto. O ritual da lua nova já não é mais realizado, mas as regras funerárias são diligentemente cumpridas. Em 2015, quando o cacique Konibú morreu, com cerca de 85 anos, pajés Tupari foram convocados ao Omerê para executar os procedimentos espirituais e comandar a aspiração de rapé de pó de angico. O mesmo se deu após a morte de Pupák.

O entusiasmo e a leveza, cultivados pelo povo Akuntsú num ambiente musical e de exaltação apaixonada à natureza, talvez se tornem a contribuição imaterial mais marcante dessa pequena comunidade amazônica. A longa e exaustiva resistência ao extermínio e a rejeição ao ressentimento são traços pelos quais, espera-se, o povo venha a ser lembrado quando sua tumultuada jornada virar História. Com relação ao poder da pajelança e dos feitiços, sempre haverá um conjunto de mistérios a envolvê-los. O certo é que um dia, que não seja em breve, as almas das três últimas Akuntsú descansarão em paz no subsolo.

Uganda
BWINDI
IMPENETRABLE PARK
República
Democrática
do Congo
MONTE
SABYINYO
MONTANHAS
VIRUNGA
Ruanda
GRANDES
LAGOS
Burundi
Tanzânia

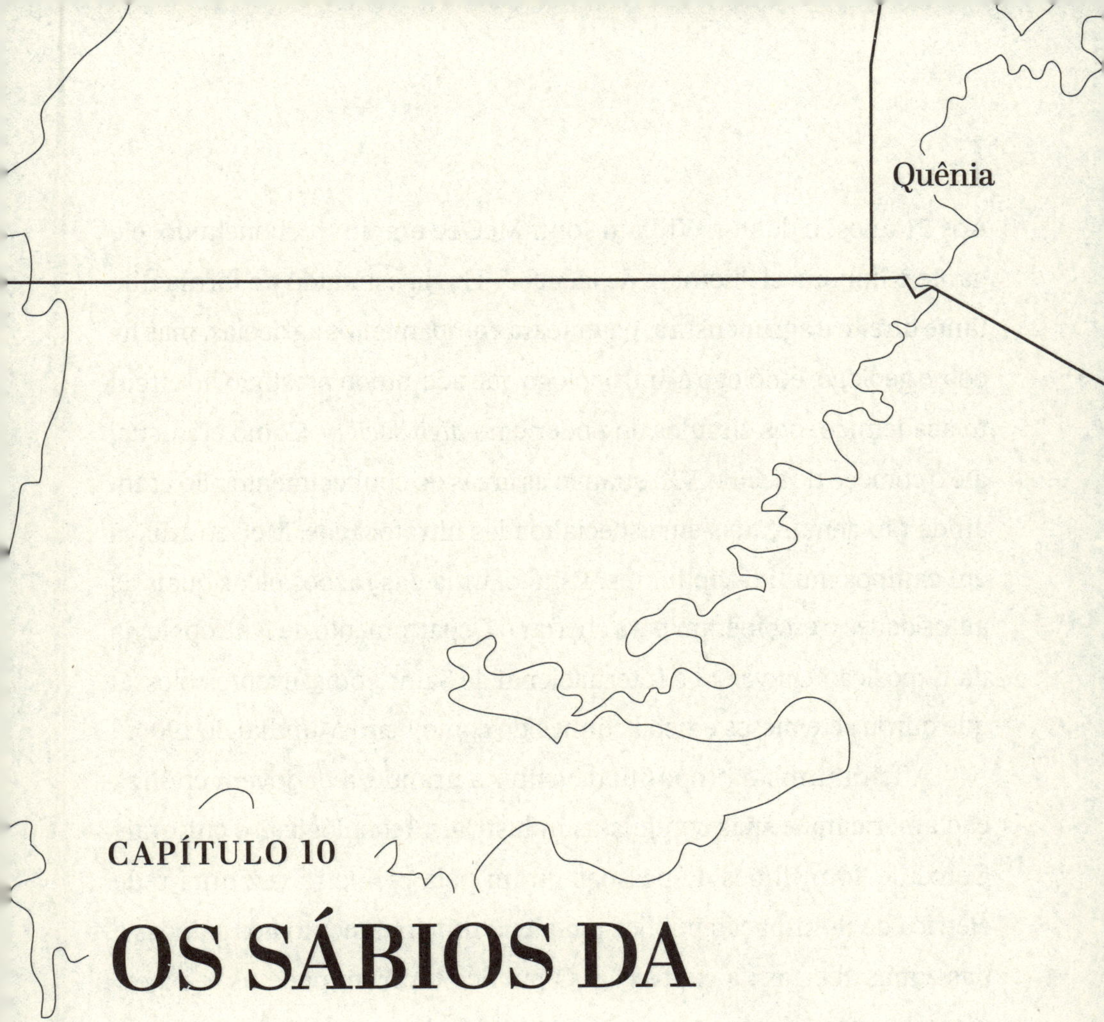

CAPÍTULO 10

OS SÁBIOS DA FLORESTA E SEUS ESPÍRITOS DANÇARINOS

Discriminados, os pigmeus Batwa reúnem um vasto conhecimento em parte ignorado pelo Ocidente

I

Aos 51 anos, o doutor William John McGee era um rechonchudo, elegante e honorável "homem de ciência". Havia estudado de forma diletante direito e agrimensura, patenteara equipamentos agrícolas, mas foi como geólogo, etnólogo e antropólogo que acumulou prestígio no circuito acadêmico, nos círculos do poder e no *high society*. Como era usual até o começo do século XX, quando as áreas do conhecimento não eram ainda tão demarcadas em especialidades ultrafocadas, McGee atuava em campos multidisciplinares. Esta foi uma das razões pelas quais as autoridades o escolheram para chefiar o Departamento de Antropologia da Exposição Universal e Internacional de Saint Louis, evento colossal que durou sete meses e ficou conhecido como Feira Mundial de 1904.

A feira tinha o propósito de exibir a grandeza da jovem civilização americana e suas conquistas industriais, tecnológicas e culturais. Cerca de 20 milhões de pessoas viram pela primeira vez uma rede elétrica de iluminação pública em pleno funcionamento nos galpões e nas zonas abertas da exposição. O público também pôde usar experimentalmente o telefone e entender o básico da tecnologia apresentada pela Bell Company. Várias outras novidades encantavam as multidões: o aeroplano dos Irmãos Wright, os primeiros automóveis e carrinhos elétricos, o sorvete em cone, a roda-gigante de George Washington Ferris. A cidade de Saint Louis, no Estado do Missouri, às margens do rio Mississippi, era indiscutivelmente a capital do mundo naqueles dias. Depois de visitar a feira, o cidadão americano voltava para casa com a percepção de que seu povo atingira o ápice da experiência humana, sobretudo em contraposição a "raças inferiores" expostas nos pavilhões dedicados às atrações ditas etnológicas. Pelo menos três mil "selvagens" de grupos étnicos das Américas, da Ásia e da África eram exibidos em cenários produzidos com referências a seus habitats. Um desses grupos tornou-se alvo de especial interesse, como demonstra o título de uma reportagem de destaque do jornal *The St. Louis Republic* de 10 de julho de 1904: "Pigmeus podem ser o elo perdido". Entre informações tidas então como científicas, a matéria relata:

> *Esta é a primeira vez que aborígenes da África são transportados para um país de língua inglesa. É uma oportunidade para que cientistas possam estudá-los. [...] Muitas das características observadas entre pigmeus assemelham-se mais a macacos ou tipos símios. [...] Os pigmeus raramente andam. Sua forma de locomoção lembra a do macaco. Eles são ágeis e constantemente ativos. Têm um vocabulário de 50 palavras, o menor entre quaisquer raças; o próximo vocabulário mais curto de que se tem conhecimento é o dos índios da América Central, com 400 palavras. Os pigmeus são a raça de tamanho mais reduzido entre os humanos; têm entre 2 a 4 pés* (de 61 centímetros a 1,22 metro).

Na mesma edição do *St. Louis Republic*, o próprio Dr. McGee discorre num artigo sobre suas convicções:

> *Os pigmeus Batwa e outros nativos do Congo foram selecionados especialmente para ilustrar uma fase inicial do desenvolvimento humano. Durante os últimos cinquenta anos estudantes se convenceram de que a humanidade surgiu de algum ancestral inferior de caráter símio ou pitecoide* (semelhante a macaco). *Nos últimos dez ou quinze anos, os antropólogos chegaram a perceber o fato de que as diferentes raças e povos da Terra representam diferentes estágios ou graus de avanço a partir dessa forma inicial ou ancestral. Os pigmeus Batwa, que representam os aborígenes da África, têm recebido pouca atenção dos estudantes, mas*

até onde pode ser determinado eles se aproximam mais do tipo ancestral do que qualquer outro povo conhecido. Eles são prognatas — isto é, a parte inferior da face se projeta e a testa recua de maneira a alinhá-los mais aos símios do que aos humanos avançados. O tamanho do cérebro é pequeno, aproximando-se do padrão símio. Os membros anteriores são relativamente mais longos do que na maioria dos humanos, característica que também se aproxima dos padrões símios. E nos movimentos e atitudes habituais muitas outras semelhanças com o protótipo humano inferidas de pesquisas sobre o homem e animais inferiores podem ser encontrados pelo observador cuidadoso.

Tudo isso nos soa repugnante e abominável. Entretanto, era a "boa ciência" da época — não por acaso o Dr. McGee foi eleito presidente de duas ilustríssimas instituições, a Associação Antropológica Americana e a *National Geographic Society*. Naqueles anos, parte dos meios intelectuais estava contaminada pela doutrina do darwinismo social. Produto da transposição pseudocientífica da teoria da evolução biológica de Darwin para a esfera sociocultural, a tese propunha que a vida dos humanos em sociedade era uma luta pela existência regida pela "sobrevivência do mais apto". Os darwinistas sociais propugnavam que a seleção natural atuaria sobre as sociedades humanas, resultando na melhoria contínua das populações. O arrazoado teórico também dava suporte a teses relacionadas a hierarquização racial: algumas raças estariam evoluindo mais que outras, e aquelas na base da pirâmide evolutiva seriam naturalmente destinadas à extinção. Os mais adaptados triunfariam. E a América parecia a própria glorificação do triunfo. Nesse contexto, o zoo humano montado nos pavilhões da Feira Mundial de 1904 em Saint Louis atestava a distância que a civilização americana estabelecera frente aos povos "primitivos".

Na feira, a multidão se acotovelava com tal alvoroço para ver "os pigmeus selvagens" que a Guarda Nacional teve de ser convocada para botar ordem na fila. Um dos oito africanos expostos, Ota Benga, de 21 anos e 1,49 metro de altura, rapidamente ganhou fama em razão dos dentes pontiagudos — na sua aldeia, ele submetera-se a um procedimento cosmético, considerado embelezador, por meio da qual os dentes são limados de modo a se assemelharem a pontas de flechas. O *St. Louis Republic* não teve dúvidas: "Há um canibal entre eles. No entanto, ele parece até agora contente com as bananas que lhe são oferecidas. Tampouco deu sinal de que pretende devorar algum dos visitantes." Uma vez encerrado o evento, sete dos africanos foram despachados de volta, mas Ota Benga ficou nos Estados Unidos. Em 1906, ele acabou sendo exposto numa jaula, junto com um macaco, no zoológico do Bronx, em Nova York. Depois de uma desafortunada série de acontecimentos, Benga, deprimido, acabou se matando com um tiro no coração em 1916, aos 33 anos.

Decerto, ninguém hoje com as sinapses em funcionamento haverá de alegar meio milímetro de validade dos conceitos relacionados ao darwinismo social. Além disso, sabe-se, entre outras coisas, que os Batwa têm um vocabulário vasto, cultivam modelos sofisticados de organização social e, claro, locomovem-se normalmente. Ao mesmo tempo, no que diz respeito a etnias em que predominam pessoas de baixa estatura, parece persistir um olhar condescendente, como se fossem merecedoras de comiseração, mas jamais detentoras de conhecimentos úteis e aplicáveis a sociedades modernas. Uma investigação cautelosa faz desabar o estereótipo.

Os grupos étnicos identificados como pigmeus habitam as florestas equatoriais da África Central e Ocidental. São encontrados em países como Camarões, Gabão, República Centro-Africana, República

Democrática do Congo, Uganda, Ruanda e Burundi. Não compõem uma única etnia. Aka, Baka, Mbuti e Batwa, por exemplo, embora tenham certas similaridades, preservam culturas distintas e tradições próprias. As estatísticas acerca da população total de pigmeus são imprecisas, mas as estimativas mais confiáveis dão conta de no máximo 300 mil indivíduos. Cerca de um terço desse total é da etnia Batwa, a tribo mais numerosa.

Os Batwa vivem nas florestas da região dos Grandes Lagos, principalmente em torno da cordilheira vulcânica das montanhas Virunga, na fronteira tríplice entre Congo, Uganda e Ruanda. Atendendo a pressões de organizações ambientalistas internacionais, as autoridades dos três países implementaram nos parques nacionais da região medidas contra a caça e o tráfico de animais selvagens sobretudo a partir dos anos 1990. Se, por um lado, a partir de então notícias alvissareiras passaram a merecer registro na imprensa — como o aumento da população de gorilas —, por outro, os Batwa, originalmente caçadores-coletores seminômades, foram obrigados a se enquadrar a um modo de vida para eles antinatural. Viram-se impedidos de caçar nas áreas de preservação e tiveram que se fixar em pequenas aldeias, em geral vizinhas a vilarejos de grupos étnicos que os veem de forma preconceituosa.

Aos pés do monte Sabyinyo, no Parque Nacional Mgahinga, em Uganda, uma comunidade de 400 Batwa tenta manter-se à distância daquilo que seus líderes consideram uma influência destruidora. "São muitos os do nosso povo que, com a autoestima arruinada, entregam-se ao alcoolismo", diz Kwizera, um jovem impetuoso que desincentiva a mudança para as cidades, onde, marginalizados, os Batwa ganham trocados fazendo biscates e passam os dias embriagando-se com ajon, um fermentado de painço, ou matoke, a cerveja de banana. Ao mesmo tempo, Kwizera reconhece que a diáspora Batwa é quase uma imposição circunstancial. O povoado do monte Sabyinyo só obteve autorização para manter-se no local de origem e não ser removido porque comprovou sua relevância histórica; nas proximidades está a caverna Ngarama, onde reis Batwa reuniam-se com seus conselheiros para deliberações estratégicas.

Em contraste à prática predominante em quase todas as sociedades tradicionais, entre os Batwa de Uganda o voto dos jovens vale mais que o dos anciãos nas reuniões de Conselho. Entende-se que os jovens, que têm mais vigor e informações de fora da comunidade, devem assumir mais responsabilidades na condução dos assuntos coletivos.

A Ngarama também era utilizada como refúgio de guerreiros antes e depois de combates. Estamos a 14 metros de profundidade, sob uma temperatura estável de 22ºC, embora lá fora o calor produza um estado de estupor mental, e começamos a percorrer os quase 350 metros da caverna quando nuvens de morcegos se assustam com nossas lanternas. Kwizera comenta que lugares como este funcionavam como núcleos táticos para a comunidade e deixar de usar as cavernas que estão em áreas de preservação lhe parece mais um elemento desestabilizador.

Na região do Mgahinga, definiu-se que as crianças devem aprender as técnicas ancestrais de caça e pesca, apesar das interdições. Não se pode mais matar antílopes, elefantes, búfalos e macacos, mas, na prática, não há punição para a coleta de frutas e mel ou para a captura de animais pequenos, como porcos-espinhos, lagartos, rãs, aves e peixes. Na mata, os adolescentes ensinam às crianças como fazer fogo com pedras e gravetos, confeccionar armadilhas e manusear o arco e flecha e a lança. A meninada também aprende a fabricar vários instrumentos com o bambu alpino africano, como flautas, copos e até um tipo de cantil de mais de um metro que é transportado amarrado às costas — um acessório aparentemente desproporcional caso se leve em conta a altura média das pessoas.

Na floresta, Kwizera me mostra diversas plantas medicinais e uma erva que os Batwa chamam de urubukan e usam como perfume — seu cheiro mentolado é puro frescor. No meio do percurso de 12 quilômetros entramos numa mata de bambu. O vento leve faz os caniços ocos se chocarem, produzindo notas variadas da escala musical. Pássaros cantam, animados com a chuva que se foi. Há ainda os sons da água que corre num riacho próximo e dos nossos passos sobre o solo fofo, em razão de uma grossa camada de folhas amareladas que forra o chão. É quase lisérgico o efeito dessa modulação sinfônica. Os sentidos parecem flutuar num estado extracorpóreo. Não é difícil entender o caráter espiritual que os Batwa conferem à floresta, o território que lhes coube na partilha dos bens do mundo, segundo sua mitologia.

II

Em culturas de tradição oral, há diferentes versões para os mitos, e algumas delas, embora sejam contraditórias sob a lente contemporânea ocidental, às vezes convivem harmoniosamente entre os africanos. Assim, uma das narrativas de origem Batwa se inicia com o Deus Criador, chamado Nagaasan ou Imaana, reunindo todas as raças e clãs que viriam a ocupar o mundo. Nagaasan, então, escolhe os Batwa para tornarem-se os primeiros seres humanos. Diz a eles: "Vão e usem a floresta. Comam as frutas, o mel, as raízes e a carne da floresta." Aos outros povos, Nagaasan designa diferentes regiões do planeta. Outro mito, não necessariamente excludente, dá conta de que nos primórdios da existência humana um rei chamado Kihanga teve três filhos: Katutsi,

Kahutu e Katwa. Kihanga deu a cada um dos três uma cabaça cheia de leite e recomendou que lhes devolvessem no dia seguinte. Assim fez Katutsi. Então, o pai o abençoou com todas as vacas, com as quais ele e seus filhos poderiam prosperar por gerações. Kahutu entregou a cabaça pela metade. Kihanga deu-lhe uma enxada e sementes que o ajudariam a cultivar alimentos. Finalmente, Katwa devolveu a cabaça vazia. Admitiu que havia bebido todo o leite durante a noite. Como resultado, foi abençoado com a floresta e tudo o que havia nela, e teve de sobreviver caçando e coletando.

Ao contar a história, os Batwa não consideram que Katwa tenha cometido um erro ao desobedecer ao pai. Apenas a acumulação e o planejamento eram estranhos à sua natureza; não fazia sentido deixar de beber o leite. De todo modo, com cada um na sua esfera de atuação, uma ordem harmônica instituiu-se por gerações. Mas então surgiu um desequilíbrio. Os descendentes de Katutsi e Kahutu, dispondo da abundância de recursos, multiplicaram-se de maneira excessiva. E daí passaram a dominar a descendência de Katwa.

Os nomes dos filhos do rei Kihanga são óbvias referências às etnias predominantes nesta parte do continente africano: Tutsi, Hutu e Batwa. Tradicionalmente, os Tutsi são pastores de gado e os Hutu, agricultores. Muito antes dos confrontos horripilantes entre os dois povos, que resultaram no monstruoso genocídio de Ruanda em 1994, os Tutsi e os Hutu já tratavam os Batwa como uma subcategoria de indivíduos, gente sem direitos legítimos. Do final do século XIX até os anos 1960, durante as administrações imperialistas alemã e belga, tanto Hutu quanto Tutsi, em diferentes momentos e circunstâncias, serviram aos governos coloniais em Ruanda, em Uganda e no Congo. Os Batwa, no entanto, jamais foram convocados pelos europeus para atuar na gestão da burocracia oficial.

Historicamente, povos nômades e seminômades têm sido submetidos ao jugo de povos sedentários. Embora o impulso de vagar tenha assegurado, por 150 mil anos, a disseminação da espécie *Homo sapiens* no planeta, há 12 mil anos, com a sedentarização decorrente da agricultura ou da religião — persistem os debates sobre o que motivou a origem do primeiro assentamento —, as sociedades passaram a ver com desprezo os grupos que perambulam pelo mundo. Os tártaros, nômades da Ásia Central, acabaram dominados pela Rússia czarista. Os ciganos, nômades originários da Índia, foram frequentemente perseguidos e discriminados por populações sedentarizadas da Europa. Numerosos povos indígenas da América do Norte foram confinados em glebas demarcadas pelos colonizadores. Não foi diferente com os Batwa. Com um agravante que intensifica a hostilidade contra eles: o preconceito em relação à sua constituição física.

Ao que se sabe, a menção mais antiga a um pigmeu é de 2275 AEC. Informado de que o expedicionário Harkhuf, a serviço do Estado egípcio, havia incorporado à sua caravana um certo "anão dançarino", o faraó Pepi II envia-lhe uma carta, na qual determina seu retorno:

> *Acode ao norte, à corte, imediatamente. Conduz contigo o anão que tiraste vivo e são da terra dos espíritos, para as danças do Deus, a fim de que se regozije o coração do rei do Egito Inferior e Superior, o que vive para sempre. Ao baixares o rio, cuida que haja sempre alguém de confiança junto ao anão, dos dois lados do barco. Procura evitar que caia n'água. À noite, quando durma, põe gente a deitar perto dele, na tenda. Mais deseja Minha Majestade ver esse anão do que as riquezas do Sinai e do Punt.*

Os historiadores não têm dúvidas de que a obsessiva curiosidade do rei tinha como alvo um pigmeu — até porque não se desconhecia o nanismo no Antigo Egito. Dada a inexistência então de um termo apropriado, Pepi II usou a palavra "anão". As referências à "terra dos espíritos" e às "danças do Deus" são outros elementos que ajudam a confirmar a interpretação dos estudiosos. Harkhuf, que liderava caravanas comerciais de até oito meses de duração, deve ter ido além da região da Alta Núbia, onde hoje é o Sudão, e testemunhado grupos de pigmeus no exercício de artes divinatórias. Há evidências de que Pepi II foi atendido e o pigmeu provavelmente tornou-se um artista da corte.

No século V AEC, o historiador grego Heródoto faz um registro importante. Citando como fonte alguns homens de Cirene, na época uma cidade-estado grega na Líbia, Heródoto descreve uma viagem empreendida por um grupo de jovens no deserto líbio "repleto de feras selvagens" e "areia diabolicamente seca". Depois de passarem por regiões em que havia aldeias, os jovens "chegaram às terras bestiais e, de lá, seguiram pelo deserto, abrindo caminho contra o vento oeste." A história continua:

> *E tendo passado por muita terra arenosa por muitos dias, eles finalmente viram árvores crescendo em uma planície e foram até lá e tocaram nos frutos* [...]. *E homens pequenos vieram em direção* [aos jovens], *homens menores que a média, que os* [...] *conduziram através de um pântano muito grande, e* [...] *chegaram a uma cidade em que todos eram, com relação ao tamanho, como aqueles que os lideraram, e de pele negra. Um grande rio corria para a cidade e fluía do oeste em direção ao sol nascente.*

Pelo relato de Heródoto, é possível presumir que os viajantes, rumando para o sul em meio a condições adversas, tenham conseguido chegar no máximo ao que é hoje o extremo norte do Níger ou do Chade — ou seja, havia na época faixas de floresta no atual Sahel, o árido sertão africano que separa o deserto do Saara da zona das savanas. Uma outra constatação é a de que as comunidades de "homens pequenos" espraiavam-se por territórios muito mais vastos do que aqueles em que atualmente se concentram; especialistas atestam que podiam ser encontrados do Senegal até o Quênia.

Homenzinhos míticos aparecem em sagas africanas, lendas e fábulas quase sempre como os primeiros donos da terra, que dominavam as florestas e os animais selvagens. A origem dos povos pigmeus, entretanto, continua incerta. O consenso é que estão entre as populações mais antigas da África — e, por conseguinte, de toda a humanidade. E é isso. A arqueologia, por exemplo, teria de superar obstáculos formidáveis para estabelecer definições mais certeiras. Para começar, o acesso dificílimo às florestas faz a logística de qualquer pesquisa tornar-se uma operação infernal, além de muito cara. Um outro detalhe é a decomposição rápida de materiais orgânicos em razão da alta umidade e da ação de numerosos micro-organismos, insetos e animais; restos humanos e artefatos dissolvem-se em pouco tempo. Entre várias outras encrencas, sítios arqueológicos são camuflados pela vegetação e a copa das árvores forma um teto que impede a penetração da luz solar, complicando a documentação e o registro de escavações. A tecnologia tem ajudado bastante, mas drones e satélites não resolvem tudo.

III

A ciência também não cravou uma tese acerca da baixa estatura dos pigmeus. São abundantes as hipóteses evolutivas apresentadas. Considerando que o ambiente deve ter influenciado de várias maneiras a seleção natural, a antropóloga Priscille Touraille, do Centro Nacional de Pesquisa Científica da França, levanta algumas possibilidades. Uma das suposições mais interessantes é a de que a alta densidade da cobertura florestal, ao dificultar o acesso a alimentos ricos em nutrientes, favoreceria a seleção de indivíduos de menor estatura e, logo, com menos necessidade de calorias. É possível, ainda, que a mortalidade média elevada num ambiente de alta exposição a predadores e animais peçonhentos tenha sido prejudicial a pessoas mais altas — novamente por causa da necessidade que têm de mais alimentos, o que significa mais recursos num ecossistema onde não há produção sistemática de comida, tampouco estoque para os períodos de carência. De qualquer maneira, são especulações — feitas por cientistas, com base em dados, é verdade, no entanto sem uma conclusão definitiva.

Caminhando no meio da floresta com Kwizera e seus amigos, fica evidente para mim que a baixa estatura é um benefício — com os joelhos flexionados e o tronco curvado, os Batwa movimentam-se com rapidez e elegância, abaixo do nível em que cipós, galhos finos e lianas formam armadilhas, enquanto eu tropeço a todo momento e me emaranho nos matos. Ao observar os Batwa em seu ambiente natural, fica clara a estupidez que é considerá-los "primitivos". Entretanto, embora de modo subliminar, esta ainda é a visão prevalente. E um dos exemplos mais notáveis é como a história da zoóloga americana Dian Fossey transfigurou-se num enredo em que a ciência ocidental faz oposição ao "obscurantismo africano". No filme *Nas Montanhas dos Gorilas*, de 1988, Fossey, interpretada pela atriz Sigourney Weaver, é uma pesquisadora obstinada que estuda minuciosamente os primatas e passa a conhecê-los como ninguém. Os Batwa, por sua vez, ora são uns coitados ignorantes que não têm consciência da importância de preservar os gorilas, ora são inocentes úteis a serviço de caçadores impiedosos.

Quem assiste ao filme, fica com a impressão de que inexiste uma sabedoria tradicional acerca dos gorilas-das-montanhas — espécie cientificamente catalogada como *Gorilla beringei beringei*. Sem subestimar a monumental realização de Dian Fossey no campo do ativismo de conservação, talvez contenha um certo traço de arrogância a ideia de que 18 anos de estudo de uma cientista ocidental possam reunir um volume de conhecimento superior, ou mais relevante, àquele acumulado pelos Batwa. "Eles passaram milênios entre gorilas, dormindo nas mesmas florestas, observando o que comem, como acasalam, e assim por diante; esse conhecimento foi transmitido e expandido por milhares de gerações", pondera num artigo científico o pesquisador e escritor português Rui Diogo, da Universidade Howard, nos Estados Unidos. Na verdade, não são poucos os Batwa capazes de apresentar um TED Talk sobre os gorilas.

É um deleite observar uma espécie com a qual o *Homo sapiens* compartilha entre 98% a 99% do código genético. Os filhotes fazem graça, sobem nas árvores, penduram-se de ponta-cabeça, se exibindo; as fêmeas, atentas, reclamam do showzinho e chamam as "crianças" para perto. O macho dominante, denominado "prateado" devido à pelagem mais clara nas costas, é um bicho enorme, imponente, de 2 metros de comprimento e cerca de 220 quilos. Ele olha de viés para nós, certo de que sempre terá o controle da situação. Os gorilas passam a maior parte do tempo comendo, dada a necessidade de prover energia para o imenso organismo; a dieta básica é composta de folhas, brotos e frutas — eventualmente, também raízes e flores. Vivem em famílias e têm hábitos diurnos; no fim da tarde, preparam as "camas" com folhas e galhos. Para se comunicar, fazem uso de um amplo repertório de vocalizações, com grunhidos, rosnados e guinchos, além de gestos e expressões faciais. Respeitam a hierarquia, são capazes de aprender a usar ferramentas e, no geral, mantêm um comportamento pacífico. Pudemos testemunhar uma exceção a esse padrão quando nosso grupo de sete pessoas chegou perto demais, talvez a uns 3 metros, de alguns filhotes brincalhões. Uma fêmea ficou de pé, aproximou-se de nós, bateu seguidamente com os punhos no peito, grunhiu com potência, exigindo que nos afastássemos — no que foi prontamente atendida. O macho alfa também levantou-se, porém calmamente. Apenas caminhou em direção à fêmea irritada. E nos encarou com um olhar sereno.

Nos parques nacionais Volcanoes, em Ruanda, e Bwindi Impenetrable, em Uganda, dois lugares onde é possível ver os gorilas-das-montanhas no seu habitat, encontrei guias e guardas florestais Tutsi, Hutu e de outros grupos étnicos — e até ocidentais —, porém nenhum Batwa. Isso é particularmente embaraçoso se levarmos em conta que a floresta é o ambiente de origem dos Batwa, que como poucos conhecem o bioma.

Normalmente, a sabedoria indígena ainda é considerada, quando não anedótica, no máximo uma peculiaridade curiosa, às vezes exótica. É como se não houvesse a possibilidade de sair dali a "boa ciência" — que seria, nessa visão torta, produzida apenas por cérebros ocidentais. Tome-se por exemplo o caso da medicina. Ela é vista, segundo a análise do cientista Rui Diogo, como um campo exclusivamente dominado por humanos, "como se nós fizéssemos tudo sozinhos, no vácuo, sem observar os animais que nos rodeiam." Ele prossegue: "Ninguém está argumentando que chimpanzés, gorilas ou orangotangos conhecem os componentes químicos das plantas que usam para se automedicar. Eles simplesmente tiveram milhões de anos para experimentar diversas plantas e verificar quais delas ajudaram a aliviar dores, curar feridas etc. Então, faz sentido que o *Homo sapiens*, que chegou muito depois às florestas tropicais, em vez de aplicar a prática de tentativa e erro a partir do zero, observe as espécies que mais se assemelham a nós". A esse respeito, Diogo, que passou longas temporadas com grupos Batwa e Baka, relata o que ouviu de anciãos — cujo conteúdo é basicamente o mesmo daquele que obtive em entrevistas na região das montanhas Virunga: quando viviam nas florestas como seminômades e se deparavam com um gorila ou um chimpanzé ferido, os pigmeus montavam suas choças de gravetos, cipós e folhas perto do grupo de animais para observar que ervas, raízes ou cascas seriam utilizados no ferimento. "Isso poderia durar vários dias, porque eles aguardavam o animal ficar curado", me disse o ancião Bihira, assegurando que assim faziam seus pais.

IV

A pressão dos ambientalistas contra a caça foi um dos fatores preponderantes para a interdição do nomadismo nas florestas. Organizações internacionais e governos africanos ignoraram o fato de que os pigmeus jamais praticaram caça predatória. Depois de abater um animal grande, eles migravam para uma área distante, de modo a não produzir desequilíbrio. Mas como defender essa prática no atual Zeitgeist? "É curioso como ainda causa perplexidade quando dizemos que, para nós, a floresta é fonte indispensável de bem-estar físico, espiritual e emocional. Nunca seríamos capazes de praticar um tipo de caça que pudesse comprometer a floresta. Destruir a floresta é nos destruir", diz Kwizera, desta feita com voz pausada, marcando as palavras. "Sem a floresta, nós nem somos capazes de saber quem somos".

Para os Batwa, o encontro primordial entre os Adões e as Evas aconteceu em razão de uma contingência que se apresentou na floresta.

Ao criar a espécie humana — e os Batwa antes de todas as raças —, o Deus Nagaasan criou homens e mulheres separadamente. Mas apenas os homens conseguiam escalar as árvores mais altas para coletar o mel de colmeias preciosas. E assim, por causa do mel, as mulheres se aproximaram e entregaram-se ao sexo. Até hoje, a extração de mel é atividade masculina, bem como fazer fogo com gravetos e pedras. Em contrapartida, são as meninas que aprendem cedo a cozinhar e a preparar remédios. Mas não há determinação de gênero para uma série de outras tarefas, como tecer esteiras, cestos e bandejas ou moldar potes de barro.

Os casamentos ocorrem sempre dentro do grupo étnico e, quando a mulher engravida, sua dieta é reforçada com quantidades adicionais de carne, mel e vegetais. Também são ministradas beberagens para assegurar a saúde do feto. Dizem-me que as Batwa quase não gritam ao dar à luz. Na hora do parto, são auxiliadas por outras mulheres e o cordão umbilical é cortado com varetas de bambu. Segundo o costume ancestral, é tabu fazer sexo até que o bebê aprenda a andar. Os abortos são tidos como maldição. Quando acontecem, o feiticeiro é instruído a invocar as entidades para descobrir a causa do mal. Ele obtém a revelação a partir da leitura das brasas e cinzas de uma fogueira acesa com o propósito específico. Não ter filhos é um trauma doloroso. A procriação é a bênção maior para os Batwa. Caso se constate que um dos cônjuges é estéril, o outro deve buscar um novo casamento.

Impressiona como um povo que se viu forçado a mudar seu estilo de vida e impossibilitado de manter muitas de suas tradições seja capaz de cultivar uma alegria genuína, notadamente durante as danças festivas ou ritualísticas. Quando o grande círculo é formado, logo começam as palmas e a percussão dos tambores. Na sequência, flautas e um instrumento que se assemelha a um tipo rústico de harpa entram em ação. Na canção, vozes se sobrepõem umas às outras, como em ondas, numa sucessão de agudos intercalados por gritos e estalar de línguas. As crianças entram no meio da roda primeiro. Exibem um bailado que faria bonito na World of Dance, a prestigiada competição mundial de dança. Depois, é a vez dos idosos. Eles se remexem com uma malemolência doce, graciosa, coordenando os movimentos dos quadris com os do pescoço, braços esticados, apoiando-se no chão com um pé de cada vez. E então entram os jovens. Daí a coisa pega fogo. O ritmo se acelera, eles saltam, giram os braços, serpeando-se, sacudindo o corpo numa velocidade extraordinária, às vezes como se estivessem numa alegre disputa. O sorriso está em todos os rostos. A música, como numa jam session, permite longos improvisos.

A invocação às entidades também se dá com cantos e danças. Edjenji é um dos espíritos mais poderosos, comanda os animais e é convocado para proporcionar uma boa caçada ou resolver grandes dilemas. Quando aparece, manifesta-se como um ser alto, sem braços, forrado de camadas de tiras amarelas de ráfia. Presumo que a comunidade tenha consciência de que há uma pessoa dentro da fantasia, provavelmente usando estacas de madeira sobre os ombros, de modo que Edjengi fique muito mais alto que todos. Porém, ninguém brinca ou faz piada; é respeitosa a interação com o espírito. Edjengi gira sem parar, em sentido horário e anti-horário, ora se inclina, ora se ergue, corre numa direção, e então para, depois corre na direção contrária. Não se veem os olhos nem os pés da entidade. Há outros espíritos, que são requisitados para celebrar o poder feminino e a sexualidade, agradecer o produto de uma caçada ou mesmo entreter as crianças. Estes, porém, são menos performáticos que Edjengi — embora todos sejam espíritos dançarinos.

Nagaasan, o Deus criador, também dança? É o que pergunto ao jovem Kwizera e ao ancião Bihira. Sim, claro que ele dança, respondem. "O Deus e todos os espíritos da floresta são dançarinos", diz Kwizera. "E por isso nós também dançamos", completa Bihira. Estamos sentados na grama, meu jovem guia apoia os cotovelos num tambor, o ancião masca um pedaço de casca de graveto. Comento que, numa reflexão quase poética a respeito do valor de celebrar a vida, em oposição a religiões que enfatizam a culpa e o sofrimento, um certo pensador ocidental escreveu que só acreditaria num Deus dançarino. Kwizera é veloz na resposta: "Mas Nietzsche é do século XIX. Nossa tradição é de milênios antes de Cristo".

Decerto, quem se dispuser a aprender com os Batwa poderá reunir não apenas um extenso conhecimento sobre a floresta, seus animais e remédios, mas também saberes particulares acerca da coreografia da alma humana.

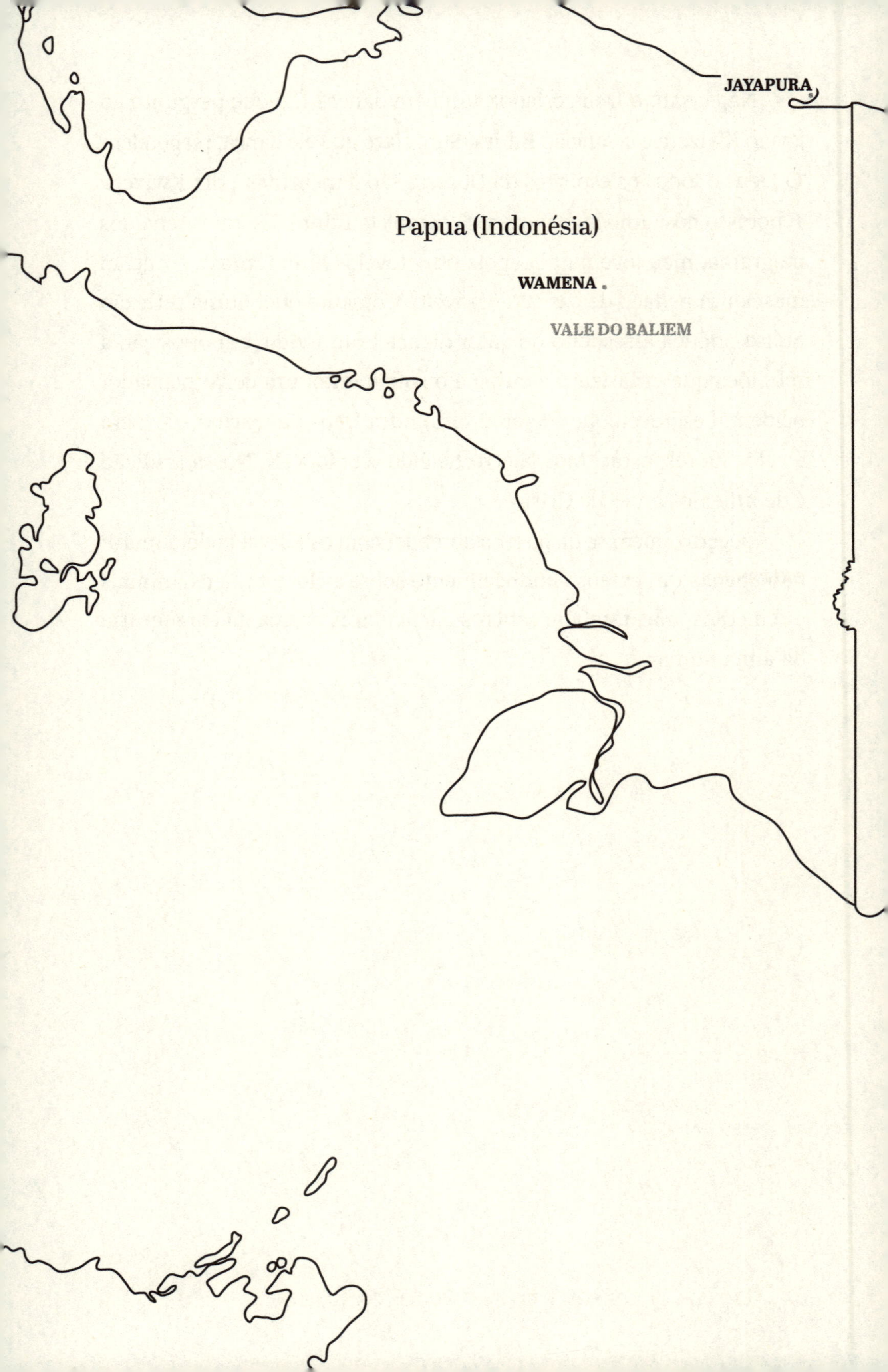
JAYAPURA
Papua (Indonésia)
WAMENA
VALE DO BALIEM

CAPÍTULO 11

OS LIMITES DA PAIXÃO PELA GUERRA

Os Dani, da Nova Guiné, já foram canibais. Hoje, fazem simulações de batalhas para extravasar o espírito combativo

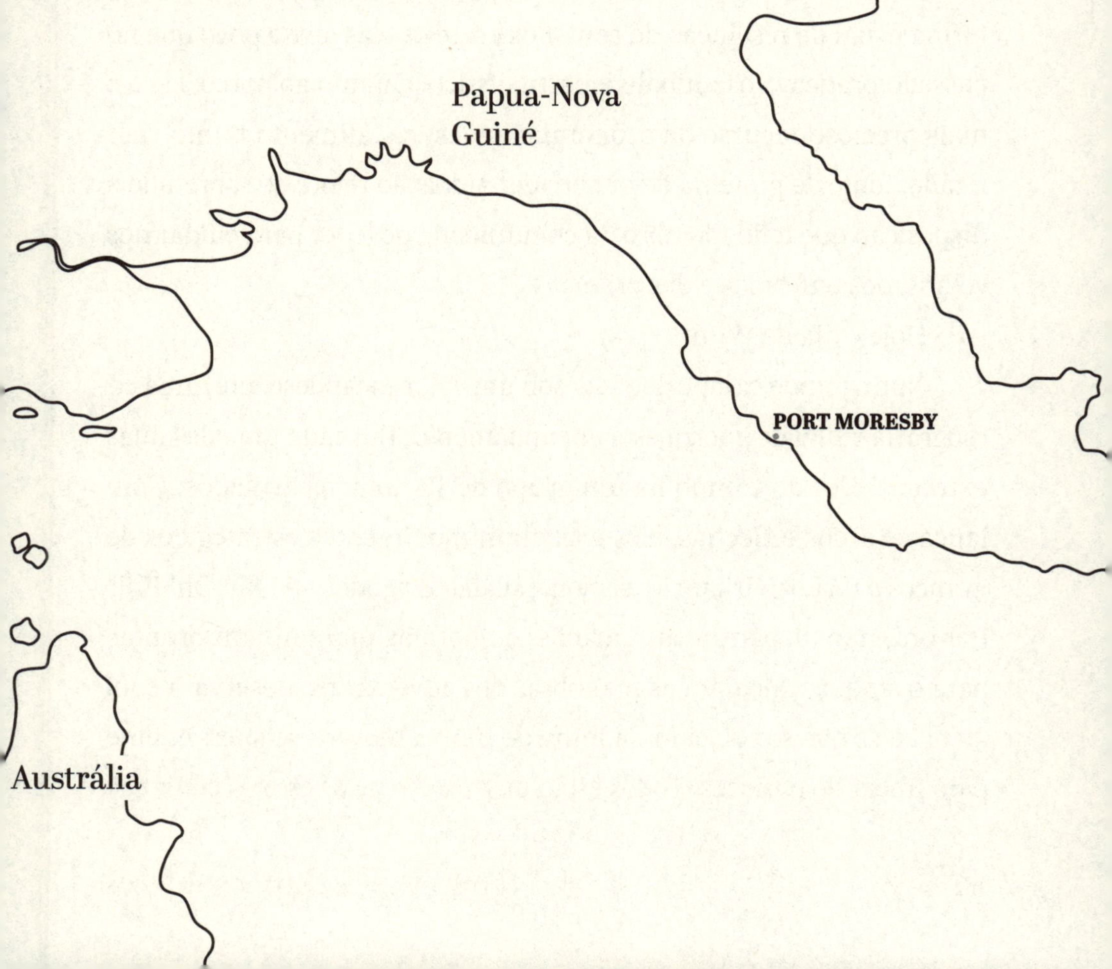

I

Wim, Wam, Wene.

Nas três palavras do idioma Dani, o dáblio tem som de "u". Elas são o lema que mobiliza os clãs. Repetidos continuamente, os substantivos tornam-se uma sequência sonora quase enfeitiçante. Compõem o bordão mântrico exclamado a pulmões cheios. Fazem ferver o sangue, eriçar a pele, dilatar as narinas, tensionar os músculos.

Wim, Wam, Wene.

Assim como os franceses têm "Liberdade, Igualdade, Fraternidade", o povo Dani, das terras altas da Nova Guiné, exalta sua insígnia: "Guerra, Porco, Doação".

Guerra. Combates sangrentos sempre foram, historicamente, a forma usual de resolução de conflitos entre os clãs desse povo que no passado praticava o canibalismo ritualístico. Quanto ao porco, ele é o mais precioso recurso da economia doméstica, alimento muito valorizado, fonte de proteína de qualidade. A doação refere-se sobretudo à disposição que todo membro da comunidade deve ter para cuidar dos velhos, dos enfermos e das crianças.

Hoje é dia de Wim.

Num grande campo ceifado, sob um calor incandescente, uma coreografia ritual de guerra está em andamento. Em cada uma das duas extremidades do campo há um grupo de 18 homens armados. Com lanças e arcos e flechas, eles executam movimentos estratégicos de avanços e recuos. Gritam sons monossilábicos agudos — "Ah! Oh! Êh!". Por ora, não disparam suas armas, embora as mantenham prontas para o ataque; calculam as manobras dos adversários, observam com atenção os que se colocam na linha de frente, movem-se lateralmente para trocar de posições. Todos estão nus, exceto pelos estojos penianos, chamados koteka, uma espécie de capa cilíndrica feita de cabaça, erguida na direção do umbigo e amarrada às costas por um cordão fino. Os líderes das duas brigadas usam adornos coloridos, como cocares de penas avermelhadas de galinhas, colares de contas, enormes presas curvas de porcos inseridas no septo nasal à guisa de piercings, faixas estreitas de palha trançada penduradas no pescoço, como gravatas. Todos os homens têm a pele escura, mas ainda assim há aqueles que utilizam corante vegetal preto em todo o corpo. E então...

E então, lanças começam a ser arremessadas pelo pelotão da esquerda, forçando o recuo da tropa que está do lado direito do campo. Estes, em aparente desvantagem, dispersam-se, mas depressa se reorganizam numa formação triangular; até agora não desperdiçaram nenhuma flecha, nenhuma lança. Com joelhos flexionados, tronco e pescoço curvados, avançam numa ofensiva feroz e iniciam os disparos. Como observo tudo muito de perto, sou obrigado a me afastar para não ser atingido num lance imprevisto. Uma torrente de lanças e flechas atravessa o campo nas duas direções. Um guerreiro do esquadrão da esquerda é atingido, cai no chão, é golpeado com chutes por três adversários, que o sequestram; torna-se um prisioneiro de guerra. A batalha prossegue, às vezes com clareza tática, bem-organizada, às vezes de forma caótica, sem que seja possível entender direito o que se passa. Corpos com uma única alma avançam com intrepidez descuidada contra os oponentes. Ouvem-se palavras de ordem, gritos de combate, uivos de dor. Depois de mais ou menos 20 minutos, é hora de contabilizar os mortos e feridos.

Felizmente, é tudo encenação. Flechas e lanças voavam com precisão um pouco acima das cabeças do time adversário e os golpes físicos nos confrontos homem-a-homem eram teatralizados, embora o jovem que tombou tenha sido atingido por pontapés de verdade.

Dramatizações desse tipo são a forma que os Dani encontraram para expressar a paixão pelas batalhas sem produzir violência. O que acabei de testemunhar foi um dos muitos jogos de guerra que serão apresentados hoje e nos próximos dois dias. Uma vez por ano, no mês de agosto, no Festival do Vale do Baliem há simulações de combates, danças típicas e exibições musicais. As comunidades das aldeias Dani das altas montanhas têm de caminhar um ou dois dias até o local onde acontece a grande celebração das tradições étnicas, na cidade de Wamena, no planalto central de Papua.

Entender minimamente a geografia local exigirá certo nível de atenção. Vamos lá: estamos falando da Nova Guiné, que fica na Oceania, ao norte da Austrália e a leste da Indonésia. É a segunda maior ilha do mundo, superada apenas pela Groenlândia; tem uma área um pouco menor do que a soma dos estados de Minas Gerais e São Paulo. Assim como a ilha de Hispaniola, no Caribe, é dividida entre Haiti e República Dominicana, a Nova Guiné também é cortada ao meio: de um lado, temos Papua-Nova Guiné, um país independente; do outro, Papua, que é administrada pela Indonésia. Os dois lados compartilham uma paisagem parecida: montanhas que chegam a mais de quatro mil metros de altura, planícies costeiras e pantanosas, densas florestas tropicais com numerosas espécies endêmicas de flora e fauna, manguezais e recifes de corais. Wamena fica em Papua, nas *highlands*, num planalto a 1.650 metros acima do nível do mar, longe da costa, num território em que não há cidades vizinhas.

Os primeiros traços de uma urbanização capenga surgiram em Wamena somente na década de 1970. Todavia, a cidade não nasceu moderna — nem tornou-se. O que se vê hoje é um amálgama desordenado e heterodoxo de concreto e metal, pavimento de má qualidade e ruas de terra, esgoto em canaletas aparentes e calçadas com lixo. Imigrantes árabes e chineses fixaram seus negócios em zonas distintas e os Dani estão por toda parte. Não há vestígios neerlandeses, mesmo porque os colonizadores alojaram-se principalmente nas faixas litorâneas.

As investidas europeias por essas paragens começaram em 1511, quando navegadores portugueses — e quem mais haveria de ser? — aportaram na ilha, conquanto o reino de Dom Manuel, o Venturoso, não a tenha integrado ao seu império. Mais tarde, em 1545, o explorador espanhol Yñigo Ortiz de Retez navegou ao longo da costa norte e reivindicou as terras para a Coroa de Castela, que já tinha encrencas o suficiente com as quais se ocupar nas colônias do Caribe e das Américas e nada fez a respeito. Foi Retez quem deu à ilha o nome de Nova Guiné, por enxergar semelhanças físicas entre os povos locais e certos grupos da África Ocidental — à época referida de modo geral como Guiné. Foi somente em 1828 que os neerlandeses proclamaram por ato de Estado a parte ocidental da ilha como possessão dos Países Baixos e a mantiveram como colônia até 1962, quando um acordo mediado pela ONU transferiu o controle para a Indonésia. Quanto à porção oriental, ela foi dividida entre britânicos e alemães no final do século XIX, logo depois ficou sob administração da Austrália, e por fim em 1975 tornou-se um país independente, Papua-Nova Guiné.

Seja como for, a ocupação estrangeira manteve-se próxima às áreas costeiras e o miolo da ilha é até hoje um deserto de infraestrutura. De carro, chega-se a Wamena, onde acontece o festival do povo Dani, a partir da capital da província, Jayapura, no litoral. Embora a distância de 562 quilômetros seja equivalente à de São Paulo para Belo Horizonte, a viagem não é propriamente um passeio. As estradas são dramáticas, há apenas estações improvisadas de abastecimento de gasolina, o percurso pode levar dois dias e não são raras as abordagens por parte de guerrilheiros do Movimento Papua Livre, organização que luta pela criação de um país independente, livre do domínio da Indonésia. A esse respeito converso com Pilamo Wita, de 28 anos, um membro ativo de uma unidade guerrilheira que passa a maior parte do tempo escondida nas florestas e desce à cidade de Wamena nos hiatos da vigilância militar. "Nós não atacamos viajantes, gente de bem, comerciantes. No máximo, pedimos comida, gasolina e alguma doação em dinheiro. Nosso foco é o Exército. Fazemos ataques oportunistas para incendiar instalações e roubar armas", diz ele. De todo modo, é mais recomendável fazer o trajeto de Jayapura para Wamena de avião. O voo dura uma hora.

Wamena é o centro urbano do Vale do Baliem. Acaba também se tornando o foco das tensões entre o movimento independentista e as autoridades, dado que estão na cidade as instalações militares. Sempre que há investidas da guerrilha, as Forças Armadas respondem com brutalidade, tortura e até assassinatos. Em 2019, durante intensas manifestações populares contra arbitrariedades perpetradas pelo Exército, o governo determinou um apagão da internet na região, com a justificativa de que era necessário brecar a articulação da guerrilha com a população.

Entre os quase 70 mil habitantes de Wamena, há muitos indígenas urbanizados que vendem mel, gengibre, pimentas e vegetais nos mercados; acomodam-se no chão, sobre esteiras de palha, onde também expõem seus produtos — todos orgânicos, evidentemente. Embora boa parte desses indígenas tenha adotado o cristianismo como religião, durante o festival eles fazem questão de realizar oferendas aos espíritos dos ancestrais e de usar o figurino da confederação de clãs a que pertencem. Há mulheres que deixam o dorso descoberto, outras pintam os seios nus, e há ainda aquelas que se cobrem com uma espécie de top folgado de tecido artesanal; as farfalhantes saias de tiras de ráfia são tingidas nas extremidades de verde, vermelho e laranja, totalmente pintadas de preto, ou ainda sem nenhuma aplicação de tinturas vegetais. Quanto aos homens, muitos desfilam com pinturas corporais e todos exibem a indefectível koteka — o comprimento e os detalhes ornamentais do estojo peniano indicam o nível de poder do indivíduo na sua comunidade.

A koteka de Yeskier é uma cabaça cor de tangerina que vai a 15 centímetros acima do umbigo. Yeskier é vaidoso. Mantém muito bem cuidada uma barba quase totalmente branca, tem no pescoço dois colares de contas, um vermelho e outro azul; e, na cabeça, um cocar ocre, caprichado. É magro, tem a musculatura marcada ao longo de seu 1,70 metro de altura, e um sorriso doce irremovível, irrefreável, permanentemente cravado em seu rosto. Yeskier nos conduzirá até a aldeia da qual é o chefe. Percorremos de carro cerca de 20 quilômetros a partir de Wamena até um vilarejo no pé das chamadas terras altas, onde o motorista nos deixa. Daqui, nós quatro seguiremos caminhando: meu guia, o rapaz encarregado de levar meus equipamentos, eu e Yeskier. Vamos subir montanhas por todo o dia. Começamos numa trilha que avança por um terreno de arbustos espinhentos, uma subida dos diabos. Depois, temos que cruzar uma área de pedras pontiagudas, que parecem ter sido cortadas geometricamente por uma esmerilhadeira — efeito que resulta da composição mineral e das variações extremas de temperatura entre o dia e a noite, que causam expansão e contração das rochas, levando ao fraturamento, muitas vezes simétrico. Então, temos de atravessar uma ponte pênsil improvisada, pisando em ripas de madeira dispostas entre os buracos; lá embaixo, o desfiladeiro nos observa. Logo adiante, seguimos por um trecho escarpado coberto de folhas escorregadias. O guia e o carregador usam tênis. Eu estou com botas de montanhismo, apropriadas para trilhas pesadas. Com 60 anos,

Yeskier é o mais velho do quarteto, está sem roupas — usa apenas sua vistosa koteka — e anda dengosamente, descalço.

Chegamos à aldeia no finzinho da tarde. Não é difícil encantar-se com o anoitecer nas terras altas de Papua, com o silêncio cortado apenas pelos pios de uns poucos pássaros, com as faias nativas que marcam o território da pequena comunidade de seis famílias, com o rio Baliem, lá embaixo, bem distante, apenas um risco prateado no fundo do vale. A atmosfera é serena, as nuvens serpenteiam sob nossos pés, e a aldeia se prepara para o repouso.

II

Embora em altitudes medianas haja vilarejos Dani com casas de alvenaria, quase sempre com uma igreja evangélica nas imediações, aqui nas highlands predominam as aldeias típicas, com construções circulares feitas de tábuas de madeira verticais e telhados de palha em forma de cuia invertida — as "ocas" locais, chamadas honai. Foi-me designado um honai privativo, mas a prática tradicional impõe o compartilhamento. Na condição de nabi, título conferido ao líder do grupo, Yeskier optou por construir quatro grandes honais: um feminino, no centro da aldeia, onde dormem as mulheres e as crianças; um outro para os homens, que acomoda também os filhos adolescentes — este fica perto da trilha de acesso, de modo a garantir segurança; o terceiro funciona como cozinha comunitária; e um último honai amplo, um espaço multiuso, misto de depósito de tralhas e de ferramentas, galinheiro e abrigo para animais — ainda que os porcos, dado o status de que dispõem, durmam muito frequentemente nos honais das mulheres ou dos homens. Foi construído também um honai menor, para hóspedes eventuais, exatamente o que será minha "casa" nos próximos dias.

Os Dani não veem as relações sexuais como momentos privados, algo que outras pessoas da comunidade ou as crianças não devam testemunhar. Assim, os homens casados vão ao encontro de suas esposas no honai feminino. A prática não difere muito da que vigora entre muitos indígenas da Amazônia, como os Yanomami e os Muduruku, que fazem sexo nas malocas comunitárias, e ainda entre vários grupos étnicos da Polinésia, para mencionar apenas alguns exemplos.

Sou advertido de que devo deixar as botas do lado de fora da cozinha, onde será servido o café da manhã. Ao entrar, detecto imediatamente o perfume ácido-adocicado do gengibre selvagem, avermelhado e bem mais fino do que aquele que encontramos nos supermercados. O chão batido é todo forrado de palha, há um braseiro no meio, uma chaleira e uma panela sobre o fogo, copos e bacias de plástico. A mulher de Yeskier, Netaiken, me cumprimenta com um bom dia e me passa um prato com arroz, batata-doce assada, vagem e folhas de mostarda refogadas, e frango cozido num molho espesso. Nesta e em todas as demais refeições, ficarei impressionado com a culinária local, especialmente com o preparo dos vegetais. O frescor é notável, o tempero tem uma picância vibrante e a complexidade de sabores torna a degustação uma experiência lúdica. Ao variar a quantidade de pimentas, gengibre e folhas aromáticas, como as de batata-doce, que infundem um leve sabor amargo, os Dani obtêm resultados que provavelmente os levariam às semifinais desses programas de competição entre chefs amadores. Come-se com as mãos, num processo cujo primeiro passo é amassar um pequeno bocado de arroz, que é usado como "pinça" para a captura dos demais ingredientes, e então forma-se um bolinho consistente, pronto para a mordida — previamente informado do costume, eu já estava munido de talher.

Presente em todas as refeições, o arroz não é produzido aqui nas terras altas. Assim, pelo menos uma vez por semana, três ou quatro pessoas da aldeia são enviadas a Wamena para fazer escambo ou comércio tradicional, com dinheiro. Descem até a cidade com legumes, pimentas e ovos de pata e de galinha; retornam com arroz, remédios, açúcar, bolachas e café. O transporte é feito num acessório robusto, uma espécie de bolsa-cesto que vai alargando na medida em que mais coisas são colocadas dentro: trata-se do noken, levado nas costas e apoiado na testa por uma tira. Feito de fibras naturais e normalmente tingido de várias cores, o noken aguenta cerca de 30 quilos e serve para carregar de tudo, desde alimentos até bebês.

Depois do café da manhã, a pauta das nossas conversas migra para os temas relacionados a questões espirituais. Então, sou apresentado aos dois homens da aldeia encarregados dos contatos entre o mundo físico e a esfera sobrenatural. Não existe, na estrutura social, uma função equivalente à de xamã ou pajé. Enquanto o líder, o nabi, é escolhido a partir de critérios como bravura em batalha, oratória e capacidade de negociação, os que conduzem as atividades religiosas são definidos de maneira mais informal. Revezam-se na coordenação dos rituais aqueles que preservam a memória de como os antepassados os realizavam. Aqui, Wempi e Hanoar são os responsáveis por essas tarefas. Parecem formar uma boa dupla. Hanoar quase não fala e tem um olhar etéreo. Wempi é cheio de energia, gesticula muito e é bom de conversa. É ele quem explica quais são as principais cerimônias.

Em momentos críticos do ciclo agrícola, como no plantio e na primeira colheita, a Gonege Hakasin é realizada ao alvorecer com danças e cânticos em louvor a Nene, o espírito que assegura fertilidade à terra.

Nene é uma entidade feminina, a exemplo de várias Deusas da agricultura, tais como a grega Deméter, a nórdica Sif e a andina Pachamama. E são feitas oferendas a Nene? Sim, Wempi responde, porções de batata-doce, milho, amendoim e folhas de tabaco costumam agradá-la.

O funeral, como se observa entre muitos povos originários, é o ritual mais elaborado, com várias etapas a cumprir. A crença tradicional postula que os mortos recentes têm um comportamento diferente dos ancestrais. Estes últimos estão num estágio de sabedoria suprema, têm de ser reverenciados e invocados nos casos em que a comunidade necessitar de uma orientação especial — eles até mesmo podem votar em assembleias, por intermédio dos homens que estabelecem a comunicação com os imortais. As almas dos que morreram há pouco tempo, no entanto, permanecem entre os vivos e precisam ser apaziguadas, com o propósito de garantir uma transição tranquila e sem ressentimentos até a outra dimensão. "Elas demoram a se dar conta de que não estão mais fisicamente entre nós. Podem se revoltar e trazer pragas para a lavoura e doenças para os animais", diz Wempi. A garantia de uma passagem adequada requer a aplicação de tinturas naturais no cadáver, a fim de embelezá-lo, algo como uma "maquiagem corporal". Depois, convocam-se espíritos de antepassados sábios para guiar o morto na nova jornada. Na sequência, durante os rituais com músicas e preces, é fundamental demonstrar a dor de modo exacerbado, com prantos e clamores convulsivos — a propósito, as regras sociais Dani recomendam que choros incessantes ocorram também em situações de contentamento, por exemplo, numa festa de casamento ou na recepção de visitas que moram longe. Nos funerais, certos gestos iam ao paroxismo, como a prática entre as mulheres da amputação do dedo mindinho no caso da morte do marido ou de um ente querido, a chamada Ikipalin; entre os homens, como a excisão de um dedo impossibilitaria o manuseio do arco e flecha, cortavam-se as partes superiores das orelhas — as mutilações vigoraram até o fim do século XX e foram banidas graças ao empenho de ONGs que atuam na defesa dos direitos humanos. No passado recente, o ofício fúnebre se encerrava com a cremação do corpo e a oferenda das cinzas aos ancestrais, mas o sepultamento tornou-se mais usual. Há, ainda, uma etapa adicional a cumprir: prosseguem por algumas semanas os ritos destinados fazer a alma desprender-se gradativamente do plano terrestre e alcançar a serenidade plena na esfera transcendente.

Existem, todavia, espíritos que jamais descansarão definitivamente. Podem até passar alguns anos em inatividade, mas, de repente, reaparecerão para infernizar os vivos. É o caso de Kuguruwo, uma entidade também feminina. Wempi conta como se deve proceder ao surgir o sinal de alerta: "Nós ouvimos os murmúrios dela enquanto procura os corpos dos mortos para se alimentar e ficar ainda mais poderosa. Quando acontece, isso se dá por vários dias, sempre depois da hora do canto das cigarras. Então, temos que intensificar as preces para que não ocorra uma desgraça". Para conter as ameaças de Kuguruwo, instrumentos mais poderosos têm de ser utilizados. Entra em ação o espanador de espíritos, feito com penas de pássaros selvagens. E não adianta usar vegetais nas oferendas. Convém sacrificar um porco e consagrar à entidade a gordura do animal, numa sucessão de cerimônias ao redor de fogueiras. Nas narrativas Dani transmitidas por gerações, não há relatos de como ou quando Kuguruwo foi criada — ou mesmo *se* foi criada. Porque determinadas forças primordiais nunca nasceram e sempre existiram. Determinados elementos, deidades, espíritos estão aqui desde antes do tempo.

III

O mito etiológico do povo Dani enuncia que a terra e a água sempre existiram. No início de tudo, porém, ainda não estavam moldadas em continentes e oceanos. Ao mover-se sobre o cosmos desestruturado, um ser igualmente incriado, chamado Mbok, foi esculpindo cordilheiras e vales, planícies e florestas, delimitando novos espaços para as águas se acomodarem. Ocasionalmente, Mbok deixava pegadas em encostas, platôs e cânions — as montanhas de Papua são marcadas por seus passos. E aqui, nesse ponto da história, Mbok simplesmente sai de cena. Este é, digamos assim, o primeiro ato da saga cosmogônica.

O segundo ato começa com a água das nascentes do Vale do Baliem impregnando-se nas frestas dos rochedos. Então, em camadas profundas do solo, surgem primeiro os Dani e, depois, os demais seres humanos. Eles saem das rochas por um buraco que dá numa caverna. O conflito se estabelece no terceiro ato do mito de origem, quando o primeiro homem, Nakmatugi, disputa a posse das melhores terras com seu irmão mais novo, Phuba. A briga vai aos extremos da violência: Nakmatugi não apenas mata o irmão, como corta o corpo dele com facas de bambu, assa os pedaços e come. O ato é tido como o início do canibalismo ritualístico no Vale do Baliem.

Há uma profusão de menções condenatórias ao canibalismo, na Bíblia, na filosofia, na história. Nas Escrituras Sagradas, um dos casos mais perturbadores é descrito no livro de 2 Reis (6:24-30) e ocorreu no século IX AEC, durante o cerco de Samaria pelo rei Ben-Hadade II, da Síria. Sitiada, a cidade já havia consumido todos os seus recursos e não havia mais comida. Uma mulher vai ao rei de Israel, Jorão, relatar o que entendia ter sido uma injustiça de que fora vítima. Diz que havia feito um acordo com outra mulher para ambas comerem os próprios filhos. Elas cozinharam o filho da primeira — a que apresentava a denúncia —, mas, quando chegou a vez da segunda, esta escondeu o seu filho. O rei, ao ouvir o relato, rasga suas roupas em desespero, o gesto mais extremo de demonstração de repúdio e horror diante de uma blasfêmia. O episódio é um exemplo da quebra da moralidade humana em tempos de fome.

O canibalismo é um importante marcador cultural para o historiador grego Heródoto, do século V AEC. Heródoto aponta práticas canibais de alguns povos, como os Masságetas e os Issedones, que habitavam regiões da Ásia Central e da Eurásia durante a antiguidade, e destaca o contraste entre esses "bárbaros" e os gregos civilizados. Em oposição aos valores helênicos, o canibalismo é associado à selvageria e à falta de moralidade.

Na Europa do século XVI, um pensador sofisticado e elegante proporá uma interpretação contrária ao consenso acerca do canibalismo. Michel de Montaigne, no ensaio *Dos canibais*, sugerirá que a Inquisição, que levava "hereges" a fogueiras, era menos defensável: "É pior esquartejar um homem entre suplícios e tormentos e o queimar aos poucos, ou entregá-lo a cães e porcos, a pretexto de devoção e fé, como não somente o lemos mas vimos ocorrer entre vizinhos nossos conterrâneos; e isso em verdade é bem mais grave do que assar e comer um homem previamente executado." Montaigne avança na argumentação e, até certo ponto do ensaio, justifica o canibalismo ritual — exatamente do tipo realizado tradicionalmente pelos Dani no passado.

Assim como os Tupinambá brasileiros e os Maori, da Nova Zelândia, os Dani nunca fizeram do canibalismo um costume cotidiano. A prática estava relacionada a contextos específicos, particularmente a ritos de vingança, quando buscava-se restaurar o equilíbrio após a morte de um membro da comunidade ou em resposta a um ato de violência. Além disso, do ponto de vista metafísico, acreditava-se que quem consumisse a carne do inimigo incorporaria a força e as qualidades do morto — crença, portanto, integrada à visão de mundo segundo a qual as interações entre vivos e mortos são constantes.

Em todo caso, as evidências sugerem que o canibalismo já estava sendo abandonado por várias confederações de clãs por volta da metade do século XX, quando os contatos com clérigos cristãos aceleraram o processo de substituição dos enfrentamentos ferozes por simulações de confrontos. Um dos últimos relatos detalhados de antropofagia é do missionário norte-americano Tom Bozeman, da Igreja Batista. Em 1955, Bozeman e seu colega Ed Maxey trabalhavam numa missão evangelizadora no Vale do Baliem quando um grupo de homens que retornavam de uma batalha os procurou em busca de socorro para as lesões sofridas. "Eu podia ver que eles estavam ficando frenéticos. Mal tivemos tempo de tratar seus ferimentos e aplicar-lhes injeções de penicilina", contou Bozeman ao autor do livro *Cannibal Valley*, Russell T. Hitt. Os missionários, então, ficam sabendo o motivo de toda aquela excitação. O grupo havia vencido um combate e trouxera para a aldeia o cadáver de um inimigo, amarrado a um poste rústico de madeira, do tipo usado para trabalhar o solo antes do plantio. Na manhã seguinte, Bozeman e Maxey atravessam de jangada o rio Baliem, são guiados pelos Dani numa trilha de uma hora de caminhada e finalmente chegam na encosta de uma colina onde o grande evento aconteceria. Já começava a formar-se uma multidão. Bozeman narra que homens e mulheres pintados usavam suas melhores penas e contas, e corriam para frente e para trás numa dança da vitória; às vezes, mudavam o padrão do movimento e passavam a dançar em círculos. O missionário descreve o que se passou em seguida:

Estávamos a cerca de dois quilômetros e meio da borda do território inimigo, em uma terra de ninguém onde as batalhas são sempre travadas. No outeiro da colina acima, eu podia ver que uma multidão de inimigos se reunira para assistir aos procedimentos. Eles foram informados de que o corpo de um de seus parentes seria servido num banquete. Assustados, esperavam que a horrenda cerimônia começasse. "Devolvam nosso corpo!", gritavam. Queriam ter uma cremação honrosa para seu guerreiro morto e odiavam a vergonha desse espetáculo terrível — o insulto mais pungente da cultura Dani. "Nós vamos comê-lo", gritava a multidão vitoriosa abaixo, em escárnio. Os vencedores trouxeram o corpo o mais perto que ousaram — perto o suficiente para o grupo derrotado ver, mas não perto o suficiente para permitir um contra-ataque.

Ed e eu nos aproximamos. Então, vimos dezenas de mulheres correndo em massa em direção ao corpo, muitas delas armadas com ferramentas de escavação, paus e postes de madeira. Enquanto eu estava de pé ao lado do corpo da vítima, elas vieram em grupos de cerca de vinte para girar em um círculo ao redor do morto. Em uma torrente de raiva exaltada, começaram a pular no cadáver, espetaram-no com paus e o pisotearam. Algumas delas estavam pensando, sem dúvida, nas batalhas em que seus próprios entes queridos foram mortos. Agora descarregavam a ira no corpo sem vida sob seus pés. Por uma hora ou mais, continuaram a dançar e a gritar insultos.

Enquanto o pandemônio continuava, alguns dos homens preparavam uma fogueira perto do corpo. Quando as mulheres interromperam suas ações frenéticas, vi um homem avançando com uma faca. Começaram a cortar um dedo do pé do cadáver. Mas a faca não era adequada. Então, um outro aparece com algumas facas de bambu — essas facas, a propósito, são tão afiadas quanto qualquer lâmina de aço. O homem com a faca de bambu começa a cortar a carne das panturrilhas do morto. Fico enjoado. Vejo Ed Maxey, seu rosto verde, afastar-se e correr para longe da multidão.

Sem estômago para continuar assistindo ao ritual, os dois missionários decidem retornar para suas casas.

IV

O mundo só conheceu os Dani, sua cultura e suas tradições em 1938, quando uma expedição liderada pelo zoólogo e explorador norte-americano Richard Archbold chegou ao Vale do Baliem. Até então, acreditava-se que a região era inabitada, em razão do isolamento e da geografia montanhosa. Em voos de reconhecimento, entretanto, Archbold avistou aldeias e áreas cultivadas. Mais tarde, usando um hidroavião, ele pousou no Lago Habbema, a uma altitude de cerca de 3.200 metros. A logística era complexa e muito dinheiro foi gasto, mas Archbold dispunha de recursos — além de contar com o apoio de financiadores privados e do Museu Americano de História Natural, ele próprio investiu milhares de dólares do próprio bolso; vinha de uma abastada família nova-iorquina. Em múltiplas viagens entre o ponto de origem e o Lago Habbema, o hidroavião levava poucos passageiros e parte dos equipamentos de cada vez. A equipe de 14 pessoas era composta principalmente por naturalistas estudiosos da fauna, da flora e da cultura de povos indígenas, além de assistentes papuanos. A partir do lago, foram necessários sete dias de caminhada até o Vale do Baliem. Tão logo viram os estrangeiros se aproximando, os Dani levantaram suas lanças e prepararam-se para lutar. Mas Archbold e seu grupo de pesquisadores mantiveram-se imóveis, não demonstraram nenhuma hostilidade e ofereceram presentes. Foi uma surpresa extraordinária para os expedicionários a descoberta de que o vale era muito mais que o lar de alguns poucos indígenas; tratava-se, na verdade, de uma região densamente povoada.

A tese mais aceita de como os Dani chegaram a terras tão remotas aponta para migrações que ocorreram em ondas e começaram há 40 mil anos no Sudeste Asiático e nas ilhas da Melanésia. Estudos arqueológicos indicam que populações impactadas por longos períodos de seca e pela redução expressiva do nível do mar deslocaram-se em busca de fontes de água e de solos férteis para cultivo. De tal forma que grupos de migrantes, depois de uma peregrinação de proporções épicas, acabaram por se estabelecer no Vale do Baliem. No campo da linguística, as pesquisas comprovam a mesma origem geográfica: a Nova Guiné apresenta a maior concentração de diversidade de línguas do mundo, e os mais de mil idiomas falados na ilha, inclusive o dani, têm certas características cujas raízes estão nas áreas de onde partiram as correntes migratórias.

De qualquer modo, o isolamento do povo Dani durou milhares de anos, sua cultura desenvolveu-se de uma forma autóctone, e o primeiro impacto ocidental pós-Expedição Archbold foi provocado por missionários cristãos, tanto protestantes quanto católicos, vindos dos Estados Unidos, da Europa e da Austrália — e aqui convém assinalar que não há registros de canibalismo contra ocidentais. O cristianismo disseminou-se entre os Dani, muitas de suas crenças ancestrais foram esquecidas, e estima-se que hoje apenas 10% da população de 400 mil pessoas preservem a religiosidade animista — principalmente aquelas que vivem nas aldeias mais remotas, nas altas montanhas. A chegada de negociantes árabes ao vale teve como implicações periféricas numerosos esforços proselitistas do islã, que não prosperaram, sobretudo devido à interdição ao consumo de suínos — não comer porco é geralmente incompreensível para os Dani.

Embora o monoteísmo cristão tenha, de fato, transformado a visão do povo acerca dos temas metafísicos, certos comportamentos mostraram-se imunes às insistentes admoestações dos evangelizadores. "Eles queriam nos obrigar a vestir roupas ocidentais no nosso festival, quando usamos os adereços tradicionais; os homens com a koteka e as mulheres com saias de palha e seios pintados, descobertos", diz Bernart Mabe, de 47 anos, o guia e tradutor que me acompanha aqui no Vale do Baliem. "Ocorre que nós não temos esses tabus em relação ao corpo que vocês têm". Mabe vive na cidade de Wamena, é cristão, e aos domingos vai ao culto da igreja evangélica da qual é membro com suas duas mulheres e os cinco filhos — a poligamia, portanto, é outro costume que os missionários não conseguiram extinguir. Com a primeira esposa, de 36 anos, ele tem três filhos; com a segunda, de 25, tem dois. Na casa da família, cada mulher ocupa seu próprio quarto, onde Mabe as encontra para os momentos de intimidade.

Com pose de alto oficial do Estado-Maior, Bernart Mabe movimenta-se entre os grupos que ensaiam as coreografias de combate e logo executarão as simulações de guerra na edição 2024 do Festival do Vale do Baliem. Mabe dá ordens, faz recomendações ao pé do ouvido dos líderes dos guerreiros e distribui noz-de-areca de forma generosa. A noz-de-areca é a semente de uma palmeira asiática, um coquinho tropical de casca fibrosa marrom-avermelhada. Quando mascada, a noz libera uma substância chamada arecolina, um alcaloide estimulante que produz sensações de euforia e aumenta os níveis de atenção. Os crescentes casos de doenças cardiovasculares e de câncer de boca associados ao elevado consumo de noz-de-areca têm se tornado um problema de saúde pública na Nova Guiné e no Sudeste Asiático.

O batalhão do qual Mabe é o principal estrategista encenará com o grupo adversário uma guerra que ocorreu na década de 1950. O episódio é lembrado a cada ano no festival como um meio de reafirmar uma convenção social incontornável, um verdadeiro tabu: o veto a casamentos dentro da própria linhagem. Entende-se por *linhagem* a categoria de descendência que determina a divisão social primária — e existem duas linhagens: Wita e Waia. Segundo a tradição, elas surgiram quando os Dani foram criados e saíram da caverna ancestral já divididos em duas ramificações genealógicas. Um casamento dentro da própria linhagem é considerado incesto. Por conseguinte, um clã, que entre os Dani reúne de cinco a sete famílias, é necessariamente composto por pessoas dos dois troncos originários. A performance que veremos agora faz referência às consequências sangrentas do sequestro de uma jovem perpetrado por um homem da mesma linhagem que desejava casar-se com ela.

A poeira se ergue em turbilhões nas rodas de dança que se formam para o aquecimento antes da encenação do combate. Uma turma usa tambores e apitos num círculo em que o bailado lembra o de uma escola de samba, com o percussionista chefe cuidando das sincopações. No outro pelotão, a música tem a estrutura de pergunta-e-resposta, como no gospel, no blues e em vários ritmos africanos. Um homem todo pintado de preto, com cocar e braceletes espantosamente brancos, puxa a abertura de cada sequência do canto e em seguida os outros do grupo respondem. Os únicos instrumentos musicais são gravetos batidos contra feixes de flechas, que produzem um som como o do chocalho, e um violão rústico, semelhante a uma rabeca. O efeito é mesmerizante.

A moça esguia, de olhos halógenos e presença férrea que interpretará a jovem vítima do sequestro se chama Wenemukhe Waia. Para ela, o festival étnico é muito mais que uma grande festa. É uma forma alegre e calorosa de exaltar uma cultura que já estava consolidada antes do surgimento da civilização helênica ou do Império Romano. “Tivemos o benefício de permanecer durante longos séculos num território que era inacessível”, diz Wenemukhe. “E pudemos acumular uma sabedoria que não deve ser menosprezada”. Ela se refere às sofisticadas técnicas agrícolas sustentáveis, com plantios de alta produtividade até em encostas e uso de defensivos artesanais. Mas não apenas. “Nosso patrimônio metafísico também é muito valioso, sobretudo por ser a base de uma visão de mundo que considera tanto os vivos quanto os que já se foram como totalmente integrados à natureza e à sociedade”.

A performance é bem-sucedida, Wenemukhe e os guerreiros atuam com competência, os aplausos são contundentes. Chega o momento de matar um porco imenso para celebrar o encerramento do festival. Os pedaços do animal são dispostos em covas rasas forradas com grossas camadas de folhas de bananeira. Previamente, dezenas de grandes pedras redondas já haviam sido colocadas sobre brasas ardentes. Com estacas finas de pontas cortadas longitudinalmente, formando uma espécie de pinça gigante, os homens removem as pedras fumegantes e levam para as covas. E dessa forma os pedaços do porco são assados.

Sob o céu de açafrão do fim de tarde, um dos homens sábios é chamado para ler as entranhas do animal. A depender da situação, as vísceras do porco podem indicar a alternativa mais justa para solucionar uma contenda, o dia em que uma grande seca terminará, ou ainda lembrar um aforismo importante para a comunidade — é o caso de hoje. O ancião, que se descola com uma leveza aérea, para e diz o que viu: “É cruel a misericórdia do perverso”.

Uma interpretação possível é que a misericórdia do perverso seria cruel porque suas intenções são corrompidas — a ação não é feita por dever moral, mas provavelmente por autopreservação, manipulação ou outro motivo egoísta. Tal reflexão sugere pontos de contato com o pensamento kantiano. Para o filósofo alemão Immanuel Kant (1724-1804), uma ação só é verdadeiramente moral quando realizada por dever, e não por interesse ou qualquer outra razão.

Pergunto a Wenemukhe, que é professora do ensino fundamental e estuda a cultura Dani, que significados subjacentes ela identifica no aforismo. A jovem abandona por alguns momentos a postura severa, esboça um sorriso, e evoca o lema principal do seu povo: Wim, Wam, Wene (ou: Guerra, Porco, Doação). "O provérbio trata de Wene. Se um gesto de benevolência não nasce do amor, da vontade genuína de doar-se, não pode ser considerado bom. Para ser verdadeiramente bom, o ato tem de nascer do amor. Porque o amor não é um tipo sentimento. Amor é ação". Para Wenemukhe, foi o exercício cotidiano da misericórdia que permitiu a imposição de limites à paixão pela guerra. "Um longo aprendizado que implicou o abandono do canibalismo, transformou nosso povo, mas valeu a pena".

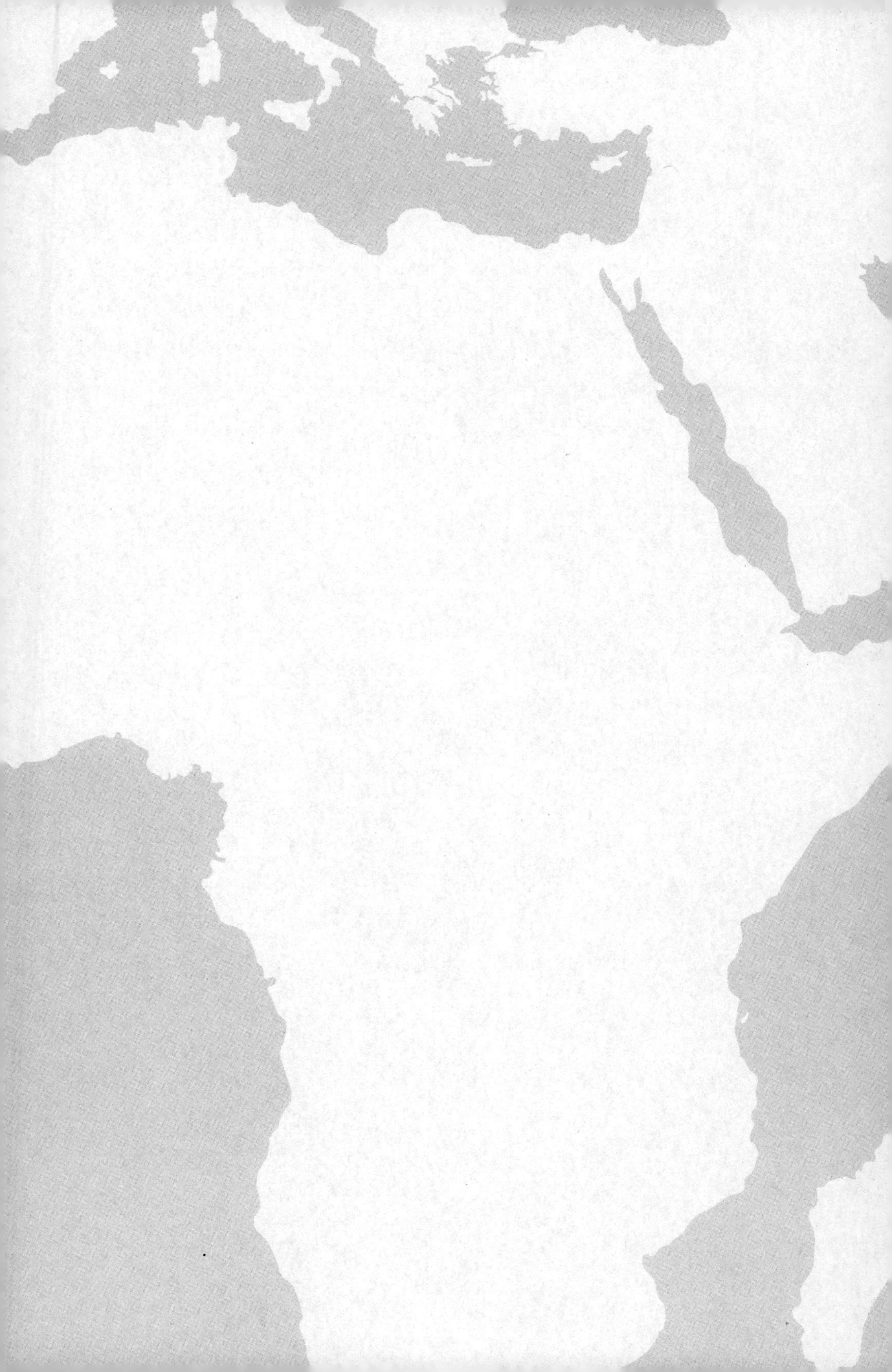

EPÍLOGO

DO SUBSOLO AO INFINITO

Do fundo da terra à última estrela, tudo se move em espiral. Cada mito é uma escada. Cada ritual, um retorno

I

Um Deus que cria o mundo e depois sai de cena e se isola. A espécie humana gestada no subsolo, emergindo da terra por um buraco ou uma fenda. Uma divindade que surge para intermediar a relação dos mortais com a esfera transcendente. Antepassados mortos presentes na comunidade como espíritos cuja sabedoria está a serviço dos vivos. Por que povos que não tiveram contato entre si desenvolveram crenças, em certos aspectos, tão semelhantes?

A figura do Criador que se retira é familiar aos Yanomami, da Amazônia, que veneram Omama, e aos indígenas de Madagascar, adoradores de Zanahary. No Mali, no extremo oposto do continente africano, Amma, o Deus dos Dogon, também desaparece depois de concluir a criação. Assim como Puang Matua, o Criador segundo a doutrina da Aluk Todolo, a religião animista do povo Toraja, da ilha de Sulawesi, no leste da Indonésia.

É debaixo da terra que nasce a espécie humana de acordo com a tradição dos povos Bodi, do Vale do Omo, no sul da Etiópia, e Dani, da ilha da Nova Guiné, na Oceania. Narrativa semelhante aparece entre povos indígenas do sul de Rondônia. Para os Zuni, do sudoeste dos Estados Unidos, os primeiros seres humanos emergiram por um portal subterrâneo chamado Sipapu, localizado nas profundezas da terra. Os Aché, da floresta paraguaia, acreditam que seus ancestrais saíram de buracos no solo para habitar o território sagrado da sua nação.

Como comunidades dispersas por geografias tão diversas, forjando culturas singulares e idiomas de raízes distintas, chegaram a crenças parecidas? Quando pensamos no dilúvio, por exemplo, é razoável supor que hebreus e babilônicos, sumérios e gregos — todos, de algum modo, próximos ao Mediterrâneo ou ao Crescente Fértil — tenham compartilhado memórias de catástrofes naturais, como enchentes e tempestades, que inspiraram mitos análogos. Assim, não surpreende que o Noé bíblico, cujo registro no livro do *Gênesis* remonta ao século VI AEC, recrie, em chave hebraica, o babilônico Utnapistim, personagem da *Epopeia de Gilgámesh*, do século XII AEC. Outro tema constante nesses povos, interligados por rotas comerciais e disputas militares, é o da morte e retorno das divindades, metáfora da renovação vital. Inanna, Osíris e Perséfone — em mitos sumérios, egípcios e gregos — descem ao submundo e depois retornam. Mesmo no cristianismo tardo-antigo, o chamado *Evangelho da descida de Cristo ao inferno* — uma obra apócrifa composta provavelmente no final do século IV EC ou início do século V EC — narra de modo detalhado a ida de Jesus ao mundo dos mortos após sua crucificação, retomando um argumento presente em tradições muito mais antigas. Mas o que dizer a respeito de coincidências tão marcantes entre narrativas de povos que jamais se cruzaram, nem sequer sabiam da existência uns dos outros?

As explicações que parecem saídas das redes neurais de uma IA alucinada e viciada em Dan Brown são as mais empolgantes. Há uma série de versões na linha *Código Da Vinci* da arqueologia pirada, embora quase sempre seja mencionada uma avançadíssima civilização pré-egípcia que teria disseminado sua tecnologia e seus mitos por toda a Terra antes de um cataclismo generalizado. Os poucos sobreviventes ao redor do mundo seriam os responsáveis pelo compartilhamento de uma ínfima porção da herança sapiencial dos grandes mestres desaparecidos — extraterrestres, talvez? — e por isso há pirâmides no México, no Sudão, no Egito e na China; por isso persistem vários enigmas em torno das Linhas de Nazca, no Peru, e das estátuas da Ilha de Páscoa. Séries como *Revelações Pré-Históricas* e *Alienígenas do Passado*, e livros da categoria de *Eram os deuses astronautas* são apenas alguns exemplos de mercadorias do setor do entretenimento frequentemente associadas, de modo um tanto abilolado, à pesquisa científica. O fato de não haver nenhum vestígio arqueológico ou de qualquer outra natureza da tal "civilização-matriz" não desestimula produtores de conteúdo nem a porção do grande público sempre disposta a embarcar em qualquer delírio embalado com design digital espertinho e locuçãosolene.

Abandonando a fantasia para ingressar no campo da dúvida metódica, o psiquiatra e psicoterapeuta suíço Carl Gustav Jung (1875-1961) talvez nos ajude a elucidar alguns aspectos do problema. Jung acreditava que numerosos temas e imagens aparecem de forma repetida em mitos, sonhos e religiões do mundo inteiro porque fazem parte do que ele definiu como inconsciente coletivo. Segundo essa ideia, todos nós nascemos com uma espécie de herança psíquica comum — estruturas mentais profundas que ele chamou de arquétipos. Esses arquétipos são como moldes universais que surgem de maneiras semelhantes em culturas diferentes: figuras como a mãe, o herói, o velho sábio; ou ainda, por exemplo, a serpente, representação tanto do perigo quanto da sabedoria, da regeneração e do caos. Jung formulou suas ideias com base na experiência clínica no consultório. Sua metodologia de pesquisa contemplava a análise de sonhos e a técnica da associação de palavras, em que observava as reações emocionais dos pacientes a certos termos para descobrir conteúdos inconscientes.

A partir de um outro eixo de estudos, o antropólogo e filósofo francês Gilbert Durand (1921–2012) tentou construir uma teoria mais dinâmica e culturalmente contextualizada. Ele propôs que os arquétipos não são meros moldes inatos do inconsciente, mas o resultado da interação entre fatores psicológicos, sociais, biológicos e culturais. Para Durand, embora muitas similaridades entre mitos indiquem a existência de um substrato universal do imaginário humano, não se pode ignorar as particularidades de cada cultura e seu contexto histórico — embora certas figuras reapareçam com funções semelhantes, como Prometeu, que entrega o fogo aos homens na mitologia grega, ou Maíra, entre os indígenas Tupi, que ensina os saberes fundamentais e civiliza os primeiros humanos. Como exercício, podemos utilizar a lente de Durand para comparar o mito de criação grego com aquele predominante nas culturas indígenas amazônicas. Nos dois casos há um Criador que organiza o caos e dá origem ao mundo, e há também a presença de um elemento primordial que serve como base para a criação — água para os gregos, um povo do mar; terra no caso dos povos da floresta. As diferenças, porém, são importantes: o mito grego valoriza a ordem e a racionalidade, enquanto o mito indígena destaca a harmonia com a natureza; o Demiurgo grego é distante e ordena o cosmos de fora dele, enquanto o Criador indígena participa da própria matéria da floresta.

Ao avançar no campo da "ciência das conjecturas", podemos seguir, sem responsabilidade acadêmica, a trilha de outros mitos. O surgimento da espécie humana no subsolo é coerente com o fato de que da terra brota nosso alimento e o dos animais que comemos — é ainda possível estabelecer um paralelo simbólico entre o útero e a escuridão generativa do interior da terra.

Ampliando o foco, desconfio que os acontecimentos definidores da experiência humana, embora interpretados de maneira particular por cada cultura, guardam uma certa substância essencial comum à espécie. Crescemos. Amamos. Sofremos. Perdemos entes queridos. Ficamos enfermos. Há dores que são curadas. Há dores para as quais não há remédio. Morremos. Não é difícil ver o mundo como um lugar originalmente belo que, apesar disso, permanece insensível ao nosso sofrimento. Daí, faz algum sentido imaginar um Deus perfeito que se distanciou do objeto de Sua criação — normalmente, nas narrativas míticas, o Criador se ausenta voluntariamente ou em razão de alguma falha humana. Da mesma forma, como meios de mitigar a agonia da existência, a angústia da finitude e a dor da perda de pessoas amadas, é razoável conceber uma ou várias entidades que articulem a conexão com o Eterno, ou ainda formular o princípio segundo o qual os espíritos dos mortos continuam entre nós.

Antropólogos ligados ao chamado naturalismo evolucionário da religião defendem que a crença na vida após a morte pode ter derivado de relatos de sonhos — proposição compartilhada pelo neurocientista brasileiro Sidarta Ribeiro, que estuda o sono, os sonhos e a consciência. Em torno da fogueira, na savana africana, um certo *sapiens* conta ter visto a mãe morta durante o sono. Um outro diz que é possível invocá-la por meio de um ritual e, assim, ouvi-la sobre os mistérios do além. Desse modo teriam surgido a crença em espíritos e o xamanismo.

II

Além dos mitos que já observamos, uma rápida volta ao mundo identificará elementos que aparecem no repertório mitológico de um grande número de povos. A figura da serpente atravessa as tradições asteca, maia, nórdica, haitiana, hebraica e de numerosas comunidades do Sudeste Asiático. Na Sibéria e na Amazônia, na América Central, no Egito e na Escandinávia prosperou a crença de que todo humano tem um duplo espiritual, uma espécie de "espírito-auxiliar", o que reflete uma noção complexa de identidade dividida e da presença de um componente transcendental no cotidiano. Com funções diferentes, uma certa tartaruga gigante surge em diversos contos místicos. Entre alguns grupos nativos da América do Norte, o animal carrega a Terra sobre o casco. É na forma da tartaruga Kurma que Vishnu, Deus da Trimurti do hinduísmo, impede que o Monte Mandara afunde durante a agitação do Oceano de Leite. Na mitologia chinesa, as patas da tartaruga Ao são usadas pela deusa Nüwa para sustentar os pilares do céu após o colapso do mundo. Representação de estabilidade, resistência e antiguidade, a tartaruga é um símbolo cósmico e geológico fundante.

Montanhas sagradas também são recorrentes, talvez por surgirem como monumentos naturais que evocam a transcendência. Erguem-se como pontes entre Terra e Céu, intermediando o humano e o divino. São o que o mitólogo e filósofo romeno Mircea Eliade (1907-1986) chamou de *axis mundi* — o eixo do mundo —, ponto de contato entre diferentes planos da existência. Não por acaso, muitos mitos situam no alto das montanhas os encontros com Deuses e os momentos de revelação. Foi no Sinai, por exemplo, que Moisés recebeu as Tábuas da Lei. No Monte Meru, segundo tradições indianas e tibetanas, reside o centro do universo. No Olimpo, morada dos Deuses gregos, não chove nem faz frio. É no Monte Jomolhari que vive a protetora do Butão, Jomo Yummo, Deusa da fertilidade e da prosperidade.

Mas talvez não seja preciso evocar os grandes sistemas religiosos para entender essa recorrência. Subir uma montanha exige esforço, isolamento e persistência. Requer deixar para trás o tumulto da rotina cotidiana. E, quando se chega ao topo, vê-se o mundo de outro modo. É possível que, desde os primeiros tempos, o ser humano tenha atribuído valor espiritual a esse tipo de experiência — não apenas à montanha em si, mas ao percurso até o cume, representação do intangível, do que merece reverência. Além disso, é nas montanhas que nascem os rios que irrigam campos, sustentam aldeias, alimentam florestas. Não surpreende que povos andinos, por exemplo, considerem as grandes montanhas — os apus — como espíritos vivos, guardiões das comunidades, entidades capazes de intervir no destino dos homens. Tampouco não é estranho que, entre os Toraja, os mortos sejam acomodados em nichos escavados em paredões rochosos, a montanha como abrigo aos que estão rumando para a Puya, a terra dos desencarnados. É como se o relevo mais alto, por sua presença imponente, guardasse algum tipo de segredo a respeito do que existe além da vida — e, ao mesmo tempo, protegesse a memória dos que já se foram. Talvez tudo se resuma a isso: o impulso humano de transformar em símbolo aquilo que nos ultrapassa. O abismo nos ensina a temer. A montanha, a contemplar.

A contemplação da própria irrelevância diante da monumentalidade da natureza pode ser libertadora ou, por vezes, angustiante. Nesse aspecto, são notáveis as diferenças entre a visão trágica da existência humana, comum às tradições letradas, e a perspectiva predominante entre povos de tradição oral. Em *Gilgámesh*, o herói, diante da morte do amigo, lamenta: "Do homem os dias são contados. Tudo que ele faça é vento." No livro bíblico de Eclesiastes lê-se: "E o ser humano sobreleva em que ao gado? Nada. Porque todas as coisas são vacuidade." E, na *Odisseia*, Homero escreve: "A terra não alimenta nada de mais frágil que o homem, de tudo quanto na terra respira e rasteja." Essa consciência trágica não se limita à constatação da finitude; de certo modo, gera um sentimento de desolação existencial. Nas sociedades que produziram esses textos — suméria, hebraica, grega —, o homem parece apartado da ordem natural e está em constante luta contra seu destino inexorável. São culturas urbanas, estruturadas por escrita, hierarquia e um panteão de Deuses que punem, testam ou premiam — ou um Deus único que exerce essas prerrogativas. Entre os povos de tradição oral não se observa tal peso existencial. Sem negar a dor, eles não cultivam uma metafísica do desespero. A morte é reintegração e o sofrimento, quando ocorre, é sinal de desequilíbrio relacional, e não de culpa cósmica.

Curiosamente, as tradições letradas que enfatizam a precariedade da existência humana oferecem a mesma resposta ao desconsolo: viver com gosto os dias que nos são dados, como propõem os clássicos aos quais já recorremos. Em textos sapienciais babilônicos paralelos à tradição da *Epopeia de Gilgámesh*, o herói é aconselhado a "encher o ventre", "alegrar-se de dia e de noite", "lavar-se, vestir roupas limpas" e "dar alegria à sua esposa". O Eclesiastes não deixa dúvidas: "E louvei o prazer, porque não existe coisa boa para o ser humano debaixo do Sol anão ser comer e beber e sentir prazer". Para o grego Odisseu, "não há na vida finalidade mais bela" do que desfrutar de uma mesa farta de pão, carnes, vinho — com canto e música, evidentemente, porque "a nós sempre caro é o festim, assim como a lira, as danças, as mudas de roupa, os banhos quentes e as camas", como diz o rei dos feácios, Alcinoo, na *Odisseia*, de Homero. Não se trata de um hedonismo irresponsável, mas de um chamado à presença: a vida é curta, portanto, celebre-a hoje, agora, enquanto é tempo. Nessa "sabedoria do presente", as tradições clássicas encontram pontos de conexão com o pensamento dos mestres das montanhas e das florestas.

III

Muitas das questões que nos intrigam acerca de mitos e crenças ancestrais — por curiosidade intelectual, falta de fé, ou ambas as alternativas — não estão na pauta dos povos originários. Nas sociedades tradicionais, a rigor, os Deuses, as entidades e os antepassados não são parte de uma "mitologia" ou de uma "religião" — designações que nós, ocidentais, utilizamos para tentar interpretar aquela realidade que não entendemos. Os seres imateriais estão presentes no dia a dia, fazem parte do cotidiano, ajudam a organizar a família e a vida em comunidade. Para autores como Mircea Eliade, nessas culturas, o mito não é uma história simbólica do passado, mas um acontecimento real que se repete sempre que é reencenado, por meio do qual o tempo sagrado irrompe no tempo comum, renova o mundo e conferesentido às ações humanas. Nessas sociedades, viver é participar do divino, cuja manifestação se dá não apenas em rituais, mas na caça, no plantio, no nascimento de uma criança, na doença e na morte.

Como dispomos de um aparato mais vasto de instituições, de ciência e tecnologia de ponta, nossa tendência é presumir que as tradições orais são instrumentos de grupos primitivos. Faz sentido? A esse respeito, o mitólogo norte-americano Joseph Campbell (1904-1987) apresenta uma bela ponderação em seu livro *O herói de mil faces*: "A função primária da mitologia e dos ritos sempre foi a de fornecer os símbolos que levam o espírito humano a avançar, opondo-se àquelas outras fantasias humanas constantes que tendem a levá-lo para trás. Com efeito, pode ser que a incidência tão grande de neuroses em nosso meio decorra do declínio, entre nós, desse auxílio espiritual efetivo. Mantemo-nos ligados às imagens não exorcizadas da nossa infância, razão pela qual não nos inclinamos a fazer as passagens necessárias para nossa vida adulta. Nos Estados Unidos, há até um *pathos* de ênfase invertida: o alvo não é envelhecer, mas permanecer jovem; não é amadurecer e afastar-se de Mamãe, mas apegar-se a ela".

Ao refutar a ideia de que a manutenção das estruturas míticas é um recurso rudimentar, o francês Claude Lévi-Strauss (1908-2009), um dos maiores antropólogos de todos os tempos, defende que o mito não é um resíduo do passado, mas uma forma legítima de conhecimento e mediação da realidade tão válida e racional quanto a ciência moderna. Diz ele: "O pensamento selvagem não é primitivo, nem ultrapassado: é uma lógica que trabalha com signos, metáforas, categorias, criando sistemas altamente organizados".

Há ainda um outro ponto em geral desconsiderado por quem observa de fora as culturas originárias: o fato de que, ao viverem em sintonia com seus mitos, elas parecem preservar melhor o senso de pertencimento e coesão comunitária. As narrativas sagradas estabelecem vínculos — entre vivos e mortos, entre humanos e animais, entre o indivíduo e o mundo que o cerca. Elassituam cada pessoa em uma rede de relações significativas e partilhadas, em que tudo tem lugar e função. Nas sociedades ocidentais, tão marcadas pelo individualismo, pela fragmentação e pelo consumo como forma de construção de identidade, talvez nos falte justamente essa trama simbólica que ancora o ser no coletivo. Onde o mito ainda organiza a vida, ninguém precisa reinventar o sentido todos os dias. Essa ordenação do mundo se dá numa outra chave temporal. O tempo é uma espiral, não uma linha reta que chega a uma conclusão. Não há escatologia, fim do mundo ou Juízo Final. Predomina uma concepção cíclica do tempo — o mundo não caminha para um fim absoluto, mas para transformações, renascimentos, renovações. A vida, a morte, a fertilidade da terra e os ciclos sazonais são vivenciados como repetições que sustentam a continuidade do cosmos. Mas, como a escatologia das religiões abraâmicas explica todos os acontecimentos anteriores, com a História concluindo-se num episódio apoteótico, a que "explicações" recorrem as crenças animistas?

Na verdade, para os povos originários, o mundo não precisa ser explicado por completo. Precisa ser mantido em funcionamento. É de acordo com essa lógica que se constrói o sentido da existência. Embora descreva como tudo começou, a função do mito não é narrar o gênesis, tampouco contar como tudo vai terminar — o que, a propósito, não faz. Sua função é assegurar que tudo continue.

Entre os povos australianos, por exemplo, existe o Dreamtime, ou Tempo do Sonho — uma concepção que mistura tempo, espaço e ancestralidade. Os seres primordiais que moldaram o mundo não ficaram restritos ao passado mítico: seus rastros estão nos rios, nas formações rochosas, nos animais. Os caminhos que eles percorreram são visíveis, retraçados nos rituais e evocados nas canções. Sempre que um descendente caminha por um trilho ancestral, a Terra é criada de novo. A teoria da recriação contínua também aparece nos rituais agrícolas do Alto Xingu, no centro-oeste do Brasil. A cada ano, os cantos, as danças, os enfeites, os desenhos corporais e os alimentos dispostos nos encontros entre vários povos refazem o mundo. São esses atos que renovam o tempo, garantem as chuvas, harmonizam as presenças invisíveis.

Para os Tukano, da Amazônia colombiana, o mundo atual é apenas o mais recente de uma série de ciclos. Segundo sua narrativa cosmogônica, houve um tempo em que os homens desrespeitaram as regras das entidades e provocaram um grande desequilíbrio. Daí, veio a destruição — não como punição moral ou castigo divino, mas em consequência da ruptura relacional. Foi necessário recriar tudo: corpos, palavras, casas, linhagens. E iniciou-se o recomeço. Identificamos basicamente o mesmo conceito nos mitos dos ameríndios Hopi, do Arizona, nos Estados Unidos. Eles narram a aniquilação de três mundos anteriores, em razão do orgulho, da ganância ou do desrespeito à ordem natural. Os anciãos Hopi contam que estamos vivendo o quarto mundo, que poderá ser extinto, dependendo de nossas ações.

A explicação animista dos eventos da vida e da natureza não apela apenas ao transcendente, mas à teia de relações entre o ser humano e todos os demais seres vivos e inorgânicos. Se um rio seca, é possível que as águas estejam ressentidas. Se a colheita falha, talvez faltem homenagens aos ancestrais. Epidemias, infertilidade, catástrofes e fome podem ser sinais de um mundo que se desequilibra e ameaça deslizar rumo ao caos. E o papel do xamã, da prática cerimonial, do canto místico é justamente repararo que foi partido, restaurar a artéria rompida no imenso organismo da vida.

IV

Todo esse debate fascinante nos conduz a uma pergunta final, que surge quase como uma imposição para nós, ocidentais: que relevância tem o indivíduo em sociedades tão voltadas para o coletivo? Ele se torna uma mera sombra pálida, insignificante, um ser passivo diante do destino já traçado pelos ancestrais e pelos sábios? Pode ser útil recorrer às ferramentas da etnopsicanálise para buscar respostas. [Cabe um esclarecimento: a etnopsicanálise é um campo do conhecimento que une psicanálise e antropologia para entender de que maneira diferentes culturas moldam a forma como o indivíduo vive seus conflitos psíquicos.] Do ponto de vista etnopsicanalítico, o que chamamos de "inconsciente" é estruturado culturalmente. O sujeito indígena não é menos complexo; ele apenas se constitui por outros meios simbólicos, em que mitos, ritos e vínculos comunitários definem o que emerge como sofrimento e como cura. O indivíduo não é um ser autônomo separado da coletividade, mas um ponto nodal numa rede viva que inclui parentes, espíritos, animais, objetos, rios, Deuses e antepassados. Ele é relevante não pelo que "decide" isoladamente, mas pela maneira como ocupa e sustenta seu lugar na teia. A subjetividade existe, mas não é privada nem solitária, e sim produto das relações.

Na visão ocidental, um destino dado por forças superiores parece uma condenação — uma negação da liberdade. Mas em muitas culturas tradicionais seguir os caminhos traçados pelos ancestrais não é submissão, e sim continuidade criadora. A identidade pessoal se constrói em diálogo com os que vieram antes, não contra eles. A divisão ocidental entre indivíduo e comunidade simplesmente não se aplica da mesma forma a povoscomo os Pemon, da Amazônia, os Sámi, do Ártico, ou os Amazigh, do Saara. Nessas culturas, a existência pessoal é inseparável da existência do grupo, mas isso não apaga o sujeito — apenas redefine as dinâmicas pelas quais ele se afirma. O indivíduoimporta não por ser único no mundo, mas porque é insubstituível no seu lugar. Sua liberdade não está em escolher entre mil caminhos, mas em viver plenamente aquele que lhe foi confiado — com beleza, coragem e reciprocidade.

Não se trata aqui de estabelecer um ranking de cosmogonias ou de modelos de vida. Até porque são mais do que evidentes os sinais de que nos distanciamos de modo irreversível de qualquer molde que possa ser qualificado de "ancestral" — ou seja: seria inviável aplicar estruturas de populações autóctones ao nosso sistema organizador de significados. Além disso, não são desprezíveis os avanços de que desfrutamos, possíveis graças ao acúmulo de saber científico e desenvolvimento técnico ao longo dos séculos. Ainda assim, nenhuma tradição dá conta de tudo. Talvez possamos abrir espaço para aprender com os povos originários como lidar melhor com as aflições, gerenciar com menos tensão os conflitos, aproveitar a sabedoria dos mais velhos e construir uma relação fraterna com a natureza. Pode ser um bom momento para prestar mais atenção aos que nunca separaram a esfera espiritual da realidade cotidiana, aos que cantam para plantar, rodopiam para fazer chover e dançam com os mortos para saber como viver.

AGRADECIMENTOS

Minha família de amigos tem sido há décadas meu grande suporte — e não foi diferente durante o longo processo de tornar real a ideia deste livro. Além disso, alguns dos debates por vezes sanguíneos com que frequentemente nos divertimos resultaram em considerações aqui contidas. Meu desmedido agradecimento a Alberto Andalo, Ana Santa Cruz, Angélica Santa Cruz, Edna Dantas, Ettore Baldini, Gisela Furquim, Jean-Pierre Varidel, Jenilce Colledan, Luciana Costa, Manoel Fernandes e Miguel Bemfica.

Foram extraordinariamente inspiradoras as discussões sobre fé, espiritualidade e religiões que mantenho com meus irmãos, Klester Cavalcanti e Kemine Lima; com meu cunhado, o teólogo Laner Lima; e com meu amigo-irmão de infância, Geison de Luna Andrade.

É insuficiente qualquer esforço que eu possa fazer para expressar de maneira apropriada meu muito obrigado a todos os que dedicaram seu tempo para ler parte ou a totalidade dos capítulos antes da edição — e que apontaram erros, deram sugestões ou propuseram reflexões: Amabile Chacon, Antô Marcolli, Carolina Chagas, Cynthia de Almeida,

Daniel Lima, Fernanda Allegretti, Hilda Lucas, José Marcos Konder Comparato, Marita Adams, Mário Sérgio Soares, Mauro Chwarts, Nayara Jarcem, Rodrigo Caldas, Susana Allegretti, Valdemir Cunha e Xó Werneck.

Dado que a solidão do processo de escrita pode às vezes avizinhar-se da insanidade, em diversas ocasiões busquei refúgio em bibliotecas, não apenas para fazer pesquisas, mas também para escrever por tardes inteiras. Fui muito bem recebido por bibliotecários apaixonados por seu ofício que me ajudaram a identificar fontes importantes relacionadas aos assuntos tratados no livro. Em São Paulo, trabalhei com grande satisfação nas bibliotecas Parque Villa-Lobos, Brasiliana Guita e José Mindlin, FAAP, Mário Schenberg, Clarice Lispector, Álvaro Guerra e Mário de Andrade. No Recife, na Biblioteca Blanche Knopf, da Fundação Joaquim Nabuco. E em Helsinque, na Oodi.

A equipe da editora Maquinaria cuidou deste projeto com uma atenção que ultrapassou os limites da competência técnica. Sou grato a Alex Bastos, Bianca Oliveira, Matheus da Costa, Pedro Aranha, Rafael Bersi e Samara Lindquist Lira.

Finalmente, agradeço imensamente aos *publishers* Renata Sturm e Guther Faggion, dois aliados que me acompanharam com sensibilidade e coragem. [E que me proporcionaram utilíssimas sessões de "terapia editorial-junguiana".]

BIBLIOGRAFIA

CAPÍTULO 1

DA GRANDE PERFEIÇÃO À LOUCA SABEDORIA

LIVROS

ROSSI, Donatella. *The Philosophical View of The Great Perfection in The Tibetan Bon Religion* [e-book]. Ithaca, New York, USA: Snow Lion Publications, 1999.

WANGCHHUK, *Lily. Facts About Bhutan: The Land of The Thunder Dragon.* Thimphu, Buthan: Absolute Bhutan Books, 2008.

DES JARDINS, J. F. Marc. *The Tradition of Everlasting Bön: Five Key Texts on Scripture, Tantra, and the Great Perfection.* Somerville, Massachusetts, USA: Wisdom Publications, 2023.

OUTRAS FONTES (ARTIGOS, REPORTAGENS, PAPERS ACADÊMICOS, DISSERTAÇÕES E TESES)

ARYA, Tsewang Gyalpo. *Bon Religion of Tibet: Yungdrung Bon, the Religion of Eternal Truth in the Land of Snow.* Delhi, India: Tibet Journal Vol. XLI, No.2, Autumn/Winter, 2016.

KUMAGAI, Seiji. *Two Truths (Satyadvaya) in the dBu ma bden gnyis (Satyadvayavibhanga) of the Bon Religion.* Kyoto, Japan: Journal of Indian and Buddhist Studies, 56(3), 1-4, 2008.

CAPÍTULO 2

O REINO AMAZÔNICO DE MAKUNAIMA

LIVROS

KOCH-GRÜNBERG, Theodor. *Do Roraima ao Orinoco: Resultados de uma viagem no Norte do Brasil e na Venezuela nos anos de 1911 a 1913* – Volumes I, II e III: Etnografia. São Paulo: Editora Unesp, Editora UEA, 2022.

ANDRADE, Mário de. *Macunaíma, o herói sem nenhum caráter.* 2a. ed. São Paulo: Penguin Companhia das Letras, 2016.

ANDRADE, Mário de. *O turista aprendiz.* Barueri: Itatiaia, 2023.

ANTHIAS, Penelope; FLORES, Pabel C. López. *Neoextractivism and Territorial Disputes in Latin America: Social-Ecological Conflict and Resistance on the Front Lines.* London, UK: Routledge, 2023.

OUTRAS FONTES

ESBELL, Jaider. *Makunaima, o meu avô em mim!* Porto Alegre: Iluminuras, Vol. 19, No. 46, 2018. Disponível em: https://seer.ufrgs.br/index.php/iluminuras/article/view/85241. Acesso em: 12 maio 2025.

AMARAL, Virgínia; VILAÇA, Aparecida. *De Roraima a São Paulo: As Transformações de um Mito* (Posfácio à edição da Macunaíma de Mário de Andrade da Antofágica). Rio de Janeiro, 2022.

MATAREZIO FILHO, Edson Tosta. *A Festa da Moça Nova: Ritual de Iniciação Feminina dos Índios Ticuna.* São Paulo: Humanitas/FAPESP. 464 p., 2019.

BORGES, Priscila Maria de Barros. *Território Mítico-literário de Makunaima: Leituras Comparadas Entre Narrativas Tradicionais e Contemporâneas.* Belo Horizonte: Universidade Federal de Minas Gerais, Faculdade de Letras, 2017.

BARRETO, Mêrivania Rocha. *Makunaima/Macunaíma: Theodor Koch-Grünberg e Mário de Andrade, Entre Fatos e Ficções.* Bragança: Universidade Federal do Pará, 2014.

ANGULO, Astrid Uzcátegui; CASTRO, Vladimir Aguilar. *Derechos Indígenas y Propiedad Intelectual: Propuestas para la Protección de las Expresiones Culturales del Pueblo Pemon como Derechos Colectivos de Propiedad Intelectual.* Mérida, Venezuela: Anuario de Derecho. Año 27, nº 27. Enero-diciembre, 2010.

CAPÍTULO 3

O PODER DA ANCESTRALIDADE

LIVROS

BÍBLIA SAGRADA. Bíblia Shedd. Traduzida em Português por João Ferreira de Almeida. 2a. ed. São Paulo: Vida Nova; Brasília: Sociedade Bíblica do Brasil, 1997.

SILVA, Alberto da Costa e. *A enxada e a lança: A África antes dos portugueses.* Volumes 1 e 2. 7a. ed. Rio de Janeiro: Nova Fronteira, 2021.

ISHAQ, Nebure Id. *The Kebra Nagast: The Glory of The Kings.* A Complete Translation With Introduction by E.A. Wallis Budge [e-book].. Kindle Edition. S.l.: Rolled Scroll Publishing, [s.d.].

KAPUCINSKI, Ryzard. *O imperador: Os bastidores do palácio de Hailé Selassié I, o tirano que governou a Etiópia por 44 anos.* 1ª ed. São Paulo: Companhia das Letras, 2005.

KAPUCINSKI, Ryzard. *Ébano: Minha vida na África.* 1ª ed. São Paulo: Companhia das Letras, 2002.

RODRIGUES, João Carlos. *Pequena história da África Negra.* São Paulo: Editora Globo, 1990.

LOPES, Nei; MACEDO, José Rivais. *Dicionário de história da África: Séculos VII a XVI.* 1º ed. Belo Horizonte: Autêntica Editora, 2017.

RIMBAUD, Arthur. *Correspondência.* 1a. ed. Rio de Janeiro: Topbooks Editora, 2009.

NICHOLL, Charles. *Rimbaud na África: Os últimos anos de um poeta no exílio (1880–1891).* 1a. ed. Rio de Janeiro: Editora Nova Fronteira, 2007.

CROWLEY, Roger. *Conquistadores: Como Portugal criou o primeiro império global.* 7a. ed. Lisboa, Portugal: Editorial Presença, 2017.

PIMENTEL, Antonio Marcos Gonçalves. *O monge, a irmã e o Orto do Esposo* [e-book]. Niterói: EdUFF, 2009.

FERNANDES, Geraldo Augusto. *Elementos de Retórica no Horto do Esposo: Figurae.* Campina Grande: Anais do XXVIII Congresso Internacional da Associação Brasileira de Professores de Literatura Portuguesa, Realize Editora, 2022.

HABTAMU, Addisalem. *The Amazing South Omo Valley: Ethiopia's Land of Worrios, Hunters and Nomads* [e-book]. Edição do Autor, 2018.

OUTRAS FONTES

SURVIVAL INTERNATIONAL. *A massive hydroelectric dam and associated land grabs for plantations threaten the tribes of the Lower Omo River.* Disponível em: https://www.survivalinternational.org/tribes/omovalley. Acesso em: 12 mai. 2025.

ATLAS OF HUMANITY. *Ethiopia, Mursi Tribe.* Disponível em: https://www.atlasofhumanity.com/mursi. Acesso em: 12 mai. 2025.

OAKLAND INSTITUTE. *Omo: Local Tribes Under Threat.* 5 fev. 2013. Disponível em: https://www.oaklandinstitute.org/report/omo-local-tribes-under-threat. Acesso em: 12 mai. 2025.

JAKUBOWSKI, Sarah Joanne. *Ethiopia: Fight for Land in the Lower Omo Valley.* Land Portal. Disponível em: https://landportal.org/node/10026. Acesso em: 12 mai. 2025.

THE ECONOMIST. *Ethiopia is deliberately starving its own citizens.* 9 out. 2021. Disponível em: http://bit.ly/43q4xAo. Acesso em: 12 maio 2025.

THE ECONOMIST. *How Ethiopia and Eritrea made peace.* 17 jul. 2018. Disponível em: https://econ.st/45LKQEL. Acesso em: 12 maio 2025.

THE ECONOMIST. *Ethiopia's government appears to be wielding hunger as a weapon.* 23 jan. 2021. Disponível em: https://econ.st/3WTJ0xl. Acesso em: 12 mai. 2025.

THE ECONOMIST. *Two ethnic revolts rack Ethiopia at the same time.* 25 ago. 2022. Disponível em: https://econ.st/3qvIkm1. Acesso em: 12 maio 2025.

As estimativas populacionais apresentadas tiveram como fonte o Joshua Project: https://joshuaproject.net/countries/ET. Acesso em: 12 maio 2025.

CAPÍTULO 4

O ORÁCULO DA MONTANHA VERMELHA

LIVROS

SILVA, Alberto da Costa e. *A enxada e a lança: A África antes dos portugueses.* Volumes 1 e 2. 7a. ed. Rio de Janeiro: Nova Fronteira, 2021.

UNESCO. *História geral da África* (Coleção). Paris, France: Unesco Publishing, 1981-1999.

TEMPLE, Robert K. G. *The Sirius Mystery.* Rochester, USA: Destiny Books, 1998.

BISSIO, Beatriz. *O mundo falava árabe* [e-book]. Rio de Janeiro: Civilização Brasileira, 2012.

OUTRAS FONTES

AZUONYE, Chukwuma. *The Dogon Creation Story.* Boston, USA: University of Massachusetts Boston, 1999.

GRIAULE, Marcel; DIETERLEN, Germaine. *Le Renard Pâle: Le Mythe Cosmogonique, La Création du Monde.* Paris, France: Institut d'Ethnologie, 1965.

FALOLA, Toyin. *The Power of African Cultures.* Rochester, USA: Boydell & Brewer, University of Rochester Press, 2003.

BLAKE, James. *Radical Islamists Have Opened a New Front in Mali.* Foreign Policy. 29 mar. 2019. Disponível em: https://foreignpolicy.com/2019/03/29/radical-islamists-have--opened-a-new-front-in-mali/. Acesso em: 12 maio 2025.

Uma das fontes sobre o número de estudantes da Universidade de Timbuktu no século XVI foi a National Geographic no artigo *A Guide to Timbuktu*: https://education.nationalgeographic.org/resource/guide-timbuktu/#. Acesso em: 12 maio 2025.

A estimativa do número de estudantes da Universidade de Paris no mesmo período é do site da Sorbonne: https://www.sorbonne.fr/en/the-sorbonne/history-of-the-sorbonne/

la-fondation-de-la-sorbonne-au-moyen-age-par-le-theologien-robert-de-sorbon/. Acesso em: 12 maio 2025.

As estimativas populacionais apresentadas tiveram como fonte o Joshua Project: https://joshuaproject.net/countries/ML. Acesso em 12 maio 2025.

CAPÍTULO 5

OS RITOS DE UM LONGO ADEUS

LIVROS

BARLEY, Nigel. Toraja: *Misadventures of an Anthropologist in Sulawesi, Indonesia* [e-book]. Melton, UK: Monsoon Books, 2013.

JONG, Edwin de. *Making a Living between Crises and Ceremonies in Tana Toraja: The Practice of Everyday Life of a South Sulawesi Highland Community in Indonesia*. Leiden, The Netherlands and Boston, USA: Brill, 2013.

OUTRAS FONTES

GRILLO, Laura S. *Rambu Solo': the Toraja Cult of the Dead and Embodied Imagination*. Washington, USA: Georgetown University, 2008.

WEBER, Robert Weber; KREISEL, Werner Kreisel; FAUST, Heiko. *Colonial Interventions on the Cultural Landscape of Central Sulawesi by "Ethical Policy": The Impact of the Dutch Rule in Palu and Kulawi Valley, 1905–1942*. Göttingen, Deutschland: University of Göttingen, 2003.

ADAMS, Kathleen M. T*he Discourse of Souls in Tana Toraja (Indonesia): Indigenous Notions and Christian Conceptions*. London, UK: SOAS, University of London, 1993.

COTE, Joost. *Creating Central Sulawesi. Mission Intervention, Colonialism and "Multiculturality"*. Melbourne, Australia: Monash University, 2011.

DARIUS, Darius Darius; ZALUCHU, Sonny. *Transformation of elementary Puang Matua in Toraja belief system into Christianity*. Verbum et Ecclesia, v. 44, n. 1, 22 set. 2023. Disponível em: https://www.scielo.org.za/scielo.php?script=sci_arttext&pid=S2074-77052023000100065. Acesso em 5 ago. 2025.

LANGE, Charles Perry. *The Indigenous as Orthodox: Religious Evolution in Tana Toraja*. Brattleboro, USA: Independent Study Pr oject (ISP) Collection. 3347, 2020.

SIHOMBING, Lambok Hermanto. *Rituals and myths at the death ceremony of the Toraja People: Studies on the Rambu Solo Ceremony.* Cikarang Baru, Indonesia: Satwika, Vol. 2, No. 2, 2022.

LAMPI, Yayu Astuti. *Membangun Nilai Kasih Persahabatan dalam Pemberian Kerbau atau Babi dalam Upacara Rambu Solo'*. Kabupaten Tana Toraja, Indonesia: Institut Agama Kristen Negeri Toraja, 2023.

IMANUELLA, Susia Kartika; YOESOEF, M. *Ceremony, Tongkonan and the Memories of Toraja People (Consecration Ceremony for Traditional House in Toraja, South Sulawesi).* Kendari, Indonesia: Sinode Gepsultra, 2018.

SWAZEY, Kelli. *Kelli Swazey examines how religious and spiritual practices form group identity, and play a vital role in structuring the interactions of individuals within a culture.* TED Talk. Disponível em: https://www.ted.com/speakers/kelli_swazey. Acesso em: 12 maio 2025.

CAPÍTULO 6

O OÁSIS DO ISLÃ SINCRÉTICO

LIVROS

RUFO, Quinto Curcio. *Historia de Alejandro Magno.* 1a. ed. [e-book]. Madrid, España: Editorial Gredos, 2008.

PLUTARCO. *Alexandre e Júlio César: Vidas comparadas.* 1a. ed. [e-book]. São Paulo: LeBooks, (s.d.).

PSEUDO-CALÍSTENES. *Vida y Hazañas de Alejandro de Macedonia.* 1a. ed. [e-book]. Madrid, España: Editorial Gredos, 1977.

FAKEHRY, Ahmed. *Siwa Oasis.* Cairo, Egypt: The American University in Cairo Press, 1973.

AFRICANUS, Johannes Leo (Al-Hasan Ibn Muhammad Al-Wazzan). *The Cosmography and Geography of Africa.* 1st ed [e-book]. London, UK: Penguin, 2023.

LOTI, Pierre. *The Sahara* [e-book]. Edinburgh, UK: Dunedin Press, 2019.

CLINE, Walter. *Notes on the people of Siwah and El Garah in the Libyan desert.* Menasha, USA: George Banta Publishing, 1936.

PROROK, Count Byron de. *In Quest of Lost Worlds.* Kempton, USA: Adventures Unlimited Press, 2002.

SCHOLZ, Johann Martin Augustin. *Travels in the Countries Between Alexandria and Paraetonium: The Lybian Desert, Siwa, Egypt, Palestine, and Syria, in 1821* [e-book]. Miami, USA: HardPress, 2017.

CAPÍTULO 7

COMO DANÇAR COM OS MORTOS

LIVROS

NIELSSEN, Hilde. *Ritual Imagination: a study of tromba possession among Betsimisaraka in eastern Madagascar* [e-book]. Leiden, The Netherlands: Brill, 2012.

GRAEBER, David. *Les Pirates des Lumières ou la véritable histoire de Libertalia* [e-book]. Montreuil, France: Libertalia, 2019.

FALOLA, Toyin. *The Power of African Cultures.* Rochester, USA: Boydell & Brewer, University of Rochester Press, 2003.

SILVA, Alberto da Costa e. *A enxada e a lança: A África antes dos portugueses.* Volumes 1 e 2. 7a. ed.. Rio de Janeiro: Nova Fronteira, 2021.

UNESCO. *História geral da África* (Coleção). Paris, France: Unesco Publishing, 1981-1999.

OUTRAS FONTES

KOTTAK, Conrad P. *The Process of State Formation in Madagascar.* Ann Arbor, USA: University of Michigan, 1977.

RATSIMBASON, Jacques. *A Strategy To Reach Animistic People in Madagascar.* Berrien Springs, USA: Andrews University, 2006.

GEZON, Lisa L. *Marriage, Kin and Compensation: A Socio-Political Ecology of Gender in Ankarana, Madagascar.* Washington, USA: Anthropological Quarterly, Volume 75, Number 4, Fall 2002, pp. 675-706 (Article), George Washington University, Institute for Ethnographic Research, 2002.

RAKOTONIERA, Zoly. *The Founding Myths of Postcolonial Madagascar: A Literary Perspective.* Saint-Denis, La Réunion: Alizés: Revue angliciste de La Réunion, Founding Myths of the New South Africa / Les mythes fondateurs de la nouvelle Afrique du Sud, 24, pp.157-162, 2004.

THIÉBAUT, Rafaël. *Rituals and Costumes in the European Slave Trade on Madagascar in the 17th and 18th Centuries.* Leiden, The Netherlands: Afrika Focus, 29 (2), pp. 79-92, 2016.

THIÉBAUT, Rafaël. *La Création d'une Élite Franco-Malgache à Madagascar au XVIIIe Siècle.* Sainte-Clotilde, La Réunion: Revue Historique de l'Océan Indien, Association Historique Internationale de l'Océan Indien, pp.201-215, 2016.

BEAUJARD, Philippe. *Mythes et Rituels: Le Miel et l'Hydromel dans Quelques Sociétés de Madagascar.* Paris,5: Études Océan Indien, 51-52, 2014. Disponível em: http://journals.openedition.org/oceanindien/1606. Acesso em: 12 maio 2025.

BEAUJARD, Philippe. *La violence Dans les Sociétés du Sud-Est de Madagascar.* Paris, France: Cahiers d'Études Africaines, 138-139, pp. 563-598, 1995. Disponível em: http://www.persee.fr/doc/cea_0008-0055_1995_num_35_138_1460. Acesso em: 12 maio 2025.

DEWAR, Robert E.; WRIGHT, Henry T. *The Culture History of Madagascar.* New York, USA: Journal of World Prehistory, Vol. 7, No. 4, 1993.

ADELAAR, Alexander. *The Indonesian Migrations to Madagascar: making sense of the multidisciplinary evidence.* Melbourne, Australia: Melbourne Institute os Asian Languages and Societies, The University of Melbourne, 2006.

WALSH, Andrew. *Constructing Antankarana: History, Ritual and Identity in Northern Madagascar.* Toronto, Canada: Department of Anthropology, University of Toronto, 1998.

RAKOTOMALALA, Malanjaona. *Amour et Sexualité du Côté de l'Océan Indien Occidental (Comores, Madagascar et Île Maurice).* Études Océan Indien, 45, 2010. Disponível em: https://journals.openedition.org/oceanindien/123. Acesso em: 12 maio. 2025.

As estimativas populacionais apresentadas tiveram como fonte o Joshua Project: https://joshuaproject.net/countries/ma. Acesso em 12 maio 2025.

CAPÍTULO 8

OS FILHOS DO VENTO E SUA MÃE ANCESTRAL

LIVROS

KUOLJOK, Sunna; UTSI, Johan E. *The Sámi: People of the Sun and Wind*. Jokkmokk, Sweden: Sámi Museum, 2015.

AIKIO, Samuli; AIKIO, Annukka. *Lentonoidan Poika: Saamelaisia Satuja*. Porvoo; Helsinki; Juva: WSOY, 1978.

HOURLY HISTORY. *Sami People: A History From Beginning to Present* [e-book]. Dublin, Ireland: Hourly History, 2023.

OUTRAS FONTES

ALVES, Victor Hugo Sampaio. *Supersticiosos e Pagãos ou Mágicos e Diabólicos: Xamãs Sámi e Seus Tambores Segundo a Lapponia de Johannes Schefferus (1674)*. Recife: UFPE, AntHropológicas, Vol. 25, No. 32(2), 2021.

SARA, Mikkel Nils; SJÖBERG, Lovisa Mienna. *Albmulaččat, ulddat ja nubbi áibmu*. Guovdageaidnu, Norge: Sámi University of Applied Sciences, 2023.

ERIKSEN, Kristin Gregers. *The Indigenous Sami Citizen and Norwegian National Identity: Tensions in Curriculum Discourses*. Horten, Norge: Human Rights Education Review, Vol. 1, No. 2, 2018.

ZACHRISSON, Inger M. Ethnicity. Conflicts on Land Use: Sámi and Norse in Central Scandinavia in the Iron Age and Middle Ages. Bergen, Norge: Universitetet i Bergen, 2005.

As estimativas populacionais foram colhidas diretamente no Siida, o Sámi Museum and Nature Centre, em Inari, na Finlândia.

CAPÍTULO 9

SABERES E FEITIÇOS NO VERDE PROFUNDO

LIVROS

CASPAR, Franz. *Tupari: Entre os índios, nas florestas brasileiras.* 1a. ed. São Paulo: Edições Melhoramentos, 1958.

OUTRAS FONTES

ARAGON, Carolina Coelho; TAVARES, Luciana Keller. *Aspectos da cultura material do povo Akuntsú*. Brasília: UnB, 2019.

ARAGON, Carolina Coelho; ALGAYER, Altair. *A história contada pelos Akuntsú: ocupação territorial e perdas populacionais*. Brasília: Revista Brasileira de Linguística Antropológica, 2020.

ARAGON, Carolina Coelho; MEZACASA, Roseline. *Três Mulheres, um Povo: Histórias Akuntsú*. Lisboa, Portugal: Etnográfica, Revista do Centro em Rede de Investigação em Antropologia, Vol. 27, 2023.

ARAGON, Carolina Coelho. *Akuntsú: Organização Social*. Brasília: Frente de Proteção Etnoambiental Guaporé, Terra Indígena Rio Omerê, Ministério da Justiça e Segurança Pública, Fundação Nacional do Índio, Diretoria de Proteção Territorial, Coordenação-Geral de Índios Isolados e de Recente Contato, 2017. Disponível em: https://www.gov.br/funai/pt-br/arquivos/conteudo/cgiirc/pdf/relatorioi-akuntsu-org-social-versao-final.pdf. Acesso em 5 ago. 2025.

KELLER, Luciana. *Vivendo no "vazio": Relações entre os sobreviventes Kanoê e Akuntsú da Terra Indígena Rio Omerê (RO)*. Brasília: UnB, Departamento de Antropologia, 2020.

BACELAR, Laércio Nora. *Os Kanoê do Rio Guaporé*. Site Povos Indígenas no Brasil. Disponível em: https://pib.socioambiental.org/pt/Povo:Kanoê. Acesso em: 12 maio 2025.

CANGUSSU, Cangussu, Daniel Alves; FURQUIM, Laura Pereira; PEREZ, William; SHIRATORI, Karen Gomes; MACHADO, Luíza; BRUNO, Ana Carla dos Santos; NEVES, Eduardo Góes. *Uma Arqueologia do Não-Contato: Povos Indígenas Isolados e a*

Materialidade Arqueológica das Matas e Plantas na Amazônia. Rio de Janeiro: Revista de Arqueologia, Vol. 35, Set-Dez, 2022.

RODRIGUES, Douglas; ALBERTONI, Lucas; MENDONÇA, Sofia Beatriz de. *Antes sós do que mal acompanhados: contato e contágio com povos indígenas isolados e de recente contato no Brasil e desafios para sua proteção e assistência à saúde*. São Paulo e Belém: Escola Paulista de Medicina, Projeto Xingu e Observatório dos Direitos Humanos dos Povos Indígenas e de Recente Contato, 2020.

A reflexão do psicanalista Christian Dunker sobre o luto em algumas culturas indígenas foi extraída do Episódio 99 do Podcast 451 MHz.

A estimativa do número de povos isolados no Brasil tem como fonte o Observatório dos Povos Indígenas Isolados (Opi): https://povosisolados.org/quem-sao-os-povos-indigenas-isolados/#onde. Acesso em 12 maio 2025.

CAPÍTULO 10

OS SÁBIOS DA FLORESTA E SEUS ESPÍRITOS DANÇARINOS

LIVROS

SILVA, Alberto da Costa e. *A enxada e a lança: A África antes dos portugueses.* Volumes 1 e 2. 7ª ed. Rio de Janeiro: Nova Fronteira, 2021.

PATIL, Satyajeet. *Human Zoos in The Early 1900s: Forgotten History of Scientific Racism* [e-book]. Kindle Edition, 2020.

HAGENBECK, Carl. *Von Tieren Und Menschen*. Altenmünster, Deutschland: Jazzybee Verlag, 2014.

NASSAU, Rev. Robert Hamill. *Fetichism in West Africa*. [e-book]. Hungerford, UK: Legare Street Press, 2022.

HOBLEY, C. W. *Bantu Beliefs and Magic* [e-book]. Otbebookpublishing, 2022.

OUTRAS FONTES

ST.LOUIS POST-DISPATCH. *Aug. 11, 1904: 'Anthropological athletic meet' exposes the abhorrent side of the World's Fair.* 11 ago. 2022. Disponível em: http://bit.ly/43b0f0V. Acesso em: 12 maio 2025.

ZIELINSKI, Sarah. *The Tragic Tale of the Pygmy in the Zoo.* Smithsonian Magazine: 02 dez. 2008. Disponível em: https://www.smithsonianmag.com/science-nature/the-tragic-tale-of-the-pygmy-in-the-zoo-2787905/. Acesso em: 12 maio 2025.

DIOGO, Rui. *Mistakes of conservation and science: Batwa, Fossey, Tarzan, and the loss of traditional knowledge.* Springer Nature: 11 out. 2022. Disponível em: https://communities.springernature.com/posts/mistakes-of-conservation-and-science-batwa-fossey-tarzan-and-the-loss-of-traditional-knowledge. Acesso em: 12 maio 2025.

MANN, Judith. *Wandering Bes: Emissary of Ancient Pygmy Philosophy and Lore Within Dynastic Egyptian and Bronze/Iron Age Cultures: Update 4.6.22*, 2022.

AMPUMUZA, Christine. *The most marginalized people in Uganda? Alternative realities of Batwa at Bwindi Impenetrable National Park.* London, UK: Elsevier, World Development Perspectives, 2020.

OLIVERO, Jesús; FA, Julia E.; FARFÁN, Miguel A.; LEWIS, Jerome; BARRY, Hewlett; et al. Behr, Verena, Jörg Linstädter, Katharina Neumann, et al. *Distribution and Numbers of Pygmies in Central African Forests.* Disponível em: https://journals.plos.org/plosone/article?id=10.1371/journal.pone.0144499. Acesso em: 12 maio 2025.

BECKER, Noémie S.A.; TOURAILLE, Priscille; FROMENT, Alain; HEYER, Evelyne; COURTIOL, Alexandre, 2012. *Short Stature in African Pygmies is not Explained by Sexual Selection.* Evolution and Human Behavior, Vol. 33, No. 6, p. 615-622, 2012.

NSAH, Kenneth Toah. *Conserving Africa's Eden: Green Colonialism, Neoliberal Capitalism, and Sustainable Development in Congo Basin Literature.* Aarhus, Danmark: Aarhus Universitet, Humanities, 2021.

GONZÁLEZ-SANTOS Miguel; MONTINARO, Francesco; OOSTHUIZEN, Ockie; OOSTHUIZEN, Erica; BUSBY, George B.J.; ANAGNOSTOU, Paolo; DESTRO-BISOL, Giovanni; PASCALI, Vincenzo; CAPELLI, Cristian. *Genome-Wide SNP Analysis of Southern African Populations Provides New Insights into the Dispersal of Bantu-Speaking Groups.*

Bethesda, USA: NIH, National Library of Medicine, National Center for Biotechnology Information, 2015.

OLUPOT, William; BARIGYIRA, Robert; MCNEILAGE, Alastair J. *Edge-Related Variation in Medicinal and Other "Useful" Wild Plants of Bwindi Impenetrable National Park, Uganda*. Hoboken, USA: Wiley-Blackwell, Conservation Biology, Vol. 23, No. 5, 2009.

STANFORD, Craig B.; GAMBANEZA, Caleb; NKURUNUNGI, John Bosco; GOLDSMITH, Michele L. *Chimpanzees in Bwindi-Impenetrable National Park, Uganda, Use Different Tools to Obtain Different Types of Honey*. Inuyama, Japan: Primates, 41(3), 2000.

AMPUMUZA, Christine. *Batwa, gorillas and the Ruhija road: a relational perspective on controversies at Bwindi Impenetrable National Park, Uganda*. Wageningen, The Netherlands: Wageningen University, 2021.

CAPÍTULO 11

OS LIMITES DA PAIXÃO PELA GUERRA

LIVROS

BÍBLIA SAGRADA. *Bíblia Shedd. Trad. de João Ferreira de Almeida* 2a. ed. São Paulo: Vida Nova; Brasília: Sociedade Bíblica do Brasil, 1997.

MONTAIGNE, Michel de. *Ensaios*. 1a. ed. São Paulo: Editora 34, 2016.

HITT, Russell T. *Cannibal Valley*. 1st ed. Harrisburg: Christian Publications, Inc., 1962.

HAYWARD, Douglas. *The Dani of Irian Jaya Before and After Conversion*. 1st ed. Sentani: Regions Press, 1980.

HEIDER, Karl G. *The Dugum Dani: A Papuan Culture in the Highlands of West New Guinea*. 1st ed. New York: Wenner-Gren Foundation for Anthropological Research, Incorporated, 1970.

SCOVILL, David L. *The Amazing Danis!* [e-book]. Edição do autor, 2007.

BUCKLEY, Christopher; TAYLOR, Paul Michael Taylor. Faire Connaître la Culture Dani: la Collection Hampton de la Tracing Patterns Foundation. Art Tribal, 2023.

OUTRAS FONTES

PLOEG, Anton. *Legacies of an unknown past.* Leiden, The Netherlands: Brill, Journal of the Humanities and Social Sciences of Southeast Asia and Oceania, Vol. 144, No. 4, 1988.

As estimativas populacionais apresentadas tiveram como fonte o Joshua Project: https://joshuaproject.net/countries/ID. Acesso em 12 maio 2025.

EPÍLOGO

DO SUBSOLO AO INFINITO

LIVROS

BÍBLIA, Volume IV. Antigo Testamento: Os Livros Sapienciais. Tradução do grego, apresentação e notas: Frederico Lourenço. 1a. ed. São Paulo: Companhia das Letras, 2024.

HOMERO. *Odisseia*. Tradução do grego, notas e comentários: Frederico Lourenço. 1a. ed. São Paulo: Companhia das Letras, 2023.

EVANGELHOS APÓCRIFOS: Gregos e Latinos. Tradução e comentários: Frederico Lourenço. 1ª ed. São Paulo: Companhia das Letras, 2023.

SIN-LÉQI-UNNÍNNI. *Ele que o abismo viu: Epopeia de Gilgámesh*. Tradução do acácio, introdução e comentários: Jacyntho Lins Brandão. 1a. ed. Belo Horizonte: Autêntica, 2018.

JUNG, C. G. *Os arquétipos e o inconsciente coletivo*. 11ª ed. Petrópolis: Vozes, 2014.

JUNG, Carl G. *O homem e seus símbolos*. 2a. ed. Rio de Janeiro: Nova Fronteira, 2008.

DURAND, Gilbert. *Les structures anthropologiques de l'imaginaire*. 11è éd. Malakoff, France: Dunod, 2006.

RIBEIRO, Sidarta. *O oráculo da noite: A história e a ciência do sonho*. 1a. ed. São Paulo: Companhia das Letras, 2019.

TYLOR, Edward Burnett. *Primitive Culture, Volume II: Researches into the Development of Mythology, Philosophy, Religion, Art, and Custom*. 1st ed. Garden City, New York; Sarasota, Florida, USA: Dover Publications; First Edition, 2016.

BOYER, Pascal. *Religion Explained: The Evolutionary Origins of Religious Thought*. 2nd ed. New York, USA: Basic Books, 2002.

GUTHRIE, Stewart Elliott. *Faces in the Clouds: A New Theory of Religion*. 2nd ed. New York: Oxford University Press, 1995.

CAMPBELL, Joseph. *Mitos para viver*. 1a. ed. São Paulo: Palas Athena, 2023.

CAMPBELL, Joseph. *O herói de mil faces*. 1a. ed. São Paulo: Pensamento, 2007.

ELIADE, Mircea. *Mito e realidade*. 6a. ed. São Paulo: Perspectiva, 2000.

ELIADE, Mircea. *O Mito do eterno retorno*. 1a. ed. Lisboa, Portugal: Edições 70, 2019.

LÉVI-STRAUSS, Claude. *O pensamento selvagem*. Campinas: Papirus, 2024.

KOPENAWA, Davi; ALBERT, Bruce. *A queda do Céu: Palavras de um xamã yanomami*. 1a. ed. São Paulo: Companhia das Letras, 2015.

CHALLAYE, Félicien. *As grandes religiões*. 5a. ed. São Paulo: IBRASA, 1989.

HEINE, Heinrich. *Os deuses no exílio*. São Paulo: Iluminuras, 2020.

HESÍODO. *Trabalhos e dias*. São Paulo: Hedra, 2022.

DOUGHTY, Caitlin. *Para toda a eternidade*. 1a. ed. Rio de Janeiro: DarkSide Books, 2019.

DELL, Christopher. *Mitologia, um guia dos mundos imaginários*. São Paulo: SESC, 2020.

PINACOTECA DE SÃO PAULO. *Era uma vez: Escritos de artistas sobre o Céu e a Terra*. 1a. ed. São Paulo: PINA, 2024.

NOTA

Os trechos citados das obras das chamadas “tradições letradas” são os seguintes:

Epopeia de Gilgámesh: Tábua II, Versos 234 e 235;

Eclesiastes: Capítulo 3, Versículo 19 e Capítulo 8, Versículo 15;

Odisseia: Canto XVII, Versos 130 e 131; Canto IX, Versos 5 a 11 e Canto VIII, Versos 248 e 249.

Esta obra foi composta por Maquinaria Editorial nas famílias
tipográficas STIX Two Text, Abril Display e Abril Titling.
Impresso pela gráfica Viena em agosto de 2025.